자비선

5

명상 걷기를 논하다

2

자
비
선

5

명상 걷기를 논하다 2

지운 지음

사푸수

명상은 빛이다.
자기 마음 밝히는 빛이다.

순간순간 명상하므로
마음이 따뜻해지고 밝아진다.
밝아진 마음에 지혜와 자비가 나오기 마련이다.

한 세상 살면서 무명에 가려져 허둥지둥 사는 삶보다
밝은 마음 따뜻한 마음으로 살아간다면 최상의 삶일 것이다.
명상을 할 수 있는 인연 그 자체만으로 축복받은 삶이다.

경학에 눈 밝은 저자가 일찍이 미얀마 명상센터와 인도 다람살라에서 명상하여 체험하고 난 뒤 경전의 확실한 근거를 바탕으로 집필한 이 저서야말로 명상하는 이들에게는 참 좋은 경전이라 믿는다.

無縫性愚[1]

왜 자비경선 걷기명상인가

현대인들은 마음을 잃어버리고 살고 있다. 더 많은 것을 바라는 채워지지 않는 욕망과 그로 인한 좌절 속에 괴로워하면서 외부에서 자신과 무관하게 일어나는 것처럼 보이는 전쟁, 테러, 환경오염, 기후변화까지도 정작 우리 마음에서 비롯된 것임을 모르는 것 같다.

세간은 말과 생각으로 건립된 세계다. 말과 생각에서 이루어지는 모든 것은 결국 마음에서 이루어진다. 우리는 교육, 경제, 정치, 과학, 의학 등 다양한 분야에 종사하며 명예와 지위, 학력, 인맥, 부 등을 추구하며 살아가지만 아무리 심오한 철학적 견해를 가지고 있다 해도 병듦과 죽음을 피할 수 없다는 점에서는 무지한 삶과 차이가 없다.

죽음은 누구에게나 슬프고 괴롭다. 그럼에도 대부분의 사람들은 늙음, 병듦, 죽음에서 벗어나는 근본적인 방법을 찾기보다 그저 모른 척 뒤로 미루고 오래 살기를 바랄 뿐이다. 자비경선 걷기 명상은 삶과 죽음의 문제를 해결하는 한 가지 방법이다. 그 방법 의 중심에는 마음이 있다. 마음은 물질이 아니므로 생로병사가 없 다. 그럼에도 불구하고 마음이 대상에 끌리고 집착하므로 생멸하 는 모습을 보여준다. 하지만 마음 자체는 생사가 없음을 밝혀 죽 음이라는 굴레에서 벗어나도록 돕는 것이 걷기선 명상이다.

마음의 진실을 밝히려면 첫째, 생각이 일어나지 않도록 한다. 이 는 의식을 확장하여 깨어있으면서 고요함인 성성적적惺惺寂寂의 조건이다. 둘째, 마음을 볼 수 있는 심안心眼이 열려야 한다. 셋째, 몸 이라는 거친 데서 마음이라는 미세한 데로 들어가야 한다. 넷째, 꿰뚫어 보는 앎(지혜)이 필요하다. 모든 형상의 실체 없음을 꿰뚫어 아는 지혜로 삼라만상의 온 우주를 통찰하고 결국 모든 현상이 마 음의 현상임을 알게 된다. 이와 같은 조건이 갖추어질 때 마음의 생사 없음이 밝혀진다.

자비경선 걷기명상은 걸으면서 명상하는 걷기선禪 명상, 걷기경 선鏡禪이다. 바쁜 현대인들이 일상생활에서 간편하게 활용할 수 있는 효과적인 명상 방법이다.

자신의 뜻대로 조절되지 않는 감정과 생각에 힘들어하는 현대 인들을 위해 생각을 쉬어 몸과 마음을 함께 쉬게 도와주는 '쉼경 선', 수많은 생각이 일어나서 괴로운 사람에게는 '생각의 흐름을 끊어주기 걷기경선', 흐릿한 의식을 명료하게 깨워주는 '깸경선',

잡념을 버리고 한 대상만 집중하도록 도와주는 '행삼매경선', 지혜를 얻도록 도와주는 '행혜경선' 등이 있다.

자비경선은 사람들이 고통의 원인인 번뇌를 조절하고 소멸시키는 방법을 실천하여 소중한 몸과 마음을 보호하고 행복한 삶을 살 수 있도록 돕고자 만들어졌다.

최종적으로는 의식을 깨워서 '숨 쉬지 않고 땀 흘리지 않는 그 무엇'을 깨닫고 체득하여 삶과 죽음의 고통에서 벗어나 완전한 자유를 얻고자 한다. 걷기경선 방법을 배우면서 이러한 명상의 목적을 꼭 기억해야 한다. 걷기경선 방법만을 익히기 위한 걷기경선이 될 때는 번뇌를 없애고자 하는 취지와 자기 생명을 보호함을 거부하거나 부정하는 것이 되며, 결국 최종 목적지인 불사不死를 망각하는 것이 되기 때문이다.

본 저서 『명상 걷기를 논하다 2』는 보리마을 자비선 명상원에서 진행하고 있는 자비경선 프로그램인 이론 강의, 선명상 실습, 명상 코칭 3가지 과정을 통해 축적된 자료와 경론을 근거로 하여 쓰였고 특히 히말라야 걷기선 명상에서 얻은 수행체험과 그에 대한 코칭의 구체적인 내용을 담아서 걷기선 명상에 대한 이해를 돕고자 했다. 또한 『명상 걷기를 논하다 1』에서 미처 다루지 못한 깨친 이후의 경선 방법과 깨치지 못한 수행자들이 깨침에 쉽게 접근할 수 있도록 디딤돌 경선 방법도 기술하여 수행자들이 자신의 수준에 맞는 수행법을 선택하여 적극적으로 수행하면 생활 속에서 스트레스 및 여러 가지 부정적인 심리가 줄어들고 몸과 마음이 건강해짐을 확실히 체험할 수 있을 것이다.

명상에 첫걸음을 내디딘 수행자 여러분을 응원하고 더불어 본 저서가 좋은 수행 지침서가 되어 일상생활 속 행복과 완전한 깨달음을 함께 성취하시기 바랍니다.

마음거울 빛나 꿰뚫어 알면
너와 내가 평화로운 평등한 세상
유정 중생은 헛된 분별 속에서 불평등 당하니
붓다의 큰 연민이 저절로 일어나네.
깨친 님 가신 길 우리도 본받아
수행자 모두 '눈뜬 님' 되시길 기원합니다.

보리마을 자비선사 변조당에서
지운

차례

1부

쿰부히말라야 트레킹 명상 체험 이야기

1장. 자비경선 걷기명상의 구성과 시작

2부

깨달음의 경선정원

무지의 잠에서 깨어나는
'공空에서 화華로 가는 큰 연민의 길'

3부

자비의 경선정원

근본 무명에서 완전히 깨어나 유정을 구제하는
구경의 깨달음 '화華에서 화華로의 길'

명상의 구경의 목적지[無住處涅槃의 滅] – 구경도究竟道

1부 ──

쿰부히말라야 트레킹

명상 체험 이야기

자비경선
걷기선 명상의
구성과 시작

경선의 목적은 생각과 감정에 가려진 마음의 본래 모습을
드러내는 데에 있다. 그 마음이 생사와 열반에 머물지 않
음은 곧 본래 청정한 마음 그대로 깨달음이기 때문이다.

많은 사람이 '숨 쉬지 않고 땀 흘리지 않는 그 무엇'을 만나서 삶과 죽음의 문제를 해결하길 바라는 마음을 담아 2022년에 『명상 걷기를 논하다 1』을 펴낸 바 있다.

걷기경선에서 일어나는 현상 중 『명상 걷기를 논하다 1』에서 이야기하지 않은 부분이 있는데 삼매(선정)와 관련하여 의식을 정수리에 두고 걸을 때 정수리가 열리면서 생명 에너지가 올라오는 현상이 생긴다. 정수리가 묵직하거나 콕콕 찌르는 현상이 생기면서 몸과 마음이 가벼워지는 경안輕安이 생기면 상행기上行氣의 기운에 의해 허리가 펴지고, 정수리가 열린다. 몸의 움직임이 멈추고, 마음이 한마음 상태로 머무는 심일경성心一境性이 생길 수 있다.

또한 정수리가 열리지 않아도 지혜에 의해 마음이 쉬어지면 저절로 한 생각도 일어나지 않는 한마음 상태가 되며 경안輕安이 일어난다. 이와 같이 수행을 하면 몸의 기운도 그 상황에 맞게 일어난다.

걷기선 명상은 사마타와 위빠사나의 통합수행이다. 통합수행을 굳이 왜 주장하느냐고 묻는 사람들도 있는데 그 이유는 간단하다. 우리나라 사람들은 매우 총명해서 생각하는 속도도 빠르고, 판단도 빠르다. 이것은 평소 부지런한 면을 보아서도 알 수 있다. 게으른 사람은 생각이 빠르지 않다. 사마타 수행을 하고 선정을 성취하고 난 뒤에 위빠사나 수행을 하여 지혜를 얻는 길은 시간이 너무 오래 걸린다. 사마타와 위빠사나를 함께 수행하면 수행시간을 단축시킬 수 있는데, 자세한 수행방법은 『명상 걷기를 논하다 1』에 소개되어 있다. 『명상 걷기를 논하다 1』을 보고 의문이 생기면 『명상 걷기를 논하다 2』의 1부 '쿰부 히말리야 트레킹 명상 체험 이야기'를 읽어보기를 권한다.

자비경선慈悲鏡禪에서 경은 거울 경(鏡)을 말한다. 참선 선禪이 들어가니 거울 명상이다. 열반에 머물지 않게 하고, 어렵고 힘든 환경을 이겨낼 수 있는 힘이 자비에서 나온다. 걷기선 명상을 하는 곳들이 다양하기 때문에 이와 구분하여 걷기선禪 명상 혹은 자비경선이라고 부른다.

경선鏡禪은 무한경쟁 속에 살고 있는 불안한 현대인의 심리 치유를 위해 본 저자가 오랫동안 자료를 모으고 검증하여 완성한 명상 방법으로 일상에서 손쉽게 적용·실천이 가능하다. 현재 정기적인 자비경선 프로그램이 경북 성주 보리마을 명상원에서 매달 진행중이며 수년 동안의 히말라야 걷기선 명상을 통해 깊이 있고 구체적인 자비경선 명상 효과를 얻었다. 2013.05.20.~06.03, 9명, 2014.10.24~11.04. 8명, 2016.5.22~06.06. 7명, 2018.05.04~05.16. 13명, 2019.10.18~11.02. 6명, 2022.10.19~11.07. 9명이 무스탕, 안나푸르나, 마나솔루, 쿰부히말라야 등지에서 이루어진 히말라야 걷기경선에 참여했는데, 특히 2022년 쿰부히말라야 트레킹 걷기경선부터는 정식으로 수행자를 모집하였다.

히말라야는 걷기경선 수행하기에 적합한 장소이다. 짧게는 하루 4시간, 길게는 7시간 이상 걸어야 하는데 산소가 희박하기 때문에 생각을 많이 하면 에너지 소모가 커서 걷기가 힘들다. 생각은 에너지를 타고 움직이는데 생활 속에서 문제를 해결하려고 계속 궁리하다 보면 배가 쉽게 고파지는 이유이기도 하다. 히말라야 걷기경선처럼 먼 거리를 이동해야 하는 상황에서 앞으로 나아갈 에너지를 보존하기 위해서는 한 생각도 일어나지 않게 하는 경선 명상에 집중할 수밖에 없다.

스틱을 잡고 걸을 때는 의식을 발바닥, 정수리, 꼬리뼈에 두고 걷는데 마음이 있는 곳에 기운의 흐름이 생기기 때문에 세 곳에 의식을 두고 걸으면 몸이 한결 가벼워지고 의식을 명료하게 가질 수 있으며 고산병이 생기지 않거나 최소화할 수 있다. 또한 주변에는 인가가 거의 없고 도착지의 롯지(현지마을 숙소)밖에 없다. 이와 같이 히말라야 걷기경선 코스는 걷기선 명상에만 전념할 수 있는 환경을 제공한다. 프로그램에 참가한 수행자는 이러한 척박한 환경 속에서 자비경선 할 때와 하지 않을 때 차이를 뚜렷하게 체험할 수 있고 수행의 현상이 분명하여 수행자 본인의 자비경선 수행 경지를 스스로가 알 수 있다. 이것이 히말라야 걷기경선 프로그램을 꾸준히 진행하는 이유이다.

경선의 목적은 생각과 감정에 가려진 마음의 본래 모습을 드러내는 데에 있다. 그 마음이 생사와 열반에 머물지 않음은 곧 본래 청정한 마음 그대로 깨달음이기 때문이다. 보이고 들리는 모든 상相을 명상의 대상으로 보지 않는 이유는 무엇일까? 모든 상은 생멸하여 허망하지만 마음의 본모습은 물질이 아니며 상이 아니어서 생멸하지 않기 때문이다. 성품이 청정한 마음을 허공과 거울에 비유한다. 허공은 인식 대상이 없어 생멸하지 않는다. 그와 같이 마음의 허공같음은 무형이라 보고 아는 인식이 없기 때문에 생멸이 없다. 반면 잘못 알고 있는 무명이나 번뇌 망상은 대상의 상相을 따라 인식하므로 생멸한다.

생멸이 없는 허공같은 마음(體)과 대상 따라 생멸하는 인식하는 마음이 만나면 어떻게 될까? 비유하자면 향연기가 허공을 만나면 저절로 소멸하듯이 생멸하는 무명과 번뇌 망상이 허공같은 마음을 만나면 소멸한다. 그러나 허공같은 마음 자체는 소멸하지 않는다.

허공같은 마음은 생멸이 없어 불생불멸하므로 공하며, 무명과 번뇌 망상이 없어 청정하다. 텅 빈 청정한 마음에 의해 무명과 번뇌 망상이 소멸하므로 그 마음을 취모리검吹毛利劍이라고 한다.

취모리검의 역할은 무명과 번뇌를 공하게 하는 지혜이다. 또한 공의 뜻은 깨달음이다. 즉, 깨달음으로 그 바탕을 삼는다. 하지만 대상을 비추고 아는 거울같은 마음이 없다면 무명 번뇌의 소멸과 소멸시키는 취모리검과 같은 지혜와 바탕이 깨달음[2]임을 어찌 알 수 있겠는가?

　거울의 비유는 마음의 보고 아는 능력을 말한다. 그러나 허공은 인식 대상이 없다. 그래서 생멸하지 않지만 또한 아는 앎도 없다. 그래서 수행자가 허공이 되면 거울같은 마음이 없으므로 무지해질 수밖에 없다. 하지만 마음은 허공과 같이 텅 비고 고요한 바탕 가운데서 보고 아는 앎이 있다. 비유하자면 밝은 거울 속에는 아무런 형상이 없더라도 사물이 비치기 때문에 온갖 모습을 볼 수 있는 것과 같다. 마음이 거울같이 비추고 사물은 그 마음거울에 비친다. 즉, 허공같이 텅 빈 마음은 보고 아는 것이 없지만 텅 빔이 거울같이 되어 비춤에 의해 나타나는 사물을 보고 아는 것이다.
　허공같은 마음거울에 비친 영상은 가고 옴이 없어 벗어나는 것도 아니고 안으로 들어오는 것도 아니며, 없어지는 것도 아니고 파괴되는 것도 아니어서 텅 비어 있으면서 '항상 한마음(一心)'으로 있다. 첫째, 거울에 비치는 영상은 모두 보이고 들리는 등의 세상과 삼라만상 온 우주로서 일체 모든 것이며 둘째, 비치는 모든

2　　보조지눌『진심직설眞心直說』의 「眞心異名진심이명」 '般若經 喚作 菩提 與覺爲體故'

것을 보고 아는 것이며 셋째, 아는 인식의 내용이 일체 모든 것이 실체가 없다는 것이며 실체 없음이 곧 유무가 텅 빈 공성이라는 것이다. 넷째, 일체법이 실체가 없어 공성이라는 것은 '한마음(一心)'의 거울로 있기 때문이며 한마음의 거울은 방향과 장소가 없어 높고 낮음이 없고 안팎이 없는 거울이기 때문에 실체가 없어 나가고 들어오더라도 마음거울을 오염시킬 수 없다.

그래서 허공과 거울에 비유되는 청정한 마음은 텅 빔이면서 거울같이 비추고 알기 때문에 지체智體라고 하고 부동不動이라고 한 것인데 이는 비친 영상이 실체 없음으로 드러나기 때문에 실체 없음은 곧, 앎이 없어 생멸이 공함을 말한다. 즉, 허공과 거울에 비유되는 마음의 생멸 없음은 번뇌 망상과 무명을 만나면 수행자와 중생의 생멸하는 무명과 번뇌 망상을 소멸시킴을 아는 것이다. 그래서 텅 비면서 거울같이 비춤이 본래부터 생멸을 소멸시키고 앎으로 지智이며 텅 빔은 바뀌지 않으므로(不變) 부동이라 하며 체體라고 한다. 즉, 허공에 비유되는 불생불멸의 마음이 생멸을 소멸시킴은 곧 거울같은 마음의 비추고 아는 앎이 없다면 불가능하기 때문이다.[3]

---

3   『대승기신론』의 「성정본각」 "인훈습경은 여실불공이니 세상의 모든 경계가 청정한 본래 깨달음에서 나타나는 것이므로, 경계가 본각本覺을 벗어나는 것도 아니고, 본각 안으로 들어오는 것도 아니며, 없어지는 것도 아니고 파괴되는 것도 아니다. 항상 한마음(一心)으로 있다. 왜냐하면 모든 것이 그 자체로 진실한 공성空性이기 때문이다. 또한 모든 집착이 청정 본각을 물들일 수 없으며, 지체智體로서 앎의 바탕은 집착으로 움직이지 않는다. 그 자체가 집착이 없는 공덕(無漏)을 갖추고 중생을 훈습하기 때문이다." '二者因

허공같고 거울같은 마음을 드러내는 것이 '거울鏡 선禪'이다. 경선鏡禪은 바로 이러한 허공같은 청정마음을 드러내어 생사에 머물지 않게 하고, 거울같이 비추는 마음을 드러내어 중생들이 생사에 빠져 괴로워함을 알아 큰 연민의 마음을 내어 열반에 머물지 않게 하는 수단이 되는 것이다. 이와 같이 허공같고 거울같은 마음이 나타나도록 하는 것이 걷기경선이다.

향연기

허공 만나 생멸을 보여주니
허공 없다면 향연기 사라지지 않네.

허공같은 마음 텅 비어
무명번뇌 일어나더라도
만나면 곧 소멸하니 취모리검 같아라.
하지만 이를 아는 앎이 없다면
이와 같은 진실 어찌 알까
허공같은 마음
곧 거울같은 마음이라네.

熏習鏡. 謂如實不空. 一切世間境界 悉於中現. 不出不入. 不失不壞. 常住一心. 以一切法卽眞實性故. 又一切染法所不能染. 智體不動 具足無漏 熏衆生故.'

거울같은 마음이여
두루 비춤이 태양 뜨면 어둠 사라지듯
생멸하는 무명 번뇌 자취 남기지 않음 안다네.

향연기 있음으로 보는 것
마음이 그렇게 봄이며
실체 없음으로 봄도
마음이 그렇게 봄이네.

눈 부릅뜨고
무상, 무아, 공을 알아차리는
그 인식 닦아야 할 이유라네.

　1998년으로 기억된다. 세 분의 스님과 한 분의 거사와 함께 북인도의 다람살라에 가게 되었다. 라닥으로 넘어가는 길목에 있는 북부인도 마날리를 지나가다가 우연히 설산을 보았고 마침 설산 밑에 시크교도의 성지가 있어서 사원에 견학도 하고 신비로운 설산에서 잠도 한번 자 보자고 의견이 모아졌다. 호텔에서 밤을 보내고 다음 날 아침 설산 중턱까지 올라갔다 내려오게 되었다. 다같이 버스를 타고 올라간 뒤 고지 아래로 오르락내리락하면서 가는데 산길이 험했다. 고개를 올라갈 때 땀이 비 오듯 쏟아지고 황소가 숨 쉬듯이 헉헉거리는데, 불현듯 숨도 쉬지 않고 땀도 흘리지 않는 그 무엇이 나타났다. 나타났다가 바로 사라지면 그런가 보다 하는데, 올라가는데 약 20분 이상 걸렸지만 그때까지 내내 사라지지 않고 지켜보고 있는 것이다. 무척 흥미로운 현상이었다.

이처럼 '숨도 쉬지 않고 땀도 흘리지 않는 그 무엇'이 나를 지켜보고 있는 것을 경험한 이후로 나의 수행 경계는 눈을 뜨나 감으나 보는 마음이 바뀌지 않게 되었다. 즉, 눈꺼풀이 눈을 덮어도 눈은 떠 있었다. 이는 의식이 깨어있음을 뜻한다.

1992년 6월 20일부터 1년간 미얀마 판디타라마 위빠사나센터에서 수행할 때 의식이 성성하게 깨어있음을 알아차리고, 생각을 일으키려고 해도 생각이 일어나지 않는 경험을 했었는데 걸으면서 다시 이와 같은 현상이 나타난 것이다. 이러한 체험이 걷기경선의 시초가 되었다. '숨 쉬지 않고 땀 흘리지 않는 그 무엇'이 거울같이 비춰 본다고 해서 걷기선 명상에 거울 경鏡 자가 들어간 것이며, 경선鏡禪의 목적이 생사의 괴로움으로부터 남을 돕기 위한 것이므로 자비가 들어가서 자비경선慈悲鏡禪이라고 한다. 또는 기존의 걷기명상과 구별하기 위해 '걷기선禪 명상'이라고도 한다.

자비경선은 『대승기신론』의 여실공경如實空鏡, 인훈습경因熏習鏡, 법출리경法出離鏡, 연훈습경緣熏習鏡의 4개의 거울을 근거로 해서 나온 것이다. 『대승기신론』에 성정본각性淨本覺 즉, 성품이 청정한 본래 깨달음을 설하는 내용이 나오며, 종경록의 경鏡, 선가귀감禪家龜鑑의 감鑑 또한 자비경선의 경鏡과 동일한 거울이다.

2002년 송광사 강주 소임을 그만두고, 청전스님의 하루 한 끼 책임져 주겠다는 말을 굳게 믿고 망설임 없이 인도 다람살라에 갔다. 강주 소임을 맡으면서 몸이 많이 쇠약해져 있었다. 그래서 행선을 하기로 마음먹었다. 다람살라는 1,750미터 고지이다. 날마다 2시간 이상 산행하면서 발바닥 감각을 알아차리는 행선을 했다. 행선이라는 것은 일정한 거리를 왔다갔다 하는 것이어서 오로지 발바닥 감각을 알아차리기에 좋다. 그런데 거리에서 걸어가거나 산행을 할 때는 보이고 들리는 것이 너무 많았다. 지나가는 자동차, 사람 등으로 발바닥 감각의 일어나고 사라짐을 알아차리고 관찰하기에 한계가 있었다. 그래서 좀 더 효과적인 방법이 없을까 생각하다 머리에서 발끝까지 온몸을 수행의 대상으로 하자는 생각에서 나온 것이 바로 걷기경선의 시작이다.

　처음 걷기선 명상을 할 때는 나만의 독창적인 명상법이다 보니 사람들이 낯설어하고 수행체험이 없어서 더 쉽고 효율적인 방법을 찾게 되었고 그렇게 해서 체계화시킨 것이 지금의 자비경선이다.

1. 걸으면서 생각의 흐름 '끊어주기 행경선'

초보 경선에는 생각의 흐름을 끊어주는 걷기선 명상이 좋다. 생각에도 결과를 가져오는 생각이 있는데 착한 생각과 나쁜 생각이 그것이다. 착한 생각의 흐름이 나쁜 생각으로 바뀌지 않고 나쁜 생각의 흐름도 중간에 선한 생각으로 바뀌지 않는다.

나쁜 생각이 생기면 그 나쁜 생각이 원인과 조건이 되어 다른 나쁜 생각이라는 결과를 가져오고 그 결과가 또 원인과 조건이 되어 또 다른 나쁜 생각을 일으킨다. 이렇게 나쁜 생각이 꼬리에 꼬리를 물고 더 강력한 흐름을 형성한다. 마치 작은 시냇물이 점점 흘러 강물이 되고 막을 수 없는 큰 물줄기로 변해 이를 막지 못하면 홍수를 일으키는 것처럼 된다. 생각의 흐름 끊어주기를 하게 되면 흘러가는 생각이 한번씩 멈춰져 생각의 흐름의 속도가 점점 약해지게 된다. 마치 홍수를 예방하는 것과 같다. 이를 막지 못하면 나쁜 생각의 흐름이 행위로 이어져서 우울증, 공황장애, 분노 폭발로 이어지거나 폭행 등 사건 사고를 일으키기도 한다.

그러므로 생각의 흐름을 끊어주는 것이 중요하다. 물론 생각 자체를 없애는 것은 아니다. 생각을 없애는 명상은 삿된 것이다. 사고 작용이 끊어지면 사람이 멍해지고 무기無記에 떨어져서 지혜가 생기지 않는다. 당연히 깨달음도 일어나지 않는다.

1) 생각의 흐름을 끊어주는 걷기경선

— 출발 게송

반야 지혜가 생사에 머물지 않게 하고
큰 연민이 불멸에도 머물지 않게 하네.
한걸음에 번뇌마煩惱魔를 짓밟고
걸림 없는 무애가無碍歌를 부르리라.

— 의식을 발바닥에 두고 걸을 때 잡다한 생각이 일어나면 의식을 정수리에 두어서 생각의 흐름을 끊어준다.
— 또 잡생각이 일어나면 손가락 끝에 의식을 둔다.
— 생각의 흐름이 또 생기면 의식을 배꼽에 둔다.
— 또다시 생각의 흐름이 생기면 다시 발바닥에 둔다.
— 이와 같이 생각의 흐름이 생길 때마다 의식을 두는 장소를 옮겨준다.
— 이것이 익숙해지면 생각이 일어나는 순간 알아차려서 생각이 일어나기 직전의 상태로 즉각 돌아간다.

2) 자가 점검하기

— 의식의 대상을 바꾸어줌으로써 생각의 흐름이 끊어지는지를 확인한다.
— 생각이 일어나는 순간, 생각이 일어나기 직전으로 돌아갈 수

있는지를 확인한다.

— 생각의 흐름이 끊어짐을 통해 생각은 자아가 아니고 실체가 없다는 것에 대한 이해가 생기는지를 확인한다.

— 일상에서 걷기경선 할 때, 잡생각이 일어나더라도 객관적으로 사물 보이듯이 보이는지를 확인한다.

— 선도 생각하지 않고(不思善) 악도 생각하지 않을 때(不思惡) 본래면목이 드러날 수 있다는 이해가 생기는지를 알아차린다.

이와 같이 의식을 두는 장소를 옮겨주는 방법이 효과적이다. 왜냐하면 주관과 객관이 상대할 때 생각이 일어나는데 객관인 인식 대상이 바뀌면 그 순간 주객이 어긋나므로 생각의 흐름이 끊어지는 것이다.

3) 자비경선 체험기

● 생활 속에서 알아차리는 경선, 혜명님

아침에 눈을 뜨자마자 어제 해결하지 못한 심리적인 과제들이 바로 떠오른다. 불편한 감정이 불안이라는 감정으로 희미하게 일어난다. 의식을 다른 곳으로 옮긴다. 정수리, 발끝, 손끝에 의식을 동시에 둔다. 짧은 시간이 지나고 감정들이 이내 사라진다.

직장생활에서 만나는 사람들과의 대화에서 주고받는 공격적인 어투의 말들, 카카오톡으로 온 많은 메시지를 보면서 외부로 향해지는 생각들을 알아차린다.

사람들의 자기중심적인 행동들이 알아차려지면 감정이 힘들어진다. 다시 의식을 전환해서 생각의 흐름을 끊어준다. 발바닥과 손끝에 의식을 모은다. 전체가 한 덩어리가 되는 순간에는 불편한 생각들이 이내 사라진다. 그리고 마음이 차분해지면 불편한 언행을 하는 사람들의 감정을 추론해 본다. 실체가 없고 무상하다는 것을 알아차린다. 연민이 생기면서 그런 불편한 감정들이 지속되지 않고 곧 사라진다. 마음이 전체의식으로 가면서 가벼워지는 것을 알아차린다. 다시 사람들과 어울리며 생각이 일어날 조건을 만나게 되면 불쾌한 감정이 일어나고 사라진다. 일상생활에서 자비경선은 상처를 주는 외부의 자극으로부터 나를 보호해 주는 방패 역할을 하는 것 같다. 힘들었던 어제를 뒤로하고 씩씩하게 오늘을 시작하도록 용기를 주고 나를 지켜주는 힘이다.

2. 세 곳을 한 경계로 마음 한 공간 이루기 경선
― '행삼매경선'과 '좌경선'

의식을 깨우고 한 생각도 일어나지 않게 하는 경선으로 발바닥과 정수리에 의식을 함께 두고 걷기가 있다. 몸에는 양쪽 엄지발가락부터 시작하여 꼬리뼈 차크라를 거쳐 정수리까지 기운이 흐르는 통로가 있는데 그래서 발바닥과 정수리에 의식을 함께 두고

경선하게 되면 몸의 아래 위로 기운이 통하게 되고 몸이 쭉 곧게 펴지게 된다. 또한 몸이 매우 가벼워지고 잡생각이 일어나지 않는다. 숨 쉬지 않고 땀 흘리지 않는 그 무엇인 본래면목을 찾을 수 있는 효과적인 방법이다. 이처럼 의식을 발바닥과 정수리에 함께 둘 수 있다면 손가락 끝에 의식을 두는 것은 쉽게 되고 또한 몸의 균형도 잡아주며 여러 군데에 의식을 함께 두는 것도 어렵지 않다.

문 의식을 둔다는 말을 이해하기 어렵습니다.

답 의식은 봄과 앎의 기능이 있습니다. 발바닥에 의식을 둔다는 것은 발바닥의 변화를 관찰함을 뜻하고 그 결과로 발바닥의 변화를 영상으로 보는 것처럼 알게 됩니다. 이처럼 발바닥 감각을 알아차리면 의식은 발바닥의 영역에서 벗어나지 않습니다. 이것을 발바닥에 의식을 둔다고 합니다. 또한 의식의 봄은 분별없이 비추는 거울 같고 넓은 범위의 다양한 모양과 색깔을 봅니다. 따라서 정수리, 발바닥, 손가락 끝에 동시에 의식을 두고 보는 것도 어렵지 않습니다.

사마타 수행에서 대상에 의식을 머물게 하는 것을 주수住修라고 합니다. 의식이 지속적으로 대상에 머무는 것은 집중입니다. 하지만 걷는 것은 움직이는 것이기 때문에 발바닥에 계속 집중하기가 어렵습니다. 그래서 걸을 때 의식을 발바닥에 둔다는 것은 집중을 강도 높게 유지하는 것이 아니라 그저 마음을 발바닥의 영역에서 벗어나지 않게 하는 것입니다. 이 방법의 좋은 점은 마음을 유연하게 확장시켜서 발바닥, 정수리, 손가락 끝에 의식을 동시에 두어 한 경계로 삼아 걸을 수 있고 그것을 통해 마음의 보는 성품을 드러낼 수 있기 때문입니다.

이렇게 눈으로 볼 수 없는 발바닥에 의식을 두고 걷기를 계속하여 익숙해지면 발바닥이 보입니다. 육안으로 보는 것이 아니고 심안心眼 즉, 마음의 눈에 보여지는 것입니다. 이것이 의식을 발바닥만이 아니라 정수리에도 둘 수 있고, 산 능선에도 둘 수 있는 이유입니다.

세 군데 의식을 두고 경선을 하면 의식이 확장되어 마음의 눈이 열리고 거울에 비치듯이 나 또는 나의 몸이라는 집착이 사라진 상태에서 마치 제 3자가 나를 보는 것처럼 제일 먼저 자기 몸이 보인다. 앞도 보이지만 등 뒤도 보이고, 입속과 콧구멍도 보이고, 모두 다 보인다. 이것은 전체의식이 나타난 것으로 직접 체험해 봐야 알 수 있다. 사물과 한 공간을 이루면 뒤쪽의 지나가는 것도 다 보이게 된다. 동서남북 사방팔방 아래위까지 의식이 작용한다. 무한히 의식이 확장되고 잠재의식과 시각의식, 청각의식 등의 표층 의식을 포함하는 한 덩어리의 마음이 된다. 한 공간의 마음은 분리된 생각, 분리된 감정인 탐욕과 분노, 어리석음, 교만, 의심, 견해 등의 번뇌를 일념一念, 사랑, 연민, 기쁨, 평정 등의 긍정의 감정과 생각으로 변화시킨다. 뿐만 아니라 선정과 지혜를 이루고 깨달음의 바탕이 된다.

한 공간을 이루고 있는 마음에는 빈부의 격차, 신분의 높낮이, 피부색의 다름, 문화, 종교의 차이 등에 의한 차별이 없다. 사랑과 연민인 자비는 사람과 사물, 사람과 사람, 사람과 동물의 관계가 분리되는 속에서는 일어나지 않는다. 중생을 위하는 사랑, 연민, 기쁨, 평정심이 한 공간의 마음으로 무한해야 중생의 생사의 괴로움을 치유할 수 있다. 그래서 경전에서는 사무량심四無量心 수행을 할 때 동서남북 사방팔방 상하로 마음을 무한히 확장시켜 사랑, 연민, 기쁨과 평정의 한량없는 마음이 생기게 한다. 확장한 마음은 경계가 없이 무한히 넓다. 한 공간 상태로 걷는 사무량심 명상이 바로 걷기선禪 명상이다.

세 군데 의식을 두고 걷는 행경선行鏡禪은 한 생각도 일어나지 않게 하는 방법으로 의식이 명료하게 깨어있게 하고 보고 듣는 순간순간에도 생각이 끼어들지 않아 고요한 삼매 상태가 일어난다. 즉 찰나 삼매[4]를 얻는다. 또한 좌경선에서 세 군데를 한 경계로 삼고 마음이 머물게 되면 몸은 사라지고 마음뿐인 한 경계의

---

4   찰나적 심일경성을 말한다. 『청정도론』의 복주서로서 담마빨라 스님이 AD 6세기 중엽에 지은 『빠라맛타만주사Paramatthamanjusa, Pm』에 의하면 집중은 한찰나에만 지속된다. 그것이 대상에 대하여 한가지 형태로서 끊어짐이 없이 일어날 때, 번뇌에 의해 제압되지 않고, 마음을 근본삼매에 있는 것처럼 고정시킨다.

상태(心一境性[5])를 이룰 수 있다. 더 나아가서 심일경성 상태에서 공성에 머물면 공의 이치(空理)에 들어가서(理入) 결국 공성을 깨닫게 된다.

전체의식은 한 공간이며, 심안心眼이며, 마음거울이다. 그래서 걷기선 명상은 곧 거울명상이다. 육안으로는 앞이 보이고 좌우가 잘 보이지 않고 뒤도 안 보이지만, 심안心眼이 작용하면 동서남북 사방팔방 아래위 모두 다 볼 수 있다. 물론 눈으로 안 보이는 부분이 보이는 것은 영상이다. 그런데 눈앞에 보이는 사물도 엄밀히 논하자면 마음거울에 비치는 영상에 불과하다.

1) 알아차리기와 의식 두기 행경선

출발할 때는 '출발 게송'을 외우고 출발한다. 이는 경선의 목적을 이해하고 명상하는 마음을 각성시킨다. 생각의 흐름이 약해지면 생각이 일어나는 즉시 알아차릴 수 있다. 이제 알아차림하는 행경선을 한다. 만일 발바닥이 심안으로 보이면 발바닥과 한 공간을 이루면서 하체가 보일 때까지 걷는다. 그다음은 발바닥, 정수리, 손가락 끝에 동시에 의식을 두고 행경선을 한다. 또한 전체 경선

---

5   심일경성心一境性은 심일경心一境이라고 하며 한마음(一心)이라고도 한다. 심일경성은 정定의 마음 작용의 본질적 성질이다. 마음이 하나의 대상경계에 대한 집중을 유지하여 산란하지 않는 상태이다. 즉, 마음으로 하여금 대상에 집중하여 一心의 상태가 되게 하는 성질이다.

코스 중에서 첫 코스는 발바닥에 의식을 두고 걷고, 발바닥과 한 공간을 이루면서 걸으며, 두 번째 코스는 발바닥과 정수리에 의식을 두고 경선하며, 세 번째 코스는 발바닥, 정수리, 손가락에 두고 경선하는 방법도 있다.

단, 움직일 때는 대상에 집중하지 않는다. 움직일 때 집중하면 대상에 초점 맞추기가 어렵고 피곤해진다. 의식을 두기 속에는 이미 집중이 들어가 있다. 유연하게 대상에 의식을 두는 것으로 충분하다.

(1) 알아차리기 행경선

- 출발할 때는 숨을 들이쉬고 내쉬면서 어깨에 힘을 빼고 허리를 펴주거나 척추를 곧게 세우고 걷는다.
- 첫 코스는 발바닥에 의식을 두고 걸어간다. 의식이 발바닥의 영역에서 벗어나지 않게 하는 것이 중요하다.
- 의식이 발바닥의 영역에서 벗어나면 곧 알아차린다(sati). 의식이 발바닥의 영역에서 벗어나지 않게 하면 무기력과 무관심, 탐욕과 산란심을 잠재울 수 있다. 들뜨는 마음도 발바닥의 감각을 알아차림으로써 제거된다.
- 혼침은 무명의 모습이다. 걷기만 하면 혼침은 없어진다. 발바닥 감각을 체크하다가 잡생각이나 망상이 일어나면 즉각 알아차리고 다시 발바닥의 영역으로 의식을 두면 된다. 사물에 마음이 끌려서 생각이 흘러가거나, 혹은 신체 다른 곳에

자극이 와서 그쪽으로 마음이 옮겨가는 경우, 그 즉시 알아차리고 다시 발바닥으로 의식을 둔다.

- 발바닥이 심안으로 보일 때까지 의식이 발바닥에 벗어나지 않게 행경선을 한다. 육안으로 볼 수 없는 발바닥이 보이는 것은 마음에 눈(심안心眼)이 생겼기 때문이다.

- 발바닥에 의식 두기가 쉬워지면 발바닥과 한 공간을 이루면서 걷는다. 이제 의식을 발바닥과 정수리에 동시에 두는 경선鏡禪을 할 수 있는 능력을 갖추었다.

(2) 행경선 체험기

❶ 한 걸음 한 걸음 도장 찍듯이, 정현님

귀가 안 좋은 상태에서 걷기경선 명상 프로그램에 참가한 후 도장 찍듯 한 걸음씩 나아가면서 주변 경관(외부세계)에 대한 생각도 사라지고 애써 잊고 싶고 힘들었던 현실도 사라지고 갈피를 잡지 못하고 요동치던 감정도 사라지며 머리는 맑아지고 다리나 다른 몸의 부위에 생겼던 통증이 사라지는 것을 경험했다.

의식이 발바닥과 손가락에는 가는데 정수리 쪽으로는 아직 되질 않지만 반복하다 보면 그냥 15km를 10일씩 걸을 때와는 다르게 점검받을 체험도 생겨서 단순히 많이 걷는 것이 중요한 것이 아니라 명상을 바르게 이끌어 줄 명상 가이드와 함께 하는 것이 매우 효과적이라는 것을 알게 되었다.

강박증처럼 생활공간, 주변 공간의 쾌적함이 없으면 견디지 못하는 성격이었는데 그 또한 2박 3일 명상 프로그램에 참여하면서 주어진 환경을 거부감 없이 자연스럽게 보고 받아들이는 시간이 되었다.

❷ 사방이 고요하고 묘한 기운을 알아차림, 현민님

경선은 오전부터 시작되었다. 준비운동 후 마스터를 따라 발 뒤꿈치부터 발가락까지 의식을 두고 조심조심, 천천히 걷기 시작했다. 알아차림 또 알아차림 되뇌면서 걸었다. 처음 해보는 터라 발바닥에 의식을 두고자 엄청 노력했다. 덕분에 평소 차가운 내 몸에 열이 올라오기 시작하고 발바닥이 뜨거워지며 기운이 도는 느낌을 알아차렸다. 어깨에 힘을 많이 줬는지 등줄기에서 식은땀이 미세하게 흐르기 시작했다. 정수리에도 의식 두기를 무척 노력했다. 사방이 고요하고 묘한 기운이 온몸을 시원하게 씻어주는 걸 알아차렸다.

(3) 의식 두기를 차례로 익혀 지혜를 얻는 '행혜경선行慧鏡禪'

아래의 순서대로 행하면서 걷는다. 처음에는 잘되지 않더라도 발바닥·정수리·손가락 끝에 의식을 두려고 노력하는 자체가 집중력을 생기게 한다. 걷다 보면 어느 순간 된다. 노력하지 않아도 저절로 몸과 한 공간을 이루는 때가 찾아온다. 주의할 점은 수행 방법이 익숙해지면 잡생각, 망념이 침범할 수 있음을 경계해야 한다.

- 출발할 때는 숨을 들이쉬고 내쉬면서 어깨에 힘을 빼고 허리를 펴주거나 척추를 곧게 세우고 걷는다.
- 의식을 발바닥에 두고 걸어간다. 의식이 발바닥의 영역에서 벗어나지 않게 하는 것이 중요하다. 이 상태가 익숙해지게 한다.
- 의식이 발바닥과 한 공간을 이루면서 하체가 보일 때까지 걷는다.
- 의식을 발바닥과 정수리에 함께 두고 걷는다. 이것이 익숙해지면 온몸이 보이기 시작한다. 이 상태가 익숙해지게 경선鏡禪한다.
- 의식을 발바닥과 정수리와 손가락 끝에 함께 두고 걷는다. 의식을 발가락과 정수리와 손가락 끝에 함께 둔 만큼 의식의 공간이 넓어진 것이다. 집중력이 생기면서 잡생각이 현저하게 줄어든다. 이 상태가 익숙해지게 경선한다.
- 의식을 발바닥·정수리·손가락 끝에 동시에 두고 걷는다. 익숙해지기 시작할 때는 머리부터 발바닥까지 온몸이 한눈에 들어온다. 그만큼 의식의 공간이 넓어진 것이다. 익숙해져서 의식이 확장되면 될수록 마음은 평안해지며 잡생각과 망상이 사라지고 의식이 깨어있게 된다. 이로써 선정과 지혜가 생길 바탕이 마련된다.
- 이때부터 살펴야 하는 것은 한 생각도 일어나지 않아 의식의 깨어있음과 함께 고요함(삼매)이다. 걸을 때 들리는 주변의

소리 속에 고요함이 동시에 존재함이 알아차려지면 내 마음의 고요함이 바깥 대상에 투영된 것임을 안다. 그리하여 작은 것도 놓치지 않는 민첩한 알아차림으로 의식이 성성하게 깨어있음을 자각하면 고요함을 살피고 고요함이 자각되면 깨어있음을 살핀다. 그리하여 성성한 깨어있음과 적적한 고요함이 함께하면서 의식을 발바닥·정수리·손가락 끝에 동시에 두고 걷는다.

— 이와 같은 경계에 이르게 되면 의식을 발바닥에 두기만 해도 정수리와 손가락에 동시에 의식이 가게 된다. 굳이 발바닥, 정수리, 손가락 끝에 동시에 둘 필요가 없다. 또한 의식을 정수리에 두기만 해도 자연스럽게 온몸이 위아래 사방에서 카메라가 비추듯이 다 보이게 된다. 의식이 어떤 사물을 인식하더라도 그 사물에 끌려가지 않고, 산만하거나 부분만을 인식하거나 하는 상태가 아닌 전체의식 하나인 상태가 되기 때문이다.

— 한발 더 나아가서 점점 더 익숙하게 되면 걸을 때 몸 전체에 움직임을 비추는 거울처럼 발바닥이 보이면서 발목, 종아리, 근육의 움직임, 무릎, 허벅지, 골반, 몸통, 팔, 머리까지 상호 의존하고 연결되어 맞물려 움직이는 무상과 독립된 것이 없는 무아가 드러나며, 감각, 감정, 생각 등이 영화를 보듯이 한눈에 보이면서 생기고 사라지는 무상無常, 형상은 변하기에 불만족한 고苦, 변하고 불만족스러움을 내 뜻대로 바꿀 수

없는 무아無我를 이해하는 지혜가 생긴다. 이와 같은 경계를 알면서 행하게 되는 것을 바른 앎sampajānāti이라고 한다.

(4) 행혜경선 체험기

❶ 3차원의 형태로 알아차리는 무아님

2년 전 2박 3일 걷기경선 명상프로그램에 다녀온 후 다시 오니 그때와 느낌이 무척 다르다. 이제 걷기선 명상을 할 때 알아차림이 조금 더 나아졌다. 의식을 발바닥과 정수리 두 군데 두었을 땐 내 몸이 2차원으로 느껴졌는데 발과 정수리, 손끝 세 군데에 의식을 두니 비로소 이 몸이 3차원의 형태로 느껴짐을 알아차릴 수 있었다.

❷ 몸 전체 한 덩어리 생멸 무상 관찰하는 능정님

발바닥, 손끝, 정수리에 의식을 두고 걷는다. 몇 걸음 지나 정수리부터 발끝까지 한눈에 온몸 전체가 보여지고 발바닥 감각의 생멸에 대한 뚜렷한 알아차림, 얼굴, 다리근육들 움직임의 생멸, 미세하고 빠른 생멸들이 찰나처럼 빠르게 알아차려진다.

지켜보는 마음의 동요가 없고, 언어개념도 없고, 인식하는 알아차림만 있다. 벌이 나타나서 '벌이다.'라고 자각한 순간 마음이 벌을 향하고 마음의 동요 변화를 관찰하였다. 과거에는 '벌이다.'를 자각한 순간 마음에서 무서움, 두려움의 느낌이 생겨나고 싫음이 생겨났었다. 지금은 '벌이다.'를 자각하고도 마음에 벌에 대한 두려움, 싫음, 거부감이 생겨나지 않음을 두세 차례 재차 확인했다. 한참 뒤에 '벌이다.'라는 개념이 들어선 순간 아주 미세하게 내가 자각하지 못할 정도의 두려움이 생겼다 사라졌을 것이라는 생각이 들었다.

또한 발바닥 생멸 관찰이 될 뿐만 아니라 몸 전체가 한 덩어리, 한 컷으로 보여지고 전체적으로 순간순간 종아리, 엉덩이 근육이 빠르게 생멸함을 무상으로 관찰하고 마음의 움직임 관찰, 보이고 들리는 대상에 대해 개념이 안 생겨남을 인지하고 그대로 쭉 지켜보는 마음, 생멸을 무상 관찰하며 걷는 순간순간 족저근막염으로 인한 왼쪽 발바닥 뒤꿈치 통증이 무상하게 생멸함이 0.0000001초 관찰되며, 가끔 얼굴이 사라진 채 걷거나 몸통이 사라진 채 걷기도 했다. 아무리 찾아봐도 개념이 안 떠올랐다.

(5) 자가 점검하기

— 발바닥이 거울에 비치듯이 시각적으로 보이는지 즉, 심안心眼이 열렸는지를 확인한다.

— 발바닥, 정수리, 손가락 끝 이 세 곳을 한 경계로 삼아 걸으면서 한 생각도 일어나지 않는지를 확인한다. 한 생각도 일어나지 않는 상태가 찰나 삼매임을 이해한다.

— 생각들이 현저히 줄어들고 생각, 망상 등이 객관적으로 보이

는지 확인한다.

- 의식의 공간이 몸 크기만큼 커졌는지 확인한다.
- 온몸이 보이는지를 확인한다. 보인다면 마음에 눈(心眼)이 생긴 것이다.
- 온몸의 움직임이 보이고 그 움직임이 무상·고·무아임을 확인한다.
- 걷기경선이 끝나고 생각이 몇 번 일어났는지를 확인한다.
- 일상에서 생각을 멈추고자 하면 즉각 생각이 멈추어지고 고요함이 오는지 확인한다.

2) 세 곳을 한 경계로 삼아 무심하게 집중하는 좌경선

좌경선의 자세는 연꽃 좌법, 또는 비로자나 좌법이라고 한다. 연꽃 좌법 상태에서 오감의 문을 여는 것은 마음이 밖으로 펼쳐지는 모습이고 눈을 감으면 마음이 안으로 거두어지는 모습이다. 이것은 마음을 펼치고 거두는 연습을 하는 것이다. 펼쳐짐과 거두어짐에 대한 인식이 분명할 때 일상에서 유용하게 쓰인다. 격한 감정이 생길 때, 어떤 일이 명확하지 않을 때, 스트레스 받을 때, 마음이 흔들릴 때 등의 상태가 될 때는 판단이 흐려진다. 이때 마음을 거두고 펼침은 평정심을 이루어 현재 상황에서 최적의 선택을 할 수 있도록 자신의 행위에 도움을 준다.

- 나무 아래에 앉아 좌선 자세를 취한다.
- 다리는 양반다리,[6] 평좌, 반가부좌, 결가부좌 중 본인이 편안한 자세를 잡는다.
- 숨을 들이쉬고 내쉬면서 어깨에 힘을 빼고 척추를 곧게 세운다.
- 왼손바닥 위에 오른손바닥을 올리고 엄지손가락 끝을 맞댄 후 배꼽 아래에 자연스럽게 둔다.
- 혀는 가볍게 말아 입천장에 붙인다.
- 마음을 수동적인 상태로 마치 문을 활짝 열듯이 오감의 문을 연다.
- 시각 의식을 시야에 들어오는 산 능선(멀리 있는 나무 등)에 둔 채로, 보이는 것에 보려고 하지 말고, 들리더라도 들으려고 하지 말고, 느낌도 느끼려고 하지 말고 생각하려고도 하지 말아야 한다. 하려는 의도와 생각을 멈추고 단지 그냥 보고, 그냥 듣고, 그냥 느끼고, 감정이나 생각이 일어나더라도 그냥 알아차린다. 즉, 보려고 들으려고 느끼려고 알려고 하는 의도를 스위치를 끄듯이 멈추고 10초에서 15초 정도로 쉰다.
- 눈을 감으면서 오감의 문을 닫고 마음을 안으로 돌린다.
- 발가락 끝과 정수리와 손가락 끝을 한 경계로 삼아 무심하게 집중한다. 그리고 필요할 때는 추가로 배꼽, 또는 꼬리뼈 차

---

6   양반다리는 가부좌 비슷한 자세로 양다리를 팔짱을 끼듯 한 자세를 말한다.

크라에 의식을 두기도 한다.

— 온몸을 거울같이 비춰보고, 한 생각도 일어나지 않는 상태를 유지한다.

— 잡생각이 일어나면 세 곳에 의식을 동시에 두는 직전의 상태로 되돌아간다.

— 의식을 발가락 끝과 정수리와 손가락 끝에 동시에 두고 온몸이 보일 때까지 집중한다.

— 이와 같이 집중할 때 마음이 멈추는 느낌이 알아차려지고 의식은 깨어있거나 고요한 느낌이 발견되면 의식의 깨어있음과 함께하는 고요함을 자각한다.

— 이때부터 온몸이 거울로 비춰보듯이 보일 수 있다.

— 온몸이 보인다면 이제 이를 의지하여 생기고 사라지는 몸과 마음의 현상을 관찰하는 순수 위빠사나 명상을 한다.

3) 자가 점검하기

— 마음이 펼쳐지고 거두어지는 것이 분명한지를 확인한다.

— 발가락 끝과 정수리와 손가락 끝을 한 경계로 삼아 집중하기가 되는지 확인한다.

— 한 생각도 일어나지 않는지 확인한다.

— 몸속의 기운이 허리를 곧게 하고 정수리 쪽으로 올라가면서 몸의 움직임이 멈추는지를 확인한다.

— 몸이 멈추고 마음도 멈추는 현상이 있는지를 확인한다.

- 깨어있으면서 고요한 상태인 삼매가 생겼는지 확인한다.
- 온몸이 보이는지를 확인한다.

4) 좌경선 체험기

❶ 온몸이 한눈에 보이는 명안님

실외에서 좌경선할 때 의식을 발끝, 정수리, 손끝에 두니 온몸이 한눈에 보였고 호흡의 거친 모습이 관찰됨. 온몸을 보면서 폐로 호흡하는 모습을 보니 법계정인하여 포갠 두 손, 팔과 엉덩이만 보여짐을 알아차림. 산발적으로 귀, 얼굴 부위, 무릎 등 통증이 일어남과 사라짐을 관찰했고 자취를 남기지 않음을 사유하고 집중함. 순간 빛도 나타났다가 사라짐. 호흡이 미세하면 할수록 고요해졌고 몸이 거칠게 사라졌다 다시 나타나기를 반복함. 마지막 몇 분은 몸 사라짐을 체험함. 알아차림의 힘이 길러지는 것 같고 온몸 보는 시간이 조금씩 길어짐을 알아차림. 명상 후 왠지 모를 만족감과 기쁨을 알아차리고 계속하고 싶은 욕구가 강함이 관찰됨.

선학입문 강의에서 공의 이해가 필요하다고 중론을 읽어보라는 스님 말씀대로 중론을 읽었던 것이 도움이 됨. 아직은 이해가 될 듯 말 듯 하나 이제까지 수행했던 내용이라는 것을 알게 됨.

❷ 수행의 맛이 이것이구나, 보월님

척추를 곧게 세우고 법계정인을 한 다음, 눈을 감고 숨을 들이쉬고 내쉬면서 코끝에 시선을 잠시 두고 좌경선을 시작했습니다. 실체 없음의 텅 빈 공의 깨어있는 마음을 이해하는 데 집중하니 고요해지면서 몸은 금세 사라지고, 잠깐 동안 밖의 소리까지 차단되는 것을 알아차렸습니다. 점점 고요함이 깊어지면서 미세한 숨결마저도 알아차리기가 어려울 정도로 텅 빈 고요함 속으로 들어감을 알아차렸습니다. 몸과 마음이 편안하고 가벼워지면서 수행의 맛을 알아차렸습니다.

3. 문답을 통해 경선鏡禪에 대한 의문 풀어주기

경선을 이해하기 위한 핵심은 '한 공간의 마음'과 '세 군데를 한 경계로 삼아 몸과 한 공간을 이루는 것'이다. 모두 마음과 몸의 기운에 관련한 것이지만 '숨 쉬지 않고 땀 흘리지 않는 그 무엇'을 드러내는 데에 목적이 있다.

1) 한 공간의 마음이란 무엇인가?

자비경선 걷기선禪 명상은 처음부터 끝까지 하나로 관통하는 것이 있는데, 바로 몸과 주변 풍광과 우주와 한 공간을 이루는 것이다.

마음 의식은 봄과 앎의 역할을 담당한다. 한 공간이 됨은 의식의 공간이고 동시에 봄의 공간이다. 의식의 보는 힘을 향상시킨다. 봄은 곧 거울에 사물이 분별없이 비치듯이 특정 사물을 보지 않고 다양한 사물을 무분별로 본다는 것을 의미한다. 또한 무한 공간으로 확장이 가능하다. 이때는 심안心眼으로 보는 것을 의미하며 전체의식으로 깨어있음인 동시에 한 생각도 일어나지 않은 고요함이 함께 하며 거울 같이 비추는 한 덩어리의 한마음이다.

『사띠파타나수트라』에 마음을 대상으로 알아차리는 심념처心念處 수행에 대해 언급한 부분을 보면 "위축된 마음을 위축된 마음이라고 분명히 알고, 산만한 마음을 산만한 마음이라고 분명히 알고, 확장된 마음을 확장된 마음이라고 분명히 알고, 확장되지 않은 마음을 확장되지 않은 마음이라고 분명히 안다."라고 하여 마음의 공간 크기에 대해 설하고 있다.

이와 같이 마음이 위축되어 오그라들면 게으름과 혼침이 일어나고, 마음이 산만하여 흩어지면 흥분과 회한이 일어나며, 확장되지 못한 마음과 마음이 확장된 마음, 위가 있는 마음은 감각적인 쾌락 세계(欲界)의 온갖 번뇌가 일어나며 선정에서 성취되는 미세한 물질의 세계(色界)와 비물질 세계(無色界)와 관계된다. 위가 없는 마음은 출세간出世間의 마음이다.[7]

---

7   『Satipaṭṭhānasutta』의「심념처」부분 참조,『명상수행의 바다』한국빠알리성전협회 p.p. 103~105. 2021년 6월.
심념처心念處 수행의 대상은 마음이다. '위'는 내장 기관을 말하는 것은 아니다. '위가 있는 마음'은 세간인 욕계, 색계, 무색계의 마음이고 '위가 없는 마음'은 출세간出世間의 마음이다.

마음의 한 공간이란 번뇌 망상이 일어나지 않게 하고 고요한 마음 상태를 이룬다. 그러나 마음의 한 공간만으로는 거울같이 비추는 지혜의 밝음이 없고 그저 텅 비어 있기만 한 마음거울이 된다. 이는 앎이 없는 모습이다. 마음의 한 공간은 삼매와 지혜가 있는 한 공간이 되어야 한다. 그래서 한 공간을 이루고 걸어갈 때 한 생각도 일어나지 않는 것을 원칙으로 한다. 걸으면서 한 생각도 일어나지 않음은 마음의 고요함인 찰나 삼매이다.

또한 몸과 한 공간을 이루는 경선은 한 공간 속에서 몸을 통해 나타나는 감각, 마음, 마음의 현상을 무상, 고, 무아로 관찰하여 지혜를 얻는다. 한 공간이 바로 지혜가 되는 것이다.

주변 풍광과 한 공간을 이루면서 걸을 때는 보이는 사물은 사물과 사물 사이의 상호의존으로 보고 소리, 바람, 햇빛 등은 무상으로 보면서 상호의존과 무상의 지혜를 얻는다. 나아가서 공간적으로 상호의존은 독립된 실체가 없어 공하고 시간적으로 변하는 무상은 고정된 실체가 없어 공함을 알아차리고 공성의 지혜를 얻는다. 이때의 마음의 한 공간은 거울과 같고 마음거울에 비친 현상들이 상호의존하고 무상하고 공함을 아는 지혜인 것이다.

우주와 한 공간을 이루면서 걸을 때의 한 공간은 상호의존과 무상과 공의 지혜이므로 이 지혜는 안팎으로 중생의 번뇌를 향하여 작용한다. 곧 중생을 향하는 자비희사慈悲喜捨의 한량없는 마음인 것이다. 이와 같이 마음의 한 공간이란 삼매이며 자비이며 지혜이다. 따라서 비춤이 없이 단순히 텅 비기만 한다면 아무짝에도 쓸모가 없다. 텅 비면서 번뇌를 없애는 거울 같은 지혜는 삶과 죽음의 괴로움을 해결하는 감로의 약인 것이다. 그래서 마음의 한 공간은 곧 허공과 거울에 비유된다. 허공 같음은 불변不變, 거울 같음은 수연隨緣의 뜻이 있다.

마음은 탐진치에 물들기 쉽나니

마음 공간 확장하면
한 생각도 일어나지 않아

성성惺惺하게 깨어있고
적적寂寂하여 고요하고

삼매와 혜안慧眼의 바탕
사랑과 연민의 바탕

두 갈래 세 갈래로 갈라지지 않고
흩어지지도 않고 쪼그라들지 않고

탐진치 머물 곳 없어
슬픔과 분노 홀연히 사라져

허공 같은 그 마음 불변不變이요 무변無邊이라

거울 같은 수연隨緣 지혜 그 자체 환하게 나타나리.

문 마음의 한 공간이라는 언구言句는 생소합니다. 마음은 모양도 색깔도 없는데 어떻게 공간이 있을 수 있습니까?

답 마음은 물에 비유됩니다. 물은 둥근 그릇에 담으면 둥글게 되고 네모난 그릇에 담으면 네모가 됩니다. 하지만 물 그 자체는 모양이 없습니다. 마찬가지로 마음은 모양도 색깔도 없지만 몸의 형태와 주변 환경과 온 우주의 모양에 앎으로 반응하여 모양을 닮은 마음 공간이 나타납니다.

하지만 몸, 주변 환경, 온 우주의 모양은 시간을 피할 수 없습니다. 즉, 형상은 시각적으로 고정되고 분리되고 실체를 가지고 스스로 존재하는 것 같이 보이지만 형상은 상호의존하기 때문에 분리되거나 독립된 실체로서 존재하지 않습니다. 상호의존으로 모양을 유지하지만 매 순간 변하여 상호의존의 모양도 실체는 없습니다. 이와 같이 꿰뚫어 보면 분별심이 사라지고, 고정됨과 분리됨과 실체가 본래 없으며, 상호의존의 형상도 시간의 흐름 속에서 항상 함이 없다(無常)는 무無라는 인식을 가집니다.

형상의 모양과 실체가 본래 존재한다는 분별심은 새끼를 뱀으로 착각한 것과 같습니다. 뱀이 본래 존재하지 않듯이 모양과 실체는 처음부터 '없다'는 것입니다. 마음만 존재합니다. '그렇다면 보이고 들리는 것은 무엇인가?'라고 반문한다면 모두 마음의 현상이라고 할 수밖에 없습니다.

『대승기신론』에 이르길 "모든 것은 거울 속에 비친 영상과 같이 실체가 없다. 오직 마음이 만든 것일 뿐 허망한 것이다. 왜냐하면 마음이 생겨나면 가지가지 것들이 생겨나고 마음이 없어지면 가지가지 것들이 없어지기 때문이다."[8]

또한 "원래부터 색과 마음은 둘이 아니라고 하며, 색의 본성이 곧 지혜이기 때문에 색의 바탕은 형상이 있을 수 없다."[9]라고 합니다. 즉, 몸, 주변 환경, 보이고 들리는 일체 모든 것이 환영과 같이 허망하지만 이 모든 것이 마음의 표현임을 꿰뚫어 보는 마음만이 존재함을 알 수 있습니다. 그래서『화엄경』「범행품」에 "일체 모든 것이 마음의 자체 성품임을 알면 지혜의 몸을 이룰지니 다른 것을 말미암아 깨닫는 것이 아니다."[10]라고 설하는 것입니다.

결국 마음의 한 공간이란 마음의 한 표현이며 경선의 방편입니다. 형상을 꿰뚫어 보는 인식이 필요합니다. 거친 인식은 모양과 실체를 진짜로 인식합니다. 하지만 꿰뚫어 보는

---

8   『대승기신론』 권3 「생멸인연」 是故一切法 如鏡中像 無體可得. 唯心虛妄. 以心生則種種法生. 心滅則種種法滅故.

9   『대승기신론』 권5 「용대」 所謂從本已來 色心不二. 以色性卽智故 色體無形 說名智身. 以智性卽色故.

10   『화엄경』 「범행품」 "知一切法 卽心自性 成就慧身 不由他悟."

날카롭고 분석적인 세밀한 인식은 보이는 대상이 환영이고 가짜임을 한눈에 알아차려 모든 상相은 한마음(一心)일 뿐임을 알게 합니다. 이와 같이 '마음의 한 공간'이란 형상에 대한 상대적인 언구라는 것을 알 수 있습니다.

2) 세 군데를 한 경계로 삼아 몸과 한 공간을 이루는 이유

경선할 때 의식을 발바닥, 정수리, 그리고 양손 끝 이렇게 세 군데에 동시에 두고 몸과 한 공간을 이루는 이유는 번뇌 망상이 일어나지 않게 하는 방법인 동시에 몸의 기운과 관련이 있다. 의식을 정수리에 두는 것은 상행기上行氣, 발바닥은 하행기下行氣 그리고 양손 끝은 변행기偏行氣를 자극하기 위함으로 이는 온몸 기운의 흐름에 근거하고 있다. 경선할 때 등산용 스틱을 사용하는 경우에는 정수리와 발바닥 그리고 꼬리뼈에 의식을 두고 걷는 것이 좋다. 꼬리뼈에 의식을 두면 엄지발가락-뒤꿈치-꼬리뼈-정수리로 통하는 기운이 활성화된다.

몸기운이 활성화되는 이유는 의식이 있는 곳에 기운의 흐름이 생기기 때문이다. 정수리에 의식을 두게 되면 일어나는 상행기는 미간이 펴지고, 호흡하기가 좋고, 상체를 가볍게 하고, 의식이 깨어있게 한다. 발바닥에 의식을 두게 되면 일어나는 하행기는 발걸음을 가볍게 하고, 손끝에 의식을 두게 될 때 일어나는 변행기는 심장박동이 부드러워지고, 온몸이 축 늘어지고 떨어진 의욕을 일으켜 세우고 온몸에 활기를 준다. 배꼽에 의식을 두게 되면 일어나는 등주기는 소화를 돕고 소화불량과 변비를 해결한다. 또한 등주기가 활성화되면 평소에 몸이 무거워 앉았다가 일어서기가 어려웠던 사람이 가볍게 일어서게 된다.

이와 같이 온몸의 기운이 잘 소통되면 잡생각이 훨씬 줄어든다. 왜냐하면 흐르는 물이 장애를 만나면 튀어 오르듯이 소통이 잘 안되면 기운이 좌충우돌하게 되고 이 기운이 의식에 영향을 주어서 분별 망상이 일어나기 때문이다. 이렇게 생각은 기운을 타고 움직인다.

발바닥은 기운을 모르고
기운은 발바닥을 모르고
서로 만난 적 없다오.
정수리, 손가락 끝도 이와 같네.

마음은 서로를 알아보니
발바닥, 정수리, 손가락의 기운 살아 춤추고
한 공간에 한 생각도 일어나지 않아
깨어있음과 고요함 함께 하니
명명불매明明不昧 료료상지了了常知가 멀지 않다네.

문 양발바닥, 정수리, 양손 끝 이렇게 세 군데에 의식을 동시에 두어 한 경계로 삼기가 쉽지 않습니다. 좀 더 구체적으로 설명해 주십시오.

답 언어는 마음을 움직입니다. 마음속으로 정수리라고 단어를 말하면 의식이 정수리로 갑니다. 발바닥, 정수리 동시라고 말하면 의식은 그렇게 움직입니다. 그리고 세 군데에 의식을 무심하게 두도록 합니다. 세 군데 의식을 동시에 둘 수 있는 것은 마음의 공간이 온몸의 크기만큼 넓어지고 커졌기 때문입니다. 우리가 평소에 인지하지 못하더라도 마음 자체는 원래 보는 성품이 있고 정해진 어떤 틀이 없습니다. 카메라 줌 기능을 이용해서 화면을 확대하는 것처럼 마음을 펼쳐서 세 군데가 다 들어오게 한다고 생각하면 이해하기 쉬울 것입니다. 이렇게 세 군데에 의식을 두면 의식의 공간이 넓어집니다. 온몸이 보이기 시작합니다. 그런데 걸을 때는 몸이 움직이기 때문에 세 곳을 한 경계로 집중하기 어렵고 피곤해집니다. 그래서, 행경선 때는 의식을 세 군데에 무심히 두고 좌경선 때는 세 곳을 한 경계로 무심하게 집중하는 것입니다.

문 몸과 한 공간을 이루기 위해 의식을 발바닥, 정수리, 양손 끝 이렇게 세 군데에 동시에 두어서 한 생각도 일어나지 않게 하는 데는 그만한 이치가 있습니까?

답 한 생각도 일어나지 않을 때 한 공간이 이루어집니다. 한 공간은 허공같이 텅 비어 있으면서 보는 마음이며 또한 생멸이 없습니다. 생멸이 없으므로 불변不變이며 따라서 한 공간

을 이루는 자비경선은 '불변不變의 보는 성품'이 드러나게
합니다. 이렇게 한 공간을 이루어 한 생각도 일어나지 않을
때 비로소 '보는 성품'에 들어가는 것이 가능합니다.[11]

마음을 거울에 비유하면 거울 속에는 어떤 모습도 없지만
사물이 비치면 온갖 모습을 볼 수 있는 것과 같습니다. 마찬
가지로 눈이 사물을 보는 것이 아니고 눈을 통해 마음이 봅
니다. 즉, 보는 것은 마음거울입니다. 사물이 거울에 비치듯
이 보이기 때문입니다. 이처럼 마음은 보는 성품을 가지고 있
습니다.

텅 빈 마음거울 속에는 어떤 모습도 없지만 대상이 비치면
모습이 나타납니다. 이는 인연을 따르는 수연隨緣입니다. 하
지만 마음 자체의 보는 성품인 텅 빈 마음거울은 고요하고
생멸하지 않아 불변不變입니다. 대상이 있거나 없거나 아무
관계 없이 거울이 늘 비추듯이 늘 인식하는 마음거울입니
다. 그러나 무지와 번뇌 망상의 영향을 받아 가려져 있어서
표면으로 나타나지 않습니다. 그래서 마음거울이 드러나도
록 하는 방법은 첫째는 마음거울에 대상이 비치게 하는 것
입니다. 그러면 텅 빈 거울에 대상이 비치듯 마음거울 성품
에 영상이 나타납니다. 영상이 나타난다는 것은 대상을 보는

---

11   『대승기신론』「진여」편에 "만약 허망한 기억(念)을 여읜다면 진여(보는 성품)에
들어가게 된다고 한다."(若離於念 名爲得入)라고 하였다. 보는 성품은 불변不變이므로 진
여眞如이다.

성품이 드러났다는 것입니다. 하지만 이것이 드러나지 않는 것은 잡생각 등 번뇌 때문입니다.

두 번째는 번뇌 망상이 일어나지 않게 하는 것이 중요합니다. 그래서 마음의 공간을 몸과 주변 환경과 우주로 확장하여 번뇌 망상이 작동하지 않게 합니다. 번뇌 망상이 작동하지 않으면 마음거울을 덮고 있던 번뇌 망상이 사라져 비로소 마음거울의 '보는 성품'이 저절로 드러나게 됩니다.

문 발바닥, 정수리, 손가락 끝부분에 의식을 동시에 두는 이치는 알겠는데 좀 더 구체적으로 설명해 주시면 좋겠습니다.

답 ① 세 곳에 의식을 동시에 둠은 습관적으로 대상을 향해 달려가는 마음을 묶어주는 효과가 있습니다. 이것은 의식이 한 공간을 이루고 한 생각도 일어나지 않게 합니다.

② 한 생각도 일어나지 않을 때 의식은 깨어있음과 함께 고요함이 생깁니다. 깨어있어도 망상이 있다면 깨어있음이 아니고 고요하더라도 깨어있지 못하고 멍함이 있으면 삼매가 아닙니다. 깨어있음은 고요하게 하고 고요함은 깨어있게 유지시켜주므로 성성하게 깨어있으면서도 적적한 고요함이 함께합니다.[12] 이러한 경계가 늘 깨어있는 마음의 보는 본성

---

12   보조지눌 지음/원순 역해 『眞心直說』「九 卽體卽用」"故永嘉云 惺惺寂寂是 惺惺妄想非 寂寂惺惺是 寂寂無記非 旣寂寂中 不容無記 惺惺中 不容亂想 所有妄心 如何得生 此是卽體卽用 滅妄功夫也" 법공양 출판사 p. 90 2015년 4월

을 드러냅니다.

③ 한 공간이 마음의 크기를 나타내므로 '늘 인식하여 보고 아는 마음'이 그릇에 따라 물의 모양이 결정되듯이 구체적인 모습을 드러내기 때문입니다. 이렇듯 주변 사물과 한 공간을 이루고 우주와 한 공간을 이루기 걷기경선鏡禪을 통해서 마음은 크기와 방향과 장소가 없음을 체득할 수 있습니다.

마음 자체의 생멸이 없는 보는 성품이 드러나면 눈을 뜨나 감으나 보는 인식은 바뀌지 않습니다. 즉, '숨 쉬지 않고 땀 흘리지 않는 그 무엇'입니다.

문 몸과 한 공간을 이루고 주변 사물과 한 공간을 이룰 때 온몸의 현상을 보면서 주변 풍광을 거울같이 본다는 것이 가능합니까?

답 『선가귀감』에 "마음 성품은 거울의 본체와 같고, 마음은 거울의 빛과 같다."[13]라고 하며 『대승기신론』에는 마음을 '대지혜광명大智慧光明'이라고 합니다. 마음 빛은 달과 태양과 같은 물질적인 빛과는 다른 빛입니다. 이 마음 빛에 의해서 주변과 한 공간을 이루면서 몸의 여러 가지 현상도 같이 보입니다. 마치 전등의 빛이 사방을 비추면서 동시에 전등 자체

---

13   청허당 휴정 지음 일장 옮김 『선가귀감 권상』(松廣寺藏諺解木版本) "心則從妙起明 如鏡之光 性則卽明而妙 如鏡之體" p. 29 불광출판부 2005년 4월

를 비추는 것과 같습니다. 이와 같은 마음 빛은 분별이 있으면 불가능합니다. 분별은 부분을 인식할 뿐 전체를 보지 못하기 때문입니다. 그래서 발바닥과 정수리와 손가락에 의식을 동시에 두어서 분별이 일어나지 않게 하면 몸과 주변 풍광이 한 공간으로 이루면서 거울같이 다 보이는 것입니다. 그래서 "분별이 생기지 않으면 텅 빈 밝음이 스스로 비춘다."[14] 라고 『선가귀감』에서 설하고 있습니다.

문 몸과 한 공간, 주변 사물과 한 공간을 이룸은 알겠는데, 우주와 한 공간을 이루는 방법을 가르쳐 주십시오.

답 발바닥, 정수리, 손가락 끝 세 곳에 의식을 동시에 둡니다. 그다음은 땅을 보고 하늘을 봅니다. 세 곳을 한 경계로 두고 마음(心眼)으로 하늘을 보면서 걸으면 몸의 아래위로 기운이 뻗어서 몸이 펴지고 하늘 아래의 모든 것이 보이면서 주변 사물, 건물과 한 공간을 이루고, 온 우주와 한 공간을 이루게 됩니다.

문 몸과 한 공간, 주변 사물과 한 공간, 우주와 한 공간을 이룬다는 '한 공간'은 허공이 아닙니까?

답 마음과 허공은 공통점과 차이점이 있습니다. 공통점은 첫째,

---

14   상동 "分別不生 虛明自照" p. 25

마음과 허공은 물질이 아니기에 모양과 색깔이 없습니다. 둘째, 마음과 허공은 크기가 무한합니다. 셋째, 생멸이 없습니다. 차이점은 마음은 보고 아는 앎이지만 허공은 보고 아는 앎이 없다는 것입니다. 그런데 『원각경』에서 '무변허공無邊虛空 각소현발覺所顯發'[15]이라고 하여 가없는 허공도 깨달음의 성품(覺性)에서 나타난 것이라고 설합니다. 즉, 유형과 무형의 일체 모든 것이 각성覺性에서 나타난 것입니다.[16] 이와 같이 허공도 마음이 근원임을 알 수 있습니다.

한 공간은
허공처럼 확장된
마음의 공간

마음은 원래 보는 성품 있어
사방팔방 위아래 입체적으로 보이네.
진실을 꿰뚫어 아는 지혜
심안心眼은 혜안慧眼이 되고

---

15   普眼章第三

16   『首楞嚴經』卷第六 空生大覺中 如海一漚發 有漏微塵國 皆從空所生 漚滅空本無 況復諸三有 "허공이 대각 가운데서 생겼으니 바다에서 물거품이 하나 일어나는 듯하고, 유루의 미진 국토들이 모두 허공으로부터 생겼네. 물거품이 소멸하면 허공도 본래 없거늘 하물며 다시 모든 삼유가 있겠는가?"

깨어있음이여

오그라듦도 산만한 마음도 아니요

한 생각도 일어나지 않는 고요함과 함께 하니

과거와 미래가 없어 한마음의 경계일 뿐

전체의식이여

한 덩어리의 한마음

무변 허공도 바다의 물거품

온 우주를 품어도 넉넉하도다.

한 덩어리 마음 그대로 거울 같아

앞뒤 좌우 위아래로

의도 없이 저절로 비추니

모든 현상 환영과 같음을 드러낸다오.

4. 심장 뜀을 관찰하여 지혜 얻기

─ 해체의 위빠사나

심장이 뛰는 현상의 생김과 사라짐을 관찰하는 것은 위빠사나 수행이다. 이는 한시적인 수행 방법인데 오르막에서만 명상할 수 있는 방법이기 때문이다. 그러나 해체의 위빠사나를 경험할 수 있는 손쉬운 방법이기도 하다.

『아비달마』에 의하면 의식은 심장을 토대로 움직인다고 한다. 심장 뛰는 것을 지켜보는 것은 곧 의식에 영향을 주는데 심장이 빠르게 안정을 얻고 또한 심장 뜀을 관찰하여 무상無常·고苦·무아無我의 지혜를 얻는다.

1) 심장 뜀을 무상·고·무아로 알아차리는 '행혜경선'

— 산행 경선 중 오르막길을 오르다 숨이 차면 안전한 곳에 서서 잠시 휴식을 취한다. 이때 숨을 들이쉬고 내쉬면서 어깨에 힘을 빼고 척추는 곧게 세우고 시선을 코끝에 잠시 두고 순간 집중한다.

— 심장 뛰는 것을 본다.

— 몸통에 진동이 있는지 살피고 알아차린다.

— 팔다리에 진동이 있는지 살피고 알아차린다.

— 목과 머리 부분에 진동이 있는지 살피고 알아차린다.

— 다시 심장 뛰는 곳에 마음을 두고 온몸의 진동을 살핀다.

— 심장 뛰는 것을 내 마음대로 멈출 수 있는지 살펴본다.

— 심장이 뛰는 것을 보고 심장이 '나'라든가 '나의 것'이라고 할 수 있는가를 반문해 본다.

— 심장이 뛰는 것은 생김과 사라짐이 반복(無常)하며, 심장이 뛰기 때문에 어느 순간 멈출 수가 있음을 알아차리고 이를 마음대로 조절할 수 없음은 불만족스런 괴로움(苦)임을 알아차린다.

— 심장 뜀을 내 의지대로 바꿀 수 없어 주재하는 '나'가 없음(無我)에도 여전히 심장 뜀을 알아차린다.

2) 자가 점검하기

— 심장 뜀이 발생과 소멸의 연속인 무상임을 확인한다.

— 마음대로 조절할 수 없음은 불만족스러운 괴로움(苦)임이 이해가 되는지를 확인한다.

— 몸 안에 주재하는 '나'가 없음(無我)과 몸은 '나의 것'이 아님이 이해되는지 확인한다.

— 온몸이 연결되어 있음을 통해 팔다리, 몸통, 머리 등이 상호 의존임을 확인한다.

— 상호의존하는 몸을 통해 독립된 알갱이 같은 자아가 없음을 이해하고 확인한다.

— 심장은 뛰는데 심장을 뛰게 하는 자가 없음을 확인하며 이를 통해 행위는 있는데 행위의 주체가 없는 무아의 개념을 명확하게 이해한다.

— 공격할 자도 피해 입을 자도 없음을 알아차리고 이해한다.

— '자아'가 없지만(無我) 이를 아는 마음이 있음을 이해한다.

3) 행혜경선 체험기

● 이것이 무아임을 알아차리는 진여성님

가파른 길 오르다 보니 심장 박동이 빨라짐을 앎. 쉬는 장소에서 빨라진 호흡을 내쉬고 들이쉬면서 관찰함. 숨 가쁨을 내가 조절할 수 없음을 실감함. 이것이 무아임을 알게 됨. 그래도 심장 뜀에 의식을 두고 보니 눈앞에 보이는 숲속으로 호흡이 들어간 듯 발밑으로도 숨이 쉬어진 듯 공간이 서로 의지하고 있는 듯 의식의 공간이 넓어짐을 알아차림.

5. '쉼경선' 하여 삼매 얻기
— 멈춤의 사마타

걷다가 휴식 시간에 가지는 명상은 멈춤과 쉼이다. 쉼은 평화이며 평안이다. 우리의 심리는 시기, 질투를 버리고 평온과 평화를 바란다. 그래서 마음의 움직임을 멈추고 쉬는 것은 시기, 질투하고 싸우는 심리를 평화롭게 하는 것이다. 특히 충동적으로 일어나는 감정은 통제하기 어렵다. 순간적으로 폭발하는 감정을 2~5초 내에 처리하지 못하면 걷잡을 수 없게 되면서 본인과 상대방에게 피해를 준다. 이때는 인식대상을 발바닥으로 옮기고 마음을 멈추고 쉬는 경선이 도움이 된다.

기대거나 걸터앉아 쉼경선 할 때 의식을 발가락에 두면 아래로 내려가는 기운(下行氣)이 발가락으로 흐른다. 장딴지의 통증이 완화되고 걸을 때 다리가 가벼워짐을 체험한다.

또한 숨이 가쁘고 힘이 들 때는 걷는 명상을 멈추고 손가락 끝에 의식을 10초에서 20초 정도 두면 심장이 빠르게 안정되면서 부드럽게 뛰고 맥박도 안정된다. 이때 손가락에 의식을 두고 심장 뛰는 것을 관찰할 수 있다면 더 좋다. 심장박동의 발생과 소멸이 빠르게 변화함 자체가 상相의 자취를 남기지 않는 무상이며 무상을 뜻대로 바꿀 수 없어 불만족이면서 무아임을 관찰하고 뛰는 심장박동이 자취 없음을 보고 그 자리에 머물 수 있으면 더욱 좋다.

쉼의 원리는 마음이 있는 곳에는 기운의 흐름이 있다는 것이다. 그래서 의도를 멈추면 의도 따라 일어나는 바람의 요소인 기운이 멈추고 기운이 멈추면 기운을 타고 움직이는 암시暗示가 멈추고 암시가 멈추면 몸과 입과 생각이 멈추고 고요가 주변을 덮으면서 몸과 마음이 쉬어진다.

1) 스위치를 끄듯이 마음을 그냥 쉼
그냥 쉰다는 것은 의도를 쉬는 것을 말한다.

— 숨을 들이쉬고 내쉬면서 어깨에 힘을 뺀다.
— 척추를 곧게 세우고 시선을 코끝에 잠시 둔다.
— 의식을 발바닥에 두고 앞의 풍경을 본다.
— 나무, 돌, 산 등의 풍경은 의도가 없다는 점을 알아차린다.
— 단지 그냥 보고, 그냥 듣고, 그냥 느끼고, 감정과 생각이 일어나더라도 단순히 그냥 올라오는구나 하고 알기만 하고, 강제로 무언가를 하려고 하지 않고 그대로 둔다. 생각이나 감정

을 억누르면 불난 집에 기름 붓듯이 감정이 '확~' 올라오거나
생각이 더욱 왕성하게 올라오기 때문이다.

— 보이는 것에 보려고 하지 말고, 들리더라도 들으려고 하지
말고, 느낌도 느끼려고 하지 않으며, 생각하려고도 하지 말
아야 한다. 하려는 의도와 생각과 감정을 멈추는 것이다.

— 바람이 그물 사이로 걸림 없이 지나가듯이 무심히 흘려보내
면서 아무것도 하지 않는다. 스위치를 끄듯이 생각과 감정을
멈추고 가만히 있기만 한다.

— 주변 풍경의 의도 없음과 나의 의도 멈춤이 일치함을 유지한
다.

— 마음의 고요가 주변을 덮어감을 그냥 보기만 한다.

문 의도를 쉰다는 쉼경선과 아무 생각 없이 멍하게 있는 멍 때
리기로 쉬는 것과 무엇이 다릅니까?

답 멍 때리기는 마음 의식을 쉴 수는 있지만 의식 자체를 명료
하게 하지 않고 멍하게 하여 무지의 모습을 보입니다. 그러
나 의도를 쉰다는 것은 보고 듣는 등의 의식작용을 멍하게
하지 않고 의식이 또렷하게 깨어있는 상태에서 다만 보려고
하고 들으려고 하고 느끼려고 하고 알려고 하는 의도만을
멈추는 것입니다.

문 의도를 멈춘다고 하지 않고 마음을 멈춘다는 말은 어떤 의

미입니까?

답 마음은 대상을 인식하고 아는 특성이 있습니다. 그래서 탐욕과 성냄과 어리석음 등의 부정적인 감정과 심리에 오염될 수 있습니다. 마음을 멈춘다는 것은 이러한 부정적인 감정과 심리, 의도를 멈추는 것입니다. 그런데 여기서 주된 것은 무언가를 끊임없이 만들어내고 추구하는 분주한 마음인 의도를 쉬는 것입니다. 흔히 A라는 이야기를 하면 듣는 사람은 그 이야기에 자기 생각과 해석을 덧붙여 B, 또는 C로 알아듣습니다. 이렇게 A라는 이야기를 사실과 다르게 왜곡, 착각하여 받아들이고 그로 인하여 시기, 질투를 일으키는 것이 의도인 형성작용입니다. 마음을 멈춘다는 것은 왜곡과 착각을 일으키는 의도 즉, 형성작용을 쉬고, 형성작용에 의해 다르게 형성된 마음을 쉬는 것입니다. 이와 같이 마음을 쉬면 청정한 마음을 가리고 있는 번뇌가 일어나지 않아 숨쉬지 않고 땀 흘리지 않는 청정한 마음이 현현하게 됩니다.

2) 자가 점검하기

쉼경선은 마음을 쉬는 것이며 마음이 쉬면 몸도 같이 쉬어진다. 내면의 평화가 찾아온다. 하지만 쉼경선으로 마음을 쉬었는지 아닌지를 자기 스스로 확인해 봐야 한다. 아래와 같이 확인해서 하나라도 확인이 되면 쉼경선을 제대로 했다고 말할 수 있다.

━ 한 생각도 일어나지 않는지 확인한다.

— 주변이 고요한지 확인한다.

— 차분해졌는지 확인한다.

— 시야가 좌우로 확장되는지 확인하다.

— 의식이 깨어있는지 확인한다.

— 몸이 가벼운지 확인한다.

3) 쉼경선 체험기

❶ 숨도 같이 멈춰버린 동연님

마음의 스위치를 끄고 쉴 때는 숨도 같이 멈춰버렸다. 또다시 마음의 스위치를 껐다. 이번에는 숨을 멈추지 않아도 된다는 것을 알아챘다. 다음날 쉼경선에는 마음의 스위치를 끈 상태가 어제보다 잘 지속되고 한 생각도 일어나지 않고 그대로 쉬고 있음을 알아차렸다.

❷ 전체의식이 됨을 알아차리는 정안님

시각과 청각을 통합해서 확장한 채로 쉼경선을 할 때 몸이 사라지며 전체의식이 됨을 알아차렸고 소리들이 귀로 들린다기보다 온몸 전체로 들림을 알아차렸다.

❸ 의도를 멈추는 혜정님

의도를 멈추는 훈련을 하다 보니 생활에서도 저절로 멈춤이 된다. 마음의 의도와 물질의 연관성이 알아지고, 의도가 조금이라도 생겨남과 동시에 몸의 미세한 근육의 움직임이 포착되어지고 의도가 잘 멈추어진다. 생겨나려는 의도도 한 찰나에 포착되고 바로 멈추어진다. 의도가 잘 멈추어지니 몸도 전보다 훨씬 가볍고, 아는 마음이 쭉 잘 지켜본다. 평소에도 의도가 잘 안 일어나고 의도를 일부러 내야만 일어나기도 한다.

6. '깸경선' 하여 의식 깨우기

의식의 공간을 넓히고 의식이 깨어있도록 하는 경선鏡禪은 깸경선이다. 발바닥, 능선, 정수리에 함께 의식을 두어 한 경계로 한 공간을 이루는 것은 의식의 공간이 하늘로 땅으로 확장되는데 의식의 집중을 유지한 상태에서 전체적인 시야로 확장되는 것이며, 그 과정에서 의식이 깨어있게 되어 깸경선이라고 한다.

즉, 확장된 의식의 공간을 유지하려면 의식이 지속적으로 깨어있어야 한다. 생각이 과거와 미래로 왔다갔다 하면 마음이 현재 이 순간으로 깨어 있지 못한다. 마음이 현재 이 순간에 머물러 확장된 의식의 공간이 유지될 때 그러한 집중이 마음의 고요를 가져와서 주변 환경이 고요하게 느껴지는 체험을 하게 된다. 주변 환경 또한 내 마음의 일부분이기 때문이다. 이것이 성성적적惺惺寂寂의 경계이다. 바로 이 성성적적이 생기지도 않고 소멸하지도 않는 본연의 깨어있는 마음을 드러나게 한다.

1) 깸경선 하기

— 의식을 발바닥에 두고 동시에 산 능선의 좌우로 길게 의식을 걸쳐 둔 상태에서 정수리에도 의식을 두어서 세 곳을 한 경계로 한 공간을 이루게 한다.

— 몸과 산 능선 사이의 공간을 의식하면서 아무것도 하지 않고 스위치를 끄듯이 감정과 생각 즉, 마음을 멈춘다.

2) 자가 점검하기

— 의식이 산 능선과 한 공간을 이루는지를 확인한다.

— 한 공간을 이룰 때 몸까지 그 영역에 들어오는지를 확인한다.

— 발바닥, 산 능선, 정수리를 한 경계로 삼아 의식을 두고 무심히 집중할 때 온몸과 함께 하늘과 땅과 산의 나무들이 파노라마같이 한눈에 다 들어오는지 살펴본다.

— 한 생각도 일어나지 않는지를 확인한다.

— 마음이 과거와 미래로 왔다갔다 하지 않고 현재 이 순간에 머무는지 확인한다.

— 확장된 의식 공간이 유지되는지 살펴본다.

— 의식이 깨어 있는지를 확인한다.

— 보이는 모습과 들리는 소리 속에 고요함이 함께 존재하는지 살펴본다.

— 깨어 있으면서 고요한 성성적적의 경계가 있는지를 확인한다.

3) 깸경선 체험기

❶ 깨어있기로 마음이 고요해진 해원님

발바닥에 의식을 두고 능선과 정수리의 느낌을 알아차리면서 발바닥, 능선, 정수리를 연결하여 의식의 공간을 넓히니 마음이 깨어있고 고요해졌다.

❷ 무심하게 의식을 두니 눈이 환해지고 소리가 들리지 않은 현빈님, 명원행님

산 능선, 정수리, 발바닥에 의식을 두기 위해 애쓰다가 무심하게 해보라고 하셔서 무심하게 의식을 둬봤다. 잠시지만 산 능선 뒤로 하얀 테두리처럼 보이는 하얀 줄도 보임을 알아차렸다. 그냥 무심하게 그런가보다 하고 마음을 놓아버리니 희미한 잡념이 떠올랐다가 사라지고 눈이 환해지고 주변의 소리가 들리지 않음을 알아차렸다.

❸ 하늘과 땅으로 연결되는 무아님

깸경선에서 발바닥과 정수리, 저 멀리 능선에 의식을 두고 편안히 보고 있으니, 나의 정수리와 하늘이 연결되어 있고, 저 능선과 내 발은 대지로 연결되어 있음을 알아차렸다. 저 멀리 능선이 바로 나의 모습처럼 느껴짐을 알아차렸다.

━ 걷기경선의 마침 게송

강물이 흘러 바다에 이르듯
초승달이 둥근달이 되듯
지각 있는 존재들이
행복하고 평안하기를 기원합니다.

2장

쿰부히말라야
걷기선禪
명상하러 가다

─ 경鏡과 환幻 단계 실습하기

청정한 마음의 본성은 진여이며 진여 마음의 바탕에는 마음의 움직임이 없습니다. 이 진여의 깨달음은 주객이 없기 때문입니다. 주객이 상대할 때 마음의 움직임이 일어납니다. 물에 물을 타면 물의 경계선이 없는 것과 같이 깨달음도 그와 같습니다.

마음 거울 빛나

비친 객관 모든 것

실체처럼 보이는 공이어라.

꿰뚫어 아는 앎의 빛이여

무지이지無知而知의 거울이구나!

쿰부히말라야 걷기선 명상 지도

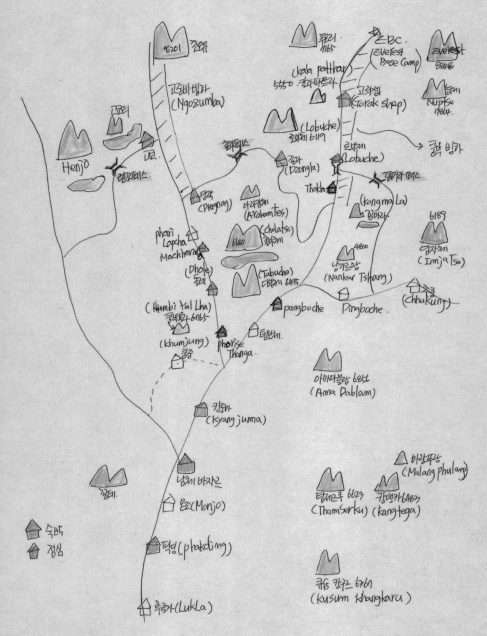

지혜선님 그림

1. 쿰부히말라야 걷기선禪 명상

2022년 10월 22일, 걷기경선鏡禪 명상을 체험하기 위하여 쿰부히말라야로 떠났다. 히말라야 걷기경선鏡禪 코스는 걷기선 명상에만 전념할 수 있는 최적의 환경을 제공한다. 프로그램에 참가한 수행자들은 히말라야의 척박한 환경 속에서 걷기경선을 할 때와 하지 않을 때의 차이를 뚜렷하게 체험할 수 있었고 수행 현상이 분명하게 드러나 스스로 자신의 걷기경선鏡禪 수행 경지를 알 수 있었다. 이것이 히말리야 걷기경선鏡禪 프로그램을 꾸준히 진행하는 이유이다.

2. 걷기선 명상의 체험과 지혜
– 체험기와 명상코칭

1일차 … 2022년 10월 20일 트레킹명상 시작–루크라–팍딩

　우리 일행은 쿰부히말라야 걷기선禪 명상을 체험하기 위하여 인천공항에서 출발하여 네팔 카트만두 공항에 도착했다. 잠시 호텔에서 눈을 붙이고 새벽에 다시 4시간 동안 차를 타고 라메찹공항에 가서 20명이 탈 수 있는 경비행기를 타고 루크라공항에 도착했다. 이번 걷기경선에 함께한 수행자들은 루크라에서부터 한국에서 익힌 경鏡과 환幻 단계의 경계를 복습하는 트레킹 명상을 시작했다.

　루크라를 출발, 본격적인 히말라야 트레킹의 관문에 해당하는 팍딩에 도착했다. 롯지(숙소)에서 잠들기 앞서 오늘 걷기선 명상을 되돌아보면서 경계를 써본다.

빛

　　사방팔방으로 비출 때
　　비추는 빛이 빛 자체를 비추니
　　빛밖에 없다오.

한 생각도 일어나지 않아
쌍암双暗이면서
앞뒤 좌우 상하로
두루 비추는 쌍명双明이로다.

마음거울 빛나
비친 객관 모든 것
실체처럼 보이는 공이어라.
꿰뚫어 아는 앎의 빛이여
무지이지無知而知의 거울이구나!

걷기경선鏡禪 명상을 한 수행자는 돈오심님, 지혜선님, 본연님, 승혜월님, 다따님 등이며 이 수행자들의 걷기경선의 체험을 기록하고 그에 따른 명상코칭을 기술하였다. 걷기경선 하시는 분들에게 도움이 되기를 바란다.

2일차 ··· 10월 21일 팍팅-몬조-로살레-남체

돈오심님의 수행체험

참가자 한 명 한 명을 일일이 상상으로 초대하여 차를 먼저 대접한 후 발에 자비수慈悲水를 부어주었고 발을 씻겨주면서 안전을 빌었다.

돈오심 팀장님은 리더로서의 책임감이 있습니다. 쿰부 히말리야의 거친 환경을 익히 알고 있어서 참여자들의 안전을 염려하는 마음을 품고 있습니다. 팀원들이 자비경선慈悲鏡禪을 잘하고 사고가 나지 않기를 바라는 자비심이 있습니다. 자비심은 고귀한 마음으로 상대에게 이익을 주는 능력입니다. 베풀어서 기쁘게 하고 친밀감과 보호의 감정으로 탐욕과 분노를 없애고 깨달음으로 인도하는 마음이며 연민은 상대의 고통을 빼앗아 없애는 능력이며 슬픔과 해치고자 하는 마음을 없앱니다. 모든 중생을 위하는 마음으로 온몸의 크기만큼 마음의 공간을 넓히고 주변의 풍광으로 확장하고 온 우주로 무한히 커지는 경선鏡禪이 있습니다. 바로, 사랑과 연민과 기쁨과 평정의 마음을 온 우주로 확장하여 걷는 사무량심四無量心 경선이 그것입니다. 돈오심님은 이번 기회로 사무량심 경선을 하면 좋을 것 같습니다.

본연님의 수행체험

출렁다리를 건널 때
순간 두려움이 생겼으나
주변 풍광과 한 공간을 이루니
두려움이 사라졌다.

육체적으로는 메스꺼움과

어지러움이 사라지는 체험이었다.

본연님의 체험은 주변 풍광과 한 공간이 되어 의식의 공간이 넓어졌고, 의식이 깨어있는 상태로 한 생각도 일어나지 않는 평온한 상태가 되어서 두렵다는 감정이 사라져 버렸습니다.

걸으면서 주변 풍광과 한 공간을 이룬다는 것은 좌우와 뒤쪽과 땅과 하늘의 이미지가 눈앞의 사물을 보듯이 똑같이 보면서 걸어감을 뜻합니다. 즉, 마음의 눈(心眼)으로 거울같이, 제3자가 나를 포함한 전체 공간을 카메라로 상하 좌우 앞뒤를 동시에 촬영하듯 보기 때문입니다. 물론 발바닥과 정수리와 꼬리뼈에 두고 있는 의식은 그대로입니다.

이와 같이 주변 풍광과 한 공간을 이루면서 걸을 때 한 생각도 일어나지 않게 됩니다. 이때는 의식이 깨어있음과 함께 고요함이 있음을 자각해야 합니다. 성성하게 깨어있으면서 적적한 고요함을 지속적으로 유지할 수 있다면 온몸의 근육이나 기타 부위의 현상들이 생성과 소멸로 관찰되는 위빠사나 지혜가 생깁니다. 또는 발생하는 순간순간 상(相)의 자취가 없고, 사라지는 순간에도 자취가 없어 공함(無常卽空)이 관찰이 되면 좋습니다.

무상, 고, 무아, 공을 아는 지혜의 특징은 마음이 과거와 미래로 가지 않고 현재 이 순간에 늘 깨어있습니다. 그래서 일상생활에서도 끊임없이 생각이 일어나지만 생각이 일어나지 않게 마음만 먹으면 생각이 일어나지 않는 한 마음 상태가 될 수 있습니다. 지혜가 번뇌를 소멸시키고 의식이 지금 이 순간에 늘 깨어있게 하기 때문에 마음만 먹으면 한마음 상태가 되고, 늘 머물게 할 수 있습니다. 한 공간을 이룬 힘과 무아의 지혜와 무상즉공無常即空의 지혜의 힘이 한마음 상태로 머물게 합니다.

한마음 경계는 매우 중요합니다. 왜냐하면 청정한 마음의 본성은 진여眞如이며 진여 마음의 바탕에는 마음의 움직임이 없습니다. 이 진여의 깨달음은 주객이 없기 때문입니다. 주객이 상대할 때 마음의 움직임이 일어납니다. 물에 물을 타면 물의 경계선이 없는 것과 같이 깨달음도 그와 같습니다.

『대승기신론』에는 "수행자들이 허망한 기억(妄念)이 없는 진여에 어떻게 들어갈 수 있을까?"라는 질문에 "일체 모든 것을 설명하나 설명하는 사람이나 그 대상이 실재하지 않는 줄 알고, 비록 기억할 수는 있으나 기억하는 사람이나 그 대상이 실재하지 않는 줄 아는 앎을 잊지 않는다. 이것이 이름하여 진여에 수순隨順함이며, 망념을 여읜다면 진여에 들어가는 것이다."라고 대답합니다.[17]

진여가 주객이 없기 때문에 진여를 깨달으려고 하면 주객이 없어야 하는데 그 전제 조건이 한마음 상태가 되는 것입니다. 한마음 상태는 심일경성이고 심일경성은 곧 혼침과 들뜸이 없는 등지等持

---

17   [대승기신론-진여편] 問曰. 若如是義者. 諸衆生等 云何隨順而能得入.
答曰. 若知一切法雖說無有能說可說. 雖念亦無能念可念. 是名隨順. 若離於念 名爲得入.

이며 등지는 진여삼매로 이어지고 진여삼매 속에서 깨달음이 일어납니다. 심일경선과 진여삼매와 깨달음의 공통점은 모두 주와 객이 상대하지 않는다는 것입니다. 그래서 한마음 상태가 되는 것이 깨달음의 과정에서 중요한 징표가 됩니다.

4일차 ··· 10월 23일 캉중마-텡보체-다보체-팡보체

히말라야 10월의 새벽은 매우 춥다. 히말라야 걷기선 명상을 계획하는 분들은 이를 유념해야 할 것이다. 끝없이 올라가야 하는 고개를 만나면 인내심을 시험받게 되는데 도리어 인내심을 걷기경선으로 바꾸는 방법을 참여자들에게 소개하였다.

가파른 고개를 올라갈 때

(1) 호랑이 걸음

호랑이가 걷듯이 일자로 걷는 것이 좋다. 호랑이 걸음을 하면 첫째, 걸어갈 때 공기저항을 최소화한다. 힘들이지 않고 걷게 한다. 둘째, 종아리와 허벅지의 통증을 줄인다. 셋째, 발의 힘이 분산되지 않고 일자로 걸으면서 하나로 모아진다.

일자로 걸을 때 어떻게 걷는 것이 효과적일까?

걸으면서 왼발을 오른발 앞에 오른발을 왼발 앞에 두어서 오른발과 왼발을 일직선으로 되게 한다. 하지만 뒤꿈치를 발 앞에 두

어야 한다. 발가락 부분을 발 앞에 두면 일자가 되지 않는다. 또한 발 앞에 뒤꿈치를 둘 때 X자字가 되는 느낌으로 두어야 한다. 그때는 다리를 쭉 펴면서 발 앞에 둔다. 가볍고 부드럽게 둔다. 통증이 없어져서 걸어가기가 매우 좋다. 마치 모델들이 무대 위에서 걸어가는 모습과 비슷하다. 이 방법은 무릎 통증이 생기지 않게 하는 방법이기도 하다.

(2) 숨이 가쁘고 힘이 들 때, 심장이 매우 빠르게 뛸 때는 쉼경선 하기

숨이 가쁘고 힘이 들 때는 걷기선 명상을 멈추고 스틱을 잡고 있는 손가락 끝에 의식을 10초에서 20초 정도 두면 심장이 빠르게 안정되면서 부드럽게 뛰고 맥박도 안정된다. 이때 손가락에 의식을 두고 심장 뛰는 것을 관찰할 수 있다면 더 좋다. 심장박동의 발생과 소멸이 빠르게 변화함 자체가 상相의 자취를 남기지 않는 무상이며 무상을 뜻대로 바꿀 수 없어 불만족이면서 무아임을 관찰하고 뛰는 심장박동이 자취 없음을 보고 그 자리에 머물 수 있으면 더욱 좋다. 기대거나 걸터앉아 쉼경선 할 때 의식을 발가락에 두면 하행기가 발가락으로 흐른다. 장딴지의 통증이 완화되고 걸을 때 다리가 가벼워짐을 체험한다.

(3) 스틱을 잡고 걷기경선 할 때

발바닥과 정수리에 동시에 의식을 두고 걸으면 한 생각도 일어나지 않고 의식은 성성하게 깨어있게 된다. 그러나 이것이 쉽지 않기 때문에 생각의 흐름을 끊어주는 경선이 필요하다. 안 좋은 생각이 일어나면 곧바로 좋은 생각을 일으켜 나쁜 생각의 흐름을 끊어주는 방법과 비슷하다. 즉, 의식이 발바닥의 영역에서 벗어나지 않게 걷는다. 잡생각이 일어날 때마다 의식을 정수리로 꼬리뼈로 발바닥으로 장소를 옮겨가면서 생각의 흐름을 끊어준다. 생각의 흐름이 끊어짐을 통해 생각은 주재하는 자아가 없고, 실체도 없음을 이해한다면 생각으로부터 자유로워질 수 있다.

좋은 생각이든 나쁜 생각이든 마음의 청정한 본성을 가린다. 따라서 육조혜능은 선善도 생각하지 않고 악惡도 생각하지 않을 때 본래면목이 나타난다고 설했다. 생각의 흐름을 한 번씩 끊어주는 경선을 통해 무아와 공空을 이해했다면 한발 더 나아가서 발바닥, 정수리, 꼬리뼈에 의식을 두어 한 생각도 일어나지 않게 하고 의식을 명료하게 깨우는 경선을 통해 '숨 쉬지 않고 땀 흘리지 않는 그 무엇'인 자신의 본래면목을 깨닫고 체험한다.

발바닥과 정수리에 동시에 의식을 두고 걷기가 익숙해지면 꼬리뼈에도 동시에 의식을 두고 걷는다. 물론 꼬리뼈에 의식을 두고 발바닥과 정수리에 동시에 두기도 한다.

첫 번째 방법은 꼬리뼈의 역할이 발바닥과 정수리의 중심을 잡아주는 것이다.

두 번째 방법은 중심을 잡기보다는 꼬리뼈에 의식을 좀 더 집중하는 모양새다. 허리가 펴진다.

스틱을 잡지 않고 걷기선 명상 할 때는 의식을 세 군데에서 손가락을 더하여 네 군데에 둘 수 있다.

차츰 익숙해지면 세 군데 두고 다른 사람들과 대화도 가능하고 주변 풍광으로 의식을 확장하여 한 공간을 이룰 수 있다.

의식을 정수리에 두고 앞과 좌우로 의식을 확장하고 걸어가면서 앞을 보고 좌우를 보았던 것이 앞으로 걸어가면서 보이지 않는 좌우의 풍광과 뒤쪽 이미지가 보인다. 땅과 하늘 부분도 자연 이미

지로 나타난다.

걸어가면서 숨이 가쁘고 힘이 들 때는 스틱을 잡은 채로 서서 손가락 끝에 의식을 두면 심장이 점점 안정을 얻고 목 부위 등의 맥박 뛰는 것을 볼 수 있다.

걷기선 명상의 기본적인 목적

트레킹 명상은 괴로움의 원인인 번뇌를 없애고 생명을 보호하는 데 있다. 최종적으로 '숨 쉬지 않고 땀 흘리지 않는 그 무엇'을 깨닫고 체득하는 데 있다. 트레킹 명상 방법을 배우면서 이 사실을 잊지 말아야 한다. 트레킹 명상 방법만을 위한 트레킹 명상이 될 때는 번뇌를 없애고자 하는 취지와 자기 생명을 보호함을 거부하거나 부정하는 것이며 불사不死를 망각하기 때문이다.

걷기선 명상은 사마타와 위빠사나 통합명상이다. 그래서 다양한 명상 방법이 제시되어 있다. 사마타 수행만을 말하자면 『청정도론』의 사마타 수행의 대상은 흙, 물, 불, 바람, 허공, 청황적백靑黃赤白 등이다. 그런데 대승의 사마타 수행의 대상은 심오한 이치, 즉 궁극적인 진실을 대상으로 한다. 물론 대소승의 방법은 바뀌지 않았지만, 대상이 다르므로 집중하는 것은 같으나 그 방법에 있어서 다른 점이 있고, 그 결과도 다르다.

소승 사마타의 목적은 선정[18]을 얻는 데 있지만, 대승의 사마타

---

18 깨어있으면서 인식하는 상태가 선정이다.

는 고요하면서 의식이 명료하게 깨어있는 적적성성寂寂惺惺의 지혜로 일체 모든 것을 하나로 꿰뚫어 보는 통관通觀이다. 그러므로 선정을 얻음과 함께 존재의 근원 자체가 선정임을 말하고 있고, 혜정원융慧定圓融을 할 수 있는 방편이다. 이와 같이 걷기선禪 명상은 대소승 명상기법을 두루 사용한다.

좌경선 중에 현상이 안개같이 일어날 때

좌경선 중에 현상이 안개같이 일어나면 잡생각이 일어날 수 있다. 이때 필요한 것이 고요함의 경험이다. 고요함이 적더라도 점점 고요함이 힘을 받을 때는 마음 상태가 명경지수明鏡止水가 된다. 이와 같이 고요함이 안개와 같은 현상을 해결하는 방법이다.

또 다른 방법은 현상과 마음거울을 구분하여 보는 것이다. 걸어갈 때 대상은 흔들리고 바뀌지만 보는 마음은 바뀌지 않음과 같이 구분할 수 있어야 한다. 한발 더 나아가서 '보는 마음'과 '보는 마음을 인식하는 마음'이 거울이 되어야 한다. '보는 마음'은 보이는 현상을 실체 없음으로 보며, '보는 마음을 인식하는 마음'도 실체가 없음으로 볼 때 '보는 마음'과 '보는 마음을 인식하는 마음'이 같은 무자성無自性(空)의 마음임을 알아차리고 무자성에 머물러야 안개 같은 현상에서 벗어난다.

마음거울이 바뀌지 않는 근본 마음은 숨 쉬지 않고 땀 흘리지 않는 그 무엇이다.

쉼경선

쿰부히말라야 트레킹 코스는 고개가 높아서 시간이 제법 걸린다. 그래서 한 번씩 쉼명상을 한다. 스틱을 잡고 의식을 손끝에 두면 빠르게 뛰는 심장이 부드러워진다.

쉼경선은 1분에서 3분 정도 의도 멈추기이다. 의도를 멈추면 온몸의 움직임이 멈추면서 이완이 되고 다리, 종아리 근육의 통증이 완화되고 마음도 쉬게 되며 몸이 가벼워진다.

발가락 끝에 의식을 둘 때는 하체가 가벼워진다. 1분 또는 2분 정도의 쉼명상이지만 트레킹 명상에서 매우 유용한 경선鏡禪이다.

승혜월님의 수행체험

처음 출발할 때 일행들과 보조를 맞추어 함께 걸었으나 점차 내 걸음이 늦어져 일행이 보이지 않게 됨. 낯선 장소에서 혼자가 되었으나 두려운 마음은 들지 않고 오히려 자유롭다는 기분이 듦을 알아차림. 발길을 멈추어 주변을 둘러보면 멀리 보이는 설산은 물론이고 주변의 풍광도 너무 크고 높아서 그 웅장함에 압도되는 기분을 알아차림. 하지만 도시에서 높고 큰 빌딩을 보면서 느끼는 위축감이나 소외감을 주지 않고 오히려 가슴 뿌듯하고 충만한 느낌을 갖게 함을 알아차림.

따뜻한 햇살, 시원한 공기, 파란 하늘색이 모두 나 자신인 것처럼 느끼게 하고 나 자신이 오래전부터 여기에 있었던 일부인 것처럼 편안하게 함을 알아차림. 걷는 내내 발바닥, 정수리, 꼬리뼈에 의식을 두어 다른 생각이 들어올 틈이 없음을 알아차림. 며칠 전까지 내가 살던 곳의 일, 인물, 관계 따위를 전혀 생각하고 있지 않다는 걸 알아차림. 오직 걷는 행위만을 보고 있었음을 알아차림.

승혜월님의 '두려운 마음은 들지 않고 오히려 자유롭다는 기분이 듦을 알아차리는' 체험은 마음이 과거와 미래로 가지 않고 지금 순간에 깨어있기 때문입니다. '따뜻한 햇살, 시원한 공기, 파란 하늘색이 모두 나 자신인 것처럼 느끼게 되고 나 자신이 오래전부터 여기에 있었던 일부인 것처럼 편안하게 함을 알아차림'은 자연의 모든 것을 느끼게 하는 것이 자연과 한 공간을 이루는 것과 비슷하지만 차이가 있습니다.

느낌은 마음의 공간이 없습니다. 자연과 한 공간을 이루는 한 공간은 곧 전체의식이며 마음거울이기 때문입니다. 만일 자연의 모든 것을 느끼게 하는 것이 자연과 합일 같은 것이라면 자연의 무상無常과 상호의존과 실체 없음의 공空이기 때문에 합일할 대상은 처음부터 존재하지 않습니다. 그러므로 합일로는 깨달음이 일어나지 않습니다.

그러나 마음거울은 모든 것이 무상, 상호의존, 공임을 나타냅니다. 즉, 무상, 상호의존, 공을 아는 지혜에 의해 관찰대상인 느낌과

앎을 특질로 하는 표상작용으로부터 일어나는 형성작용(상카라)이 소멸합니다. 말하자면 대상이 없어집니다. 대상이 없으면 주관도 없어 물에 물을 탄 것처럼 무경계로 들어가 불사의 열반에 머물 수 있습니다. 그러므로 한 공간을 이루어야 모든 존재의 진실을 알 수 있습니다.

'걷는 내내 발바닥, 정수리, 꼬리뼈에 의식을 두어 다른 생각이 들어올 틈이 없음을 알아차림'은 한 생각도 일어나지 않는다는 체험으로 의식이 과거와 미래로 가지 않고 현재 이 순간에 깨어있고 또한 고요함이 있습니다. 이 경험이 익어지면 의식이 깨어있는 상태에서 깊은 고요함인 심일경성(等持)을 얻게 됩니다.

'며칠 전까지 내가 살던 곳의 일, 인물, 관계 따위를 전혀 생각하고 있지 않다는 걸 알아차림. 오직 걷는 행위만을 보고 있었음을 알아차림'의 체험은 마음이 과거와 미래로 가지 않고 지금 순간에 깨어있음을 말합니다. 눈꺼풀이 눈을 덮고 있지만 눈이 떠 있는지 살펴보아야 합니다. 이 경계가 익어지면 눈을 뜨나 감으나 보는 마음은 깨어있어 바뀌지 않게 됩니다. 죽음의 공포는 사라지고 불사不死의 열반을 추구하는 마음이 더 분명해집니다.

본연님의 수행체험

주변 풍광과 온몸이 한 공간을 이룰 때
몸 사라짐의 현상이 생겼다.

한 공간을 이룰 때 그 한 공간이 인식되기 때문에 몸 사라짐의 삼매 현상이 생깁니다. 현상에 대해 언어를 매개로 인식하면 그 대상이 고정되고, 분리되고 스스로 존재하는 것 같이 보입니다. 이는 모두 언어가 인식대상이 되어서 그렇습니다. 찻잔이라는 단어는 던져도 깨지지 않지만 찻잔으로 지칭되는 도자기 찻잔은 던지면 부서지는 이치와 같습니다. 이와 같이 언어와 언어로 지칭되는 사물과는 별개입니다.

몸이 사라지는 현상은 언어의 벽을 허문 것입니다. 언어가 인식대상이 되지 않고 한 공간을 이루고 있는 전체의식인 마음거울이 인식되기 때문입니다. 인식되는 마음거울은 상相이 없습니다. 그래서 몸 사라짐이라는 삼매 현상이 생기는 것입니다. 인식하는 마음이 마음거울을 인식하고, 마음이 마음거울로 인식된다는 사실을 잊지 말아야 할 것입니다. 한발 더 나아가 마음이 마음을 인식할 수 없을 때 한마음 경계인 심일경성으로 들어가고 주객이 없는 무심삼매로 불사의 열반으로 들어갑니다.

몸 사라짐이여
흙·물·불·바람 4대大가
꿈 같고 환영과 같아
모양 없는 네 가지 경계라네.

마음 또한

생주이멸生住異滅 면치 못하니

한 생각 일어나는 순간마다

무생無生함을 본다면

형상 없고 머묾 없고 방향 없어

활발하게 활동하되 일없는 사람 되리라.

6일차 ⋯ 10월 25일   딩보체-추궁

참여자들 중에 명상코칭에 참여하기를 원치 않는 사람이 생겼
다. 트레킹 걷기선 명상 하는 분들에게 영향을 줄 것 같아서 다음
트레킹 걷기선 명상에 참여자 모집할 때 아래의 조건을 제시했다.

트레킹 명상 참가 조건

첫째, 명상을 하지 않겠다는 사람은 불가하다.

둘째, 명상은 하지 않지만 걷기선 명상의 모든 과정에 참여하겠
다는 사람은 가능하다.

걷기경선의 삼단투과三段透過

삼단투과는 보다 행복하고 바람직한 삶을 향해 나아가고자 하
는 명상 수행의 장애물인 감각의 벽과 언어의 벽과 견해의 벽을
투과하는 것이다. 세 가지 인식의 장애를 넘어서야 비로소 무심無

心의 단계에 이를 수 있고 이러한 과정은 선가禪家의 언어도단言語道斷 심행처멸心行處滅의 수행의 길과 비슷하다.

이는 반야(지혜)의 길이므로 반야를 도와주는 보시-지계-인욕-정진-선정바라밀의 방편 수행도 함께 한다. 왜냐하면 자비선慈悲禪 명상은 방편과 지혜, 육바라밀을 동시에 갖춘 보리심 수행이기 때문이다.

삼단투과三段透過는 수행자가 스스로 자신의 수행 경계를 점검하는 기준이 되고, 길잡이의 명상 코칭도 여기에 근거해야 수행자의 수행 경계를 정확하게 판단할 수 있다.

1) 몸과 마음을 구속하는 세 가지 벽

'깨달음을 이루어 중생을 생사에 머물지 않게 돕겠다'는 염원인 보리심을 일으키고 자비선을 명상하는 단계는 경鏡-환幻-공空-화華이다.

행복한 삶을 방해하고 명상 수행의 향상을 가로막는 잘못된 인식으로 감각의 벽과 언어의 벽과 견해의 벽이 있다. 언어와 결합하여 나타나는 감각, 현상(名)과 언어가 결합한 현상(相-分別), 자아와 결합하고 유무를 근거로 한 영원주의와 허무주의의 견해가 결합되어 나타난 것이 그것이다. 이와 같은 감각의 벽, 언어의 벽, 자아와 유무가 결합한 견해의 벽은 무의식적이고 습관적이다.

이러한 세 가지 벽을 넘어서기 위해서는 집중명상인 사마타와 분석명상인 위빠사나가 필요하다. 사마타와 위빠사나는 인식을 바꾸는 방법이며 존재의 궁극을 꿰뚫어 보고 아는 방법이다. 즉, 같은 사물과 현상이라도 어떤 인식으로 보느냐에 따라 마음에 번뇌, 무지, 괴로움이 생길 수도 있고, 또는 지혜가 생겨 생사의 괴로움에 머물지 않고 연민이 일어나 일체중생을 도와주기 위해 열반에도 머물지 않는 '눈뜬 님'이 되기도 하는 것이다.

심안이 열리면 감각의 벽이 무너지는 투과가 일어나며, 분별의 벽이기도 한 언어의 벽은 무상, 고苦, 무아의 인식으로 무너뜨릴 수 있다. 또한 견해의 벽은 공성의 인식으로써 무너뜨릴 수 있다. 한 걸음 더 나아가 '지각 있는 존재'에 대해 깨달음으로 인도하려는 마음(보리심)을 내고, 무지로 인한 괴로움에서 벗어나게 하려는 큰 연민이 필요하다.

　신身-수受-심心-법法의 관찰 대상 중에 감각을 관찰 대상으로 삼는 이유는 영상, 감정, 생각 등은 모두 감각으로부터 일어나기 때문이다. 그래서 감각을 관찰하여 무상, 고, 무아의 지혜가 생기면 감각을 조건으로 생기는 괴로움이 소멸하고 감각마저 소멸하면 곧 열반에 이르기 때문이다.

　그러나 감각에는 언어와 결합할 수 있는 현상과 유有와 무無를 근거로 하는 영원주의와 허무주의의 견해가 견고하기 때문에 감각의 벽을 넘기 위해 마음의 눈(心眼)이 열려야 하고, 감각의 벽을 넘어서도 감각과 결합하는 언어의 벽을 넘어야 하고 언어의 벽을 넘어도 견해의 벽을 넘어야 비로소 무심無心 상태로 들어가면서 열반이 보이기 시작한다.

2) 감각의 벽을 투과하기

　감각의 벽을 투과하기 위해 마음의 눈(心眼)이 먼저 열려야 한다. 심안心眼은 알아차리는 인식이 발전한 것이고, 마음이 거울처럼 대상을 보기 때문에 자비선 명상 단계 중 경鏡 단계로 들어섬을 의미한다.

　눈으로 사물을 보는 육안은 모양과 색깔 등을 보지만 시야가 좁다. 앞은 잘 보이지만 좌우는 잘 보이지 않고 뒤는 아예 보이지 않는다. 반면에 심안은 느낌, 감정, 생각 등 정신적인 현상을 본다.

또한 심안의 영역은 무한히 넓고 동서남북 상하로 동시에 작용한다. 전체를 보면서 부분을 보기도 한다.

명상의 관찰은 육안이 아니라 심안으로 본다. 미시세계의 끝을 볼 수 있는 심안은 혜안慧眼이라고 하며 거시세계의 끝을 볼 수 있는 심안은 법안法眼이라고 한다. 번뇌와 무명을 완전히 소멸한 누진통지漏盡通智, 과거의 인과를 아는 숙명통지宿命通智, 미래의 인과를 아는 천안통지天眼通智가 모두 심안이며 바른 깨달음의 내용이기도 하다. 결국 명상의 시작은 육안肉眼에서 심안心眼으로 넘어설 때이다. 심안은 바로 마음거울이다.

(1) 감각의 벽

감각의 벽을 투과하기 위해서는 습관적으로 언어와 결합되어 있는 감각의 벽을 허물어야 한다. 언어 문자는 대상을 고정시키고, 분리시키고, 인식 밖에 따로 존재하는 것으로 실체화한다. 찻잔이라는 사물은 던지면 부서지지만 찻잔이라는 명칭은 던져도 부서지지 않는다. 마찬가지로 딱딱한 감각, 부드러운 감각, 거친 감각 등이 딱딱함 등의 언어와 결합되어 있는 줄을 모르고, 사람들은 그것이 순수한 감각이라고 여긴다. 살아오면서 익힌 습관 때문이다.

이와 같은 사실을 모르고 명상을 느끼는 것이라고 착각하는 수행자들이 있다. 하지만 느낌은 대상을 단지 느낄 뿐 판단 기능이 없다. 예를 들어 우리는 어떤 도자기를 볼 때 그 느낌을 의지하여

수행자가 깨닫고 보니 모든 생명 자체가 본래 불사不死이며 깨달음이지만 중생은 미혹에 가려 이 사실을 모른다는 것을 알게 된다. 그러므로 이와 같은 사실을 아는 수행자는 중생에 대해 연민을 일으키는 것이다.

그 도자기를 판단한다. 하지만 명상은 도자기를 느꼈다면 그 느낌을 알아차리고 관찰하는 것이다. 느낌은 순수하지 않다. 과거의 경험이 개입되어 있고 자아라는 관념이 개입되어 있기 때문이다. 그래서 명상은 느끼는 감각 자체를 관찰하여 그 정체가 무상하고 고, 무아, 공임을 밝힘으로써 언어 문자로 익힌 습관을 타파하고 괴로움에서 벗어나게 도와준다.

(2) 감각의 벽을 투과하기와 그 변곡점

언어 문자의 특성과 결합되어 있는 감각을 타파하기 위해서는 딱딱하면 딱딱하다고 알아차리고, 부드러우면 부드럽다고 알아차리고, 통증이 일어나면 통증이라고 알아차리는 등 감각을 매 순간 알아차려 가면 어느 순간 변곡점이 온다. 알아차림 할 때 자주 잡생각이 끼어들었는데, 어느 순간 어떠한 감각을 알아차려도 잡생각이 끼어들지 않고 알아차림만 있게 된다. 이때 감각이 움직이는 것을 보게 된다. 마음에 눈이 생겨 감각이 보이는 것이다. 즉, 육안은 고정된 모양과 색깔만 볼 수 있는데 감각의 움직임을 본다는 것은 심안心眼이 열린 것이다. 감각이 움직이는 것은 대상을 고정화시키는 언어 문자가 타파되었기 때문이다. 그러나 아직 감각의 움직임을 일어남과 사라짐으로 관찰하지 못할 수 있다.

이때는 심안心眼이 생겨 육안肉眼으로 볼 수 없는 여러 현상이 보인다. 육안은 모양과 색깔을 보지만 심안은 느낌, 감정, 생각 등 정신 현상을 보며 감각, 생각 등이 변화하는 것을 볼 수 있다. 즉,

몸의 현상을 알아차리고 몸의 현상의 과정을 알아차리는 정신 현상을 알아차린다. 변하는 특징을 가진 것은 물질이고 대상에 마음이 기우는 특징을 가진 것은 정신임을 알고 정신과 물질을 구분한다.

이와 같이 구분할 줄 알 때 지혜가 생긴다. 즉, 온 우주에는 물질적 과정과 그것을 아는 정신적 과정 두 가지만 있을 뿐이다. 정신과 물질 너머에 달리 '중생', '사람' 혹은 '영혼', '나' 혹은 '다른 사람', '남자' 혹은 '여자'라는 것은 없다. 즉, 별도의 사람 혹은 중생, 나 혹은 다른 사람, 남자 혹은 여자라는 것은 없다고 스스로 보고 안다. 나아가 천신이라든지 혹은 범천도 이름일 뿐 없다는 것이다.

여러 부품들이 모였을 때 '수레'라는 단어가 있듯이 물질과 정신의 무더기(五蘊)들이 있을 때 '중생'이라는 일상적인 말이 있을 뿐이다. 정신에 물질이 공空하고 물질에 정신이 공空하다. 그렇지만 북을 치면 소리가 있듯이 물질을 의지하여 정신이 일어난다. 정신과 물질은 서로서로 의지하므로 하나가 무너지면 둘 다 무너져 노병사老病死를 피할 수 없다. 왜냐하면 이들은 서로 조건으로 이루어졌기 때문이다.

정신과 물질만 여기에 있을 뿐 중생과 인간이란 이름에 불과한 것이다. 마치 인형과 같이 공空하다. 그래서 물질과 정신의 조건으로 이루어진 집합은 또다시 해체되어 풀더미처럼 괴로운 하나의 더미가 될 뿐이다. 이와 같이 정신과 물질을 있는 그대로 보는 것을 '견해 청정見淸淨'이라고 한다. 견청정見淸淨에서는 정신과 물질을 구분함으로써 괴로움의 진리(苦諦)를 이해한다.

수행자는 삼계三界의 모든 것은 정신과 물질뿐임을 구분하는 견청정의 지혜에 의지하여 중생이나 인간 등 세간에 통용되는 명칭을 완전히 제거하여 중생이라는 미혹을 넘어서서 미혹이 없는 경지에 마음을 안주하기 위하여 수행한다.

심안心眼이 열리면 이와 같이 언어의 벽을 투과하는 지혜를 얻을 수 있다. 그러나 여전히 명칭을 붙일 수 있는 현상만을 보고 있다면 언어습관의 장애가 남아있다.

3) 언어 문자의 벽을 투과하기 - 아공我空 체득하기

언어 문자의 벽을 넘어서기는 알아차림sati이 확립되고 혜안으로 무아를 보기 때문에 현상이 환영임을 안다. 즉, 경鏡 단계에서 환幻 단계로 들어섬을 의미한다.

없애야 할 대상을 분명하게 아는 것이 중요하다. 진실을 왜곡하고 탐진치를 일으켜 생사의 괴로움에 빠지게 하기 때문이다. 여기서 없애야 할 대상은 존재하지 않는 것을 존재한다고 착각하는 것이다. 첫째, 현상이 항상하다. 둘째, 현상은 만족스러운 것이다. 셋째, 몸 안에는 주재하는 자아가 있다. 넷째, 현상은 실체가 있다. 이 네 가지는 새끼줄을 보고 뱀으로 착각하는 것과 같다. 뱀은 존재하지 않기 때문에 뱀은 원래 '없다'. 이와 같이 항상함은 없다. 만족함은 없다. 자아는 없다. 실체가 없다.

착각은 두루 헤아려서 집착하는 성질(변계소집성遍計所執性)에서 일어난다. 착각은 언어 문자의 벽을 넘어서면 사라진다. 언어 문자는 대상을 고정, 분리, 실체로 보게 한다. 찻잔은 던지면 부서지지만 찻잔이라는 언어 문자는 던져도 깨지지 않는 것과 같다. 언어 문자의 벽을 넘어서기 위해서는 현상을 관찰해야 한다. 즉, 언어 문자의 벽을 넘어선다는 것은 명칭을 붙일 수 있는 현상(모양)을 보지 않는 것이다. 현상을 무상無常·고苦·무아無我로 관찰하기 때문이다.[19] 이와 같은 관찰은 마치 미시세계로 들어가듯이 현상을 꿰뚫어 보는데 이를 혜안慧眼이라고 한다. 그 결과 명칭과 모양이 없고 주재하는 자아가 없음을 본다. 보이는 현상이란 실체가 없고 현상이 곧 형성작용(상카라)의 결과이며 실체 없음을 아는 마음을 마음이 관찰하여 보는 것도 혜안이다.

(1) 언어 문자의 벽

언어 문자와 결합되어 있는 감각의 벽을 넘어서는 심안이 열렸다고 해도 상相이 보이고 그 상을 분별한다. 즉, 습관적으로 언어와 결합되어 있는 감각이 딱딱하다, 부드럽다 등의 명칭은 버렸지만, 그 감각이 이제 현상으로 보이기 시작한다. 감각현상은 곧 상相이다. 왜 상으로 보이느냐 하면 현상에 대해 명칭을 붙일 수 있기 때문이다. 명칭을 붙일 수 있는 대상이 보인다면 그 대상의 상相은

---

19   경선에서 몸과 한 공간을 이루면서 걸을 때 몸의 근육의 움직임 등의 현상을 무상, 고, 무아로 관찰하면서 걷는다.

눈, 귀, 코, 혀의 모양, 몸의 모양과 같은 것이고 그 상을 분별한다.

명상 중에 좋은 현상, 안 좋은 현상이 나타난다. 아름다운 동산이나 한 번도 보지 못한 아름다운 현상이 나타나면 명상 수행자는 명상을 잘하고 있거나 높은 경지에 오른 것으로 착각한다. 특히 빛이 나타나면 도道, 또는 과果를 얻은 것으로 착각한다. 좋은 현상은 선근善根이 나타난 것이고 안 좋은 현상은 악근惡根이 나타난 것인데, 이와 같은 다양한 현상을 좋고 싫은 것으로 분별한다. 일상에서 집, 자동차, 산, 사람 등으로 여러 가지 모양을 분별하는 것과 같다.

명칭과 상相에 대해 분별하는 것은 초보 수준에서 못 벗어난 것이다. 사물의 이름을 아는 것과 존재의 본질을 아는 것은 전혀 다른 일이기 때문이다. 마음으로 보는 심안이 열렸는데도 불구하고 생기고 사라지는 무상의 현상을 보지 못하는 경우가 있다. 이는 무상을 알아차리고 관찰해야 함을 미리 숙지하고 관찰하려는 노력이 없어서 일어나는 현상이다. 이렇게 현상이 변하는데도 변화를 보지 못하고 고정되어 보이는 현상은 모두 언어습관 때문에 그렇다.

언어습관이란 달을 가리킬 때 달을 보지 않고 가리키는 손가락을 보는 것과 같이 언어 문자를 인식의 매개로 보지 않고 인식 대상으로 삼기 때문에 생긴다. 언어 문자가 인식 대상이 되면 그 대상은 고정, 분리, 스스로 존재하는 것같이 분별되어 보인다. 즉, 실제의 도자기는 던지면 깨어지지만 도자기라는 말은 던져도 깨어지지 않는 이치와 같다. 그러므로 대상이 고정되어 보이고 분리되

어 보이고 밖으로 스스로 존재하는 것처럼 보인다면 이는 언어가 대상을 고정화시키는 특성을 가졌기 때문이다.

언어의 벽을 투과하지 못하면 위빠사나 첫 번째 지혜를 얻을 수 없다. 이를 해결하기 위해 보이는 현상을 시각적인 감각으로 인식하면 그 대상이 변하는 것을 볼 수 있다. 또한 그 대상에 마음이 향하고 기우는 정신 현상도 발견할 수 있다.

이와 같이 명칭과 상相에 대해 이것이다 저것이다 분별하고 고정된 틀에 맞추어 인식하는 수준에서 벗어나 감각현상(相)과 그 현상(相)을 알아차리는 정신현상이 발생과 소멸로 보이기 시작하면 비로소 현상들이 언어 문자(名)와 결합되어 있음을 이해했다고 할 수 있다. 이 단계에 이르면 명상名相을 분별함이 멈추고 명칭과 상을 보지 않게 되는데 왜냐하면 명칭과 상은 착각이고 무지의 마음이 명칭과 상을 투사한 것임을 아는 바른 지혜가 생기기 때문이다. 즉, 명상名相을 해체하는 발생과 소멸을 보는 지혜에 의지하여 존재의 본질인 불멸의 법(진리)에 들어갈 수 있다.

(2) 언어 문자의 벽을 투과하기와 그 변곡점 - 꿰뚫어 보는 앎

현상의 무상함을 관찰하면 무상은 고정, 분리, 스스로 존재한다는 언어습관을 없애준다. 이때라야 비로소 언어의 벽을 투과할 수 있다. 무상 관찰 방법은 지나간 현상은 돌아오지 않아 없음을 확인하고, 오지 않은 현상도 현재에 없음을 확인한다. 그다음에는 지금 현상의 일어나고 사라지는 현상을 관찰한다.

생기는 것은 관찰되는데 사라지는 현상은 관찰하지 못할 수도 있다. 이때 여러 가지 형태의 많은 정신적 이미지도 나타난다. 절·스님·가족·집·나무·천국·구름 등과 여러 가지 형태의 이미지가 나타난다. 여기서도 마찬가지로 이들 정신적 이미지 중의 하나를 알아차리고 있는 도중에 다른 것이 또 모습을 나타낼 것이다. 그렇게 정신적 이미지가 일어날 때마다 그것들을 계속 알아차린다. 그러나 비록 그것들을 알아차리기는 하지만 초기 국면만 지각하고 마지막 국면은 지각하지 못할 것이다. 이때 사라지는 현상을 관찰할 수 없으므로 언어습관에 의해 여러 이미지 등의 현상이 나타나는 것이다. 사라지는 현상이 관찰될 때 비로소 언어와 결합할 수 있는 이미지들에 대한 집착이 약해지고, 나타나는 이미지 현상들이 잠잠해질 것이다.

이렇듯 마음은 그냥 일어나는 것이 아니고, 대상이 있어야만 일어난다는 것을 말해준다. 대상이 사라지면 알아차리는 마음도 사라진다. 이제 '마음은 각 대상이 분명해야 일어난다. 대상이 있다면 마음이 일어나고, 만약에 대상이 없다면 마음은 일어나지 않는다'라고 이해한다. 그런데 대상이 없는데도 마음이 일어날까? 대상이 없는데도 일어나는 마음은 무명無明이다. 그래서 무명의 마음은 '홀연히 일어난다'고 하며 '마음이 일어나면 갖가지 현상이 일어나고 마음이 사라지면 갖가지 현상이 사라진다'고 『대승기신론』에서 설한다. 즉, 마음이라는 원인에 의해 현상들이 일어나고 사라진다.

이 단계에서 몸과 마음의 현상은 일어날 조건에 의해서 일어나고 사라질 조건에 의해 사라짐을 아는 지혜를 얻는다. 현상의 생기고 사라짐을 관찰할 때는 생기는 순간 처음과 중간과 끝을 관찰하고 사라짐도 처음과 중간과 끝을 관찰한다. 이와 같이 현상이 일어난 순간순간 자취가 없고 사라지는 순간순간 자취가 없음을 관찰하면 어떠한 현상이든 하나로 꿰뚫어 보는 지혜가 생긴다. 이로 인하여 현상의 무상·고·무아를 진정으로 이해하게 된다.

심안으로 감각현상을 무상·고·무아로 관찰했다면 감각에 붙어있는 습관적 언어습관이 타파된다. 그래서 모양과 그 모양에 명칭을 붙일 수 있는 것으로 나타나는 현상을 보지 않게 된다. 이것이 몸 사라지는 현상이다. 언어 문자의 벽을 넘어서는 변곡점은 현상이 생기기고 사라지는 것이 관찰될 때이다. 이와 관련하여 수행 에피소드가 생각난다.

판디타라마 위빠사나 센터에 한국 모 대학의 대학원생이 위빠사나 명상하러 왔다. 단기출가까지 하면서 위빠사나에 열성적인 이 스님은 2주 정도 지났을까 찾아와서는 흥분한 어조로 형상은 이름이 없다는 사실을 알았다고 말했다. 이야기를 들어보니 처음 위빠사나 수행을 할 때 몸에 나타나는 감각을 마음속으로 명칭 붙이기를 했다는 것이다. 예를 들면 딱딱함, 부드러움, 통증 등으로 명칭을 붙이다가 어느 순간 단어의 한계가 왔다고 한다. 단어의 한계를 극복하기 위해서 현상을 '···이다.'에서 '···와 같다.'라고 명칭을 붙였는데 예를 들면 통증이 생기면 그 통증이 칼로

째는 것 같은 통증, 바늘로 콕콕 찌르는 것 같은 통증 등으로 명칭을 붙이다가 나중에는 현상에는 처음부터 이름이 없다는 것을 알았다고 한다. 그래서 '현상이 빠르게 변하면 명칭을 붙이는 순간 이미 현상이 사라지고 난 뒤'라고 이야기해 주었다. 그러자 어떻게 하면 되느냐고 묻기에 그때는 '알고 있음' 하고 명칭을 붙이면 된다고 이야기해 주었고 '몸의 형상이 모두 사라지면 그때는 명칭을 붙일 수 없다'고 이야기해 주었다.

몸이 사라질 때는 생기는 것은 볼 수 없고 사라지는 현상만 있다. 현상이 사라질 때 사라짐을 아는 알아차림도 같이 사라진다. 마치 두 사람이 풀장에 뛰어 들어가는 것과 같다. 그런데 이때 제 삼자가 두 사람이 뛰어 들어가는 것을 알아차리는 것과 같이 몸 사라짐을 알아차린다면 위빠사나 5번째 단계에 해당한다.

현상의 무상·고·무아를 이해하는 지혜가 생기면 길과 길 아님을 분명하게 알고, 몸 사라짐의 위빠사나 다섯 번째 지혜까지 이른다. 몸 사라짐의 지혜가 생기면 몸의 거친 데서 미세한 마음의 영역으로 들어가며 열반으로 나아가는 길이 보인다.

이와 같이 몸 소멸의 지혜를 얻게 되면 거친 무아를 체험하고 두려움이 생기며 몸에는 다양한 통증이 일어날 수 있고, 불만족이 일어날 것이다. 여기서 벗어나기 위하여 끊임없이 무상·고·무아의 관찰을 지속해야 한다. 퇴보하지 않고 향상해 가려면 무상의 무無, 불만족의 무無, 무아의 무無에 실체의 무無를 의존해서 무상을 보

고, 불만족의 괴로움을 보고, 무아를 보는 그 인식을 닦아야 한다.

　감각현상(相)과 그 현상(相)을 알아차리는 정신현상이 발생과 소멸로 보이기 시작하면 비로소 현상들이 언어 문자(名)와 결합되어 있음을 이해하는 지혜를 얻었다고 할 수 있다. 발생과 소멸로 보이기 시작하면 명상名相을 분별함이 멈추고 명칭과 상을 보지 않는다. 왜냐하면 바른 지혜가 생기기 때문이다. 지혜가 생기기 시작하면 불멸의 법으로 들어갈 수 있다. 이제 겨우 습관적 언어의 벽은 투과했으나 아직 습관적 견해의 벽은 넘어서지 못한 상태이다.

4) 견해의 벽을 투과하기 – 마음이 마음을 보지 못함 – 법공法空을 체험하기

　언어의 벽을 투과했다면 비로소 대상과 직면하게 된다. 고정관념이 깨져 견해가 청정해지지만 끊임없이 현상은 나타난다. 이는 아직 견해의 습習이 남아있기 때문이다. 알게 모르게 잠재적 성향으로 자신만의 견해를 가지고 있거나, 내 밖에 사물은 유有로서 존재한다고 습관적으로 알기 때문이다. 그 견해에 걸려서 앞으로 나아가지 못한다.

　견해의 벽을 넘어서기는 유有와 무無가 공空함을 깨닫고 불사不死의 열반을 체득하는 견도見道로 들어가기 때문에 환幻에서 공空의 단계로 들어서는 것이다. 견해의 벽을 투과하기 위한 두 가지 길이 있다.

① 유의 상대되는 무無는 유를 근거하여 무를 말한 것이다. 이와 같이 모든 견해는 유有와 무無를 근거로 하는 영원주의와 허무주의의 견해에서 벗어나는 것이 없다. 모든 견해를 일소시키려면 현상을 무상·고·무아로 관찰하고, 무상·고·무아의 지혜로 끊임없이 일어나는 현상을 관찰해야 한다. 현상들에 대해 초연한 지혜가 생길 때까지 정진한다. 그리하여 위빠사나 11단계인 통증이 전혀 존재하지 않게 되어 평정한 상태로 들어간다.

이와 같은 경계에 이르면 의도적으로 노력할 필요가 없다. 노력하지 않아도 그의 알아차림은 오랫동안 지속적이고 한결같은 흐름으로 진행된다. 그래서 좌선의 시간도 두세 시간 동안 방해받지 않고 계속될 것이다. 즉, 대상을 무아, 공임을 아는 지혜에 의해서 대상에 대해 유무를 근거로 하는 집착, 애착함이 떨어져 나갔기 때문에 여러 가지 다양한 대상들에게로 마음을 보내려고 해도 대개는 대상들에 마음이 가지 않는다. 그 현상들이 실체가 없어 허망하고 실체 없음의 공을 보기 때문이며 이것이 현상들에 대해 초연해지는 지혜이다. 이 지혜로 수행이 오래 지속되는 상태이다. 그리하여 한마음 상태인 심일경성心一境性을 이룬다.

② 견해의 벽은 있음과 없음을 근거로 하는 영원주의와 허무주의이다. 환 단계에서 이를 타파하기 위해 공성에 대한 사유

통찰을 한다. 특히 일체 모든 것(法)을 사유 통찰하여 눈으로 볼 수 없고, 손으로 만질 수 없는 공을 드러내고, 드러난 공空의 이理에 머물러 직관으로 법공法空에 들어가 마음이 마음을 보지 못하는, 물에 물을 타면 무경계가 되는 것처럼 깨달음을 이룬다. 경선鏡禪에서는 주변 풍경과 한 공간을 이루고 우주와 한 공간을 이루면서 보이는 것은 상호의존으로 보고, 소리는 무상으로 보면서 독립된 실체가 없음을 보면서 걷는다. 이때는 일체 현상이 공함을 체득한다. 일체 현상이 공임을 체득한 공은 큰 연민을 일으키는 근원이다.

이와 같이 견해의 벽을 투과하게 되면 중생과 세간을 보는 인식이 달라진다. 즉, 현상의 근원을 꿰뚫어 보는 혜안으로 대상의 실체 없음을 볼 때 공을 알 수 있다. 이때 중요한 것은 현상을 파괴하여 공을 본 것이 아니라는 점이다. 존재의 근원을 공성으로 꿰뚫어 보는 혜안을 갖춘 상태에서 육안으로 현상을 보면 현상이 상호의존함을 보게 된다. 공과 상호의존하는 상相은 둘 다 실체가 없어 무자성이다. 상相을 가진 일체 모든 중생을 공의 지혜(법공의 지혜)에 의지하여 육안으로 보는 지혜가 중생에 대한 연민을 일으킨다. 즉, 공의 지혜로 모든 이치를 관觀하는 동시에 육안으로 생사生死의 고통에 힘들어하는 중생들의 모습을 보기 때문에 '깨달음 뒤에 중생을 돕고자 하는 지혜'를 이루는 것이다.

『華嚴經 十地品』에 다음과 같이 이르고 있다.

"선남자야,
일체법성一切法性과 일체법상一切法相은
부처가 있든 부처가 없든
상주常住하여 다르지 않다."[20]

『中論』에는 다음과 같이 이르고 있다.

"공空의 뜻이 있는 까닭에
일체법一切法은 이룰 수 있다.
만약 공空의 뜻이 없다면
일체一切는 이룰 수 없다."[21]

『회쟁론廻諍論』에는 다음과 같이 이르고 있다.

"이 공성을 깨닫게 되는 사람은 모든 것을 깨닫게 된다. 공성
을 깨닫지 못하는 사람은 아무것도 깨닫지 못한다. 어느 사람

---

20   『善男子 一切法性 一切法相 有佛無佛 常住不異』大正藏 第九卷 p.564下

21   〈中論觀四諦品第二十四 第14偈〉『以有空義故 一切法得成 若無空義者 一切則不成』
青目는 註釋하기를 『以有空義故.一切世間出世間法皆悉成就.若無空義.則皆不成就』라고 하고
있다.

이 이 공성을 이해하게 되면 그 사람은 모든 경우에, 세간世間
출세간出世間의 사물을 이해하게 된다. 왜냐하면, 공성空性을
이해한 사람은 다른 것에 의한 생기生起(緣起)를 이해하게 되
기 때문이다."[22]

이와 같이 공의 눈(慧眼)으로 볼 때는 세간과 출세간이 모두 진
실하다는 것이다. 이러한 진실을 아는 눈뜬 님은 비록 공空임을
알지만, 중생과 중생들이 사는 일체 세간을 버릴 수 없다. 이것이
큰 연민을 일으키는 이유이다.

(1) 견해의 벽

유有를 근거한 영원주의와 무無를 근거로 하는 허무주의는 비
윤리적인 행동을 할 위험성을 내포하고 있다. 불멸의 자아가 있다
는 영원주의는 살인, 도둑질, 성폭행 등을 해도 불멸의 자아는 과
보를 받지 않는다고 비윤리적인 견해를 가진다.[23]

허무주의도 마찬가지이다. 죽으면 아무 것도 남지 않는다는 견
해를 가진다면 온갖 죄를 지어도 죽으면 아무 것도 남지 않으므
로 과보가 없다고 여겨 죄의식을 가지지 않는다.

---

22   洪庭植譯解『般若心經 金剛經 禪語錄』東西文化社 P.P.311下--312上

23   우리 밖에 우리를 만든 창조주라는 불멸의 존재가 있다는 것을 믿는다면 불멸의
자아를 믿는 것과 동일하며 결과적으로 비윤리적인 일을 저질러도 죄의식을 가지지 않을
수 있다.

이러한 영원주의와 허무주의의 견해를 없애기 위하여 유와 무를 부정하는 공성의 체득이 필요하다.

(2) 견해의 벽 투과하기

유형의 상相에 대해 무상·고·무아의 지혜를 체득했다면 비로소 습관적으로 유무有無를 인식하는 인식상認識上의 상相을 부정하는 공성에 대한 이해가 생긴다. 무상·고·무아는 언어와 결합한 상相을 무너뜨리지만 무의식적으로 유무를 인식하는 습관적인 인식과 결합한 유무의 상을 깨뜨리기 위해서는 인식의 변화가 필요하다. 공을 명료하게 관찰하고 집중할 때, 유무를 근거로 하여 습관적으로 일어나는 영원주의와 허무주의의 견해의 벽을 투과한다. 공은 현상에 실체가 없음이므로 그 '없다'에 머무는 것이 공에 집중하는 방법이다. 공의 지혜로써 이름과 형상을 취하여 '있다'라고 하지 않으며, 보이지 않는 모양을 취하여 '없다'라고 분별하지 않는다. 유무有無를 근거로 한 견해는 모두 삿된 견해이기 때문이다.[24]

습관적으로 유무를 나누고 구별하여 인식하는 것은 눈에 보이지 않는 인식의 상相이다. 유무를 떠난 공의 지혜가 유무의 인식

24　『대비바사론』권49(대정장27. p. 254c25) "능히 굳게 집착하기 때문에 견見이라 한다. 이 견은 대상에 대해 치우쳐 집착하고 굳게 집착하므로 성스러운 지혜의 칼이 아니면 버릴 수 없다. 부처님과 부처님 제자가 성스러운 지혜의 칼을 잡고서야 그 견의 싹을 바야흐로 버리게 하기 때문이다." 지관 편저『가산 불교대사림』권6. p. 847

을 멈추게 한다. 먼저 모든 존재가 공임을 아는 사유 통찰[25]이 이루어진 후 그다음은 유무의 상을 근거로 하는 명名과 상相[26]을 보지 않는 공의 실체 없음에 의지하여 공이라는 이理에 마음을 머물고 옮기지 말아야 한다.

즉, 몸과 마음의 현상을 무상無常으로 인식하고 그 무상의 인식을 통해서 나타나는 현상의 유와 무가 '없다'는 공空으로 인식하는 무상즉공無常卽空의 지혜로 실체 없음의 '없다'에 의존하여 공을 이해한 이치(空理)에 사유로 겨냥하고 기억(마음)하여 머물고 옮기지 않는다. 이것을 마음만 먹으면 몸의 움직임이 멈추고 한 생각도 일어나지 않는 상태가 될 때까지 한다. 나아가서 집중수행을 계속하여 더 이상 노력할 필요가 없이 저절로 수행이 될 때까지 하면 그때 심일경성心一境性을 이룬다. 그 증거로 어느 순간 몸의 통증이 전혀 존재하지 않고 정신적 동요가 생기지 않아 두려움이 없어질 때가 온다. 이와 같은 심일경성의 경계가 익어지도록 수행해 가면 신중하게 노력할 필요가 없는 경지에 이른다. 노력하지 않아도 저절로 이루어지는 심일경성은 오랫동안 지속적이고 한결같은 흐름으로 진행되어 좌경선의 시간도 두세 시간 동안 방해받지

---

25   경험하지 않아도 실천할 수 있다. 그것은 명확하게 판단될 때이다. 이것이 사혜思慧이다. 즉, 절벽에 서 떨어지면 생명이 위험한다고 판단하는 것은 경험하지 않아도 아는 것이며 떨어지지 않게 조심하는 것과 같다.

26   상相에는 ①호흡 ②형상 ③허공 ④지수화풍 사대四大 ⑤견문각지見聞覺知가 있다. 이 다섯 가지 상에 의지하지 말아야 한다.

않고 계속될 것이다. 그 결과로 유무를 근거로 하는 영원주의와 허무주의 등의 무지가 사라져 가면서 평등의 평정 상태로 들어갈 수 있다. 즉, 모든 사물과 현상에 대해 편견 없이 평등하게 본다.

흔히 나와 남을 나눌 때 차별이 생긴다. 반대로 주재하는 내(我)가 없으면 남(他)도 없으므로 미세한 무아(空)는 사람 평등, 생명 평등을 일으키고, 현상에 실체 없음의 공은 내외가 없고 높고 낮음, 유무 등의 이분법적 견해를 부정하여 평등함을 보게 한다. 이렇게 현상을 평등하게 보는 공의 인식(지혜)에 의해 몸과 마음에서 지속적으로 일어나는 현상(형성 작용)들에 대해 초연해지기 시작한다. 즉, 마음으로 하여금 존재의 본성인 공리空理에 굳게 머물고 오로지 하여 옮기지 않았기 때문이다.

(3) 견해의 벽 투과하기의 변곡점과 깨달음

현상을 공으로 꿰뚫어 보고 현상에 초연해지는 지혜가 성숙되어 날카롭고 강력하고 명료해져서 그 정상에 도달하면 단지 현상들의 소멸을 보기만 해도 지혜는 객관 현상이 공으로 자취가 없음을 알아차린다. 사라지는 순간도 자취를 남기지 않기 때문이다. 또한 무상즉공無常卽空 상태로 현재 순간에 늘 머물러 한 생각도 일어나지 않는다.

덧붙여 말하자면 마음이 몸과 한 공간을 이루고 있을 때, 한 공간의 마음을 인식하고, 한 공간의 마음거울에 비치는 몸과 마음의 현상들이 무상하고, 생기고 사라지는 현상의 무상이 자취를 남기

지 않아 상相이 없고, 공(無常卽空)함을 알아차리고, 그 공의 이理
에 머물면 공의 인식에 의해 유무의 습관적 견해인 무지가 사라
지면서 심일경성을 이룬다. 이와 같이 한마음 상태가 올 때 견해
의 벽을 넘어서는 변곡점이 생긴다.

　심일경성 상태는 몸의 형태가 없다. 마음 하나로 되는 집중 상
태인 심일경성이 될 때는 오직 마음뿐 다른 경계가 없어서 현상
의 상相도 없고, 마음의 상相도 없다. 의식은 미세하고 깨어있다.
주객이 상대하지 않는 상태라고 해야 할 것이다. 대상이 무아, 공
임을 아는 지혜에 의해서 대상에 대해 유무를 근거로 하는 집착,

애착이 떨어져나갔기 때문에 여러 가지 다양한 대상들에게로 마음을 보내려고 해도 대개는 대상들에 마음이 가지 않는다. 그 현상들이 실체가 없어 허망하고 실체 없음의 공을 보기 때문에 현상들에 대해 초연해지는 지혜를 통해 벗어남에 이르는 것이다. 이 지혜로 수행이 오래 지속되는 상태이다.

(4) 무심의 경계를 지나기 - 관찰 대상이 일어나지 않음과 의식이 일어나지 않음

심일경성에서 경안輕安이 일어나면 오욕락이 청정해진 더 깊은 삼매로 들어간다. 한발 더 나아가서 공리空理에 머물고 있는 마음이 인식되면 그 마음은 명료한 마음이다. 이 명료한 마음에 집중한다. 마음의 내용은 공리이기 때문에 공리에 머무는 수행이다. 공한 마음에 머물 때 한 생각도 일어나지 않아 텅 빔 상태가 올 것이다. 모든 현상이 정지되는 현상이 나타난다. 공을 아는 마음에 집중할 때, 마음은 사라져 가지만 또한 존속하는 것을 볼 것이다. 이 때도 그 마음을 관찰한다. 즉, 과거의 마음도 얻을 수 없고 미래의 마음도 얻을 수 없고 현재의 마음도 얻을 수 없으면 더 이상 관찰의 지혜가 필요 없는 주객이 사라진 무심삼매無心三昧가 일어나서 허공같고 거울같은 마음의 청정본성으로 들어간다.

무심삼매無心三昧는 위빠사나 12단계와 비슷하다. 현상들의 지속적인 발생을 넘어서 발생하지 않는 상태로 들어가서 인식 대상이 사라진다. 그와 함께 의식이 발생하지 않는 상태로 들어간다.

즉, 무심無心 상태가 되어 공의 지혜를 내용으로 하는 한마음인 진여삼매眞如三昧가 된다.

부연하면 지속적으로 일어나는 형성작용으로서의 현상이 더 이상 일어나지 않는다. 집중하는 의식도 멈춘다. 즉, 모양 없는 고요한 경계에 들어가면서 마음이 발생하지 않는 상태로 주객이 없는 무심삼매無心三昧 즉, 진여삼매眞如三昧이다.

삼매 속에서 더 나아가면 삼매에 머물려는 마음의 움직임을 떠나고 고요함이 없음을 알아서 곧 무생無生을 얻는다. 이제 관찰하고 집중하는 지혜[27]는 더 이상 없다. 무생의 반야로서 무생의 반야를 얻어 마음에 머무는 바가 없어진다. 즉, 무분별지無分別智이고 깨달음이며 열반이다.

(5) 깨달음 이후의 명상

공성을 깨달은 이후 반야지般若智로 깨달은 마음인 보리심을 실천하는 단계로 들어선다. 즉, 중생을 생사에 머물지 않게 돕는 큰 연민을 실천(大悲行)함으로 인하여 도리어 반야바라밀이 완성되는 화華의 단계로 들어가서 구경의 깨달음을 이루고 오로지 중생 구제하는 보리심을 실천한다.

---

27   『현겁경』권4에 마음을 다스려 스스로 통제하고 삼매를 실행하는 이것을 지혜라 한다(伏心自制 行三昧定 是曰智慧). 대정장14. p.32 c23

행선과 경선의 다른 점

행선은 일정한 거리를 왔다갔다 하면서 발바닥 감각 알아차리기로 시작하여 삼법인 관찰로 이어진다. 하지만 일상생활에서는 사람과 자동차 등 주변에 장애물이 많아 행선을 집중해서 하기가 어렵다. 바쁜 현대인들이 주변 환경 조건에 영향을 덜 받으면서 간편하게 행선과 같은 효과를 얻을 수 있도록 발전시킨 것이 걷기경선鏡禪이다. 걷는 중에는 물론이고 사람들과 대화하면서 발바닥이나 손끝에 의식을 두어 의식이 깨어있는 상태를 유지하고 주변 풍광을 보면서도 의식이 깨어있게 하는 점이 행선과 다른 걷기경선鏡禪의 특징이다.

걷기경선鏡禪과 자비수관慈悲手觀[28]을 함께 사용하기

등산할 때나 오래 걸어서 종아리나 허벅지, 허리 등에 통증이 생기면 자비손으로 쓰다듬으면서 걷기선 명상을 할 수 있다. 또 머리가 아플 때 자비감로수慈悲甘露水를 머리에 부어주면 통증이 감소한다. 한기가 들 때는 자비손(자비난화수慈悲暖火手)으로 20~30분 정도 온몸을 쓰다듬어 주면 한기가 사라진다.

---

28   자비수관의 자비는 불멸不滅에 머물지 않게 하고 자비수관의 관觀은 심안의 지혜로 생사에 머물지 않게 한다. 자비수관의 수手는 자비손으로 자비와 지혜를 일으키게 하는 방편이다. 즉, 어머니가 아기를 자비손으로 부드럽게 쓰다듬어 주는 것을 떠올리며 자비를 일으키면 그 자비손의 접촉으로 인하여 몸이 반응하면서 현상이 일어난다. 이 현상을 무상, 고, 무아로 알아차림하고 몸의 형태가 사라지면 자비손의 방편을 버리고 감각을 알아차리는 순수 위빠사나 수행을 한다. 이와 같이 자비수관은 사마타와 위빠사나의 통합수행이다.

7일차 ··· 10월 26일 추궁-딩보체

발바닥과 정수리에 의식을 두고
주변 풍광과 한 공간 이루어 걸어가니
깨어나는 의식
주변 풍광은 움직이나 보는 마음 바뀌지 않네.

풍광과 한 공간을 이루면서 걸으니
몸 이완되고 의식만 남아
상쾌하여라
걷기경선鏡禪은 즐거워야 하네.

걸으면서 주변 풍광, 사물과 한 공간을 이루고 대상은 끊임없이
변하지만 한 공간을 이룬 전체의식은 바뀌지 않아 거울 같다는
것을 알 수 있다. 좌경선에서도 같은 경계가 생긴다. 보이는 현상
들은 끊임없이 변하지만 보는 마음은 거울같이 그 현상들을 볼
뿐 바뀌지 않는다.

이와 같은 경계를 경험한 수행자는 분명한 사실을 알게 된다.
우리는 흔히 일상생활 속에서 희로애락에 빠져 고통스러워하는
데 이러한 현상을 거울같이 비추어 보고 있다면 보이는 현상들이
환영에 지나지 않아 실체 없는 것임을 안다. 그리고 벗어난다.

보이는 현상들이 실체가 없다.

실체 없음이 곧 마음이다.

실체 없음, 자취 없음에 머물다 보면

실체 없고, 자취 없는 것이 곧 마음임을 안다.

안다는 것

문제를 풀어내는 열쇠로써 힘이라

대상을 인식하여 아는 것이 마음이자

또한 인훈습경因薰習鏡의 마음거울이다.

트래킹 명상자들의 마음을 다잡기 위해 경선을 시작하고 마칠 때 게송을 선창 후창하기로 했다. 걷기선 명상의 마침 게송은 모든 일정을 마치는 날에 하였다. 시작과 끝의 게송과 뜻은 다음과 같다.

걷기선 명상의 출발 게송

> 지혜가 생사生死에 머물지 않게 하고
> 큰 연민이 불멸不滅에도 머물지 않게 하네.
> 한걸음에 번뇌마煩惱魔를 짓밟고
> 걸림 없는 무애가無礙歌를 부르리라.

지혜가 생사生死에 머물지 않게 하고

생사는 태어나고 죽고 또 태어나고 죽는 것을 반복하는 윤회이다. 윤회는 괴로움 자체이다. 지혜는 삶과 죽음을 가져오는 무명 번뇌를 제거한다. 무명 번뇌의 인식은 모든 것은 고정 독립되고 분리되고 실체를 가지고 스스로 존재한다고 본다. 하지만 지혜는 시간적으로 변하고 공간적으로 상호의존하며, 변하고 상호의존하므로 내재하는 실체는 존재하지 않는 공空이라고 보는 인식이다. 즉, 인식하는 지혜의 내용이 공空이므로 지혜가 생사에 머물지 않게 하는 것이다.

큰 연민이 불멸不滅에도 머물지 않게 하네

불멸은 열반이다. 열반은 생로병사가 없다. 불사不死이기 때문이다. 열반을 얻어 거기에 머물면 본인은 행복하고 좋다. 하지만 열반에 머물지 못한 고통받고 있는 유정 중생은 행복하지 않다. 그러므로 중생의 고통을 없애주기 위해서 디딤돌이 되어주려면 열반에 머물면 안된다. 열반에 머물지 않음은 큰 연민에 의해서 가능하다. 저녁에 잠에 들었다가 낮에 활동한 힘에 의해 아침에 깨어나는 것과 같이 열반에 들었다가 연민의 힘 때문에 열반에서 나오는 것이다. 그리하여 생사를 반복하는 윤회 속에서 생사에 머물지 않으면서 열반에도 머물지 않고 중생을 돕는다. 그러면서 늘 마음이 고요한 열반에 머문다면 이는 무주처열반無住處涅槃이다.

한걸음에 번뇌마煩惱魔를 짓밟고

번뇌는 마구니다. 다음 생에도 따라오며 괴로움을 유발한다. 한걸음에 번뇌의 마구니를 짓밟음은 번뇌를 걷기선 명상으로 없앤다는 것이다.

걸림 없는 무애가無礙歌를 부르리라

걸림 없다는 것은 생사에 자유롭다는 것이며 무애가는 청정한 마음 빛 작용이다. 무애가를 부른다면 다른 사람들도 무애의 노래를 들을 것이다. 그러므로 열반에 머물지 않고 무애가인 대자유의 가르침으로 중생을 돕는다는 뜻이다.

걷기선 명상의 마침 게송

강물이 흘러 바다에 이르듯
초승달이 둥근달이 되듯
지각 있는 존재들이
행복하고 평안하기를 기원합니다.

강물이 흘러 바다에 이르듯

진리는 한가지 맛(一味)이라는 뜻이다. 지구상에 수많은 강이 있고 저마다 다른 이름을 가지고 있다. 또한 강물 맛도 다 다르다. 하지만 강물이 바다에 이르면 각기 가지고 있는 강의 이름을 버리고 바다라는 하나의 이름을 가지게 되고 각기 다른 강물 맛도 바다의 짠맛으로 통일된다. 이와 같이 갖가지 사상과 철학과 종교가 있더라도 결국 진리는 한가지 맛(一味)이라는 것이다.

초승달이 둥근달이 되듯

처음 걷기선 명상을 하는 수행자가 걷기경선을 통해 초승달 같던 작은 마음이 사방을 두루 평등하게 비추는 둥근달처럼 원만한 깨달음을 이룬다는 것이다.

지각 있는 존재들이

지각 있는 존재들은 마음을 가진 모든 생명이다. 마음은 대상을

직관과 추리로 꿰뚫어 보기 때문에 완전한 깨달음을 얻을 수 있는 존재이다.

행복하고 평안하기를 기원합니다.

수행자가 깨닫고 보니 모든 생명 자체가 본래 불사不死이며 깨달음이지만 중생은 미혹에 가려 이 사실을 모른다는 것을 알게 된다. 그러므로 이와 같은 사실을 아는 수행자는 중생에 대해 연민을 일으키는 것이다. 즉, 명상의 목적은 개인의 깨달음이 아니라 깨달음을 통해 중생은 중생이 아님을 알게 하여 중생이라는 속박에서 벗어나 대자유를 얻게 하고 불사不死의 열반을 얻어 행복과 평안을 얻는 데 있음을 천명하는 것이다.

승혜월님의 수행체험

걷는 중 숨이 가쁘면 걷기를 멈추고 서서 쉼명상을 함. 숨을 크게 들이쉬고 내쉬기를 여러 차례 하면 몸이 가뿐해지고 기분이 청량함을 알아차림. 먼 산에 시선을 두고 몸과 마음, 주변 공간을 한 공간이 되게 하면 시야에 들어오는 공간이 넓게 확장되어 보인다기보다 시야에 들어오는 공간과 사물에 초점이 골고루 분산되는 느낌이라고 알아차림. 마치 평소의 시선은 단체 사진 속의 한 인물에 초점을 맞추는 것과 같이 시야가 좁고 편중되어 있는데 쉼명상 할 때의 시선은 단체사진에 들어 있는 전체 인물과 배경을 한눈에 보듯 전체에 골고루 초점을 두는 것 같음. 이때 몸과 마음이 평온하고 안정됨을 알아차림. 이렇게 평화로운 시간에 오래도록 머물고 싶어 하는 욕구를 알아차림. 일정에 따라 이동해야 함에 아쉬워하는 마음이 생김을 알아차림. 다시 움직이기 시작하면 아쉬워하는 마음은 사라지고 걷는 행위에 마음이 집중됨을 알아차림. 지나간 감정은 다시 돌아오지 않음을 이해하고 확인하니 마음이 가벼워지고 발걸음도 가벼워짐을 알아차림.

　승혜월님의 '먼 산에 시선을 두고 몸과 마음, 주변 공간을 한 공간이 되게 하면 시야에 들어오는 공간이 넓게 확장되어 보인다기

보다 시야에 들어오는 공간과 사물에 초점이 골고루 분산되는 느낌이라고 알아차림'에서 한 공간이 전체의식이라면, 분산되는 느낌은 부분 의식입니다. 그런데 전체를 보는 전체의식과 부분을 보는 의식은 한 사물을 동시에 인식합니다. 그래서 전체 인물과 배경을 한눈에 전체적으로 골고루 초점을 두는 것과 같다고 하는 것입니다.

이때, 한 공간 상태가 마음임을 자각하고 마음거울로 인식될 때

골고루 초점을 두는 것이 부분 간의 상호의존함을 분명하게 보면 좋습니다. 한발 더 나아가서 상호의존이 곧 독립된 실체가 없음을 직관하면 더 좋습니다. 또한 이러한 경계가 분명하면 한 공간의 전체의식 속에서 걸을 때 보여지는 사물은 순간순간 움직이지만 보는 마음은 바뀌지 않는지를 확인해 봅니다.

'이때 몸과 마음이 평온하고 안정됨을 알아차림. 이렇게 평화로운 시간에 오래도록 머물고 싶어 하는 욕구를 알아차림'의 체험은 한 공간으로 마음이 과거와 미래로 가지 않고 현재 순간에 깨어 있기 때문에 고요함이 함께 합니다. 깨어있으면서 고요하기 때문에 평온하고 안정될 수밖에 없습니다. 그런데 오래도록 이 경계에 머물고 싶은 욕구는 경계해야 할 현상입니다. 이 욕구에 빠지면 수행자의 소유욕이 됩니다. 체험했던 경계를 놓아버리고 집착하지 말아야 합니다. 집착하지 않더라도 한번 체험한 경계는 또다시 체험할 수 있습니다. 평온하고 안정되었다면 좌경선할 때 곧바로 한가지 경계로 머무는 한마음 상태가 될 가능성이 있습니다.

'지나간 감정은 다시 돌아오지 않음을 이해하고 확인하니 마음이 가벼워지고 발걸음도 가벼워짐을 알아차림'은 당연한 현상입니다. 왜냐하면 지금 순간의 마음은 가볍지만 지나가서 되돌아오지 않는 과거와 오지 않은 미래로 마음이 왔다갔다 하면 몸과 마음이 무거워지기 때문입니다.

10일차 ··· 10월 29일 고락셉-로부제-종라

깸경선

시선을 설산에 두고 동시에 발바닥에 의식을 둔다. 동시에 의식을 정수리에도 둔다. 즉, 설산과 발바닥과 정수리의 삼자가 한 공간을 이룬다.

이 상태에서 깸명상을 한다. 한 공간 상태에서는 하늘과 설산이 한눈에 들어오며, 의식이 명료하게 깨어있으면서 한 생각도 일어나지 않아 고요하므로 감정, 생각이 몸에 영향을 주지 않는다. 그 결과 몸이 이완되고 마음도 쉬어지는 현상이 일어난다.

행경선

고도 4천, 5천 미터 이상에서 행경선 할 때도 발바닥에 의식을 두고 걸으면 하체가 가벼워지고, 꼬리뼈에 의식을 두고 걸으면 앉았다가 일어설 때 가볍게 일어서며, 정수리에 의식을 두고 걸으면 상체가 가벼워지고 호흡하기가 쉽다. 발바닥, 정수리, 꼬리뼈의 세 부분에 동시에 의식을 두고 걷게 되면 첫째, 몸이 매우 가벼워진다. 둘째, 휘청이는 몸의 균형을 잡아준다.

11일차 ⋯ 10월 30일   종라-촐라패스

본연님의 체험

주변 풍광과 한 공간을 이룸에 의도 없이 된다.
이를 통해 무아의 체험이 일어났다.
하지만, 낭떠러지 좁은 길에는 '나'라는 것이 인식된다.
그리고 두려움이 없어졌다.

　본연님의 '주변 풍광과 한 공간을 이룸에 의도 없이 된다'는 것은 알아차림(sati)이 확립되었다는 것입니다. 현상을 알아차릴 때 생각이 끼어들지 않고 알아차림만 있는 상태가 되면 심안이 열리고 심안이 관하는 속에서 대상을 알아차립니다. 그 알아차림의 대상인 현상을 발생과 소멸로 관찰하고 꿰뚫어 보는 빠자나띠(Pajanati, 꿰뚫어 보고 아는 앎)가 되고, 현상의 무상無常·고苦·무아無我를 이해하는 지혜인 삼빠자나티(正知)가 되면 알아차림은 저절로 되는 경지에 이릅니다. 의도하지 않고 선천적인 것처럼 현상을 알아차리게 됩니다. 그러므로 '이를 통해 무아의 체험이 일어났다'는 것은 당연합니다. 이처럼 걸을 때 행위는 있으나 행위의 주체가 없음을 늘 체화해야 합니다.
　'하지만, 낭떠러지 좁은 길에는 '나'라는 것이 인식된다'라는 것은 인식되는 '나'가 마음을 '나'로 인식되는 나라면 좋습니다. 그렇지 않다면 아직 완전한 무아의 체험은 아니기 때문에 무아에 대한 법문을 많이 듣고 자아에 대한 정보와 분석 사유가 필요합니다. 즉, 지혜가 있더라도 자아와 무아에 대해 이해가 부족하면 캄캄한 어둠 속에서 눈이 있으나 보지 못하는 것과 같습니다.

하지만 많이 듣고 보고 사유했다면 작은 체험이 큰 체험이 되고 불분명한 것이 명료해집니다. 즉, 몸의 무아에서 마음의 무아를 아는 지혜로 나아가야 하며, 주재하는 자아가 없는 인무아人無我만이 아니라 일체 모든 것, 모든 존재는 실체로서 자아가 없고 마음 자체에도 자성이 없는 법무아法無我임을 깨달아야 합니다.

법무아의 법法은 물질적이고 형상이 있는 모든 것을 말합니다. 그래서 주변 풍광과 한 공간을 이루고 걸을 때 시각적으로 보이는 나무, 바위, 풀, 산, 물 등의 현상들이 서로 의존함을 보면서 실체로서 '자아가 없음'을 봐야 하며 들리는 소리, 햇빛, 바람 등은 항상하지 않고 변하면서 자취를 남기지 않아 모양과 이름을 떠나 실체로서 '자아 없음'임을 알아차립니다. 이와 같이 보이고 들리는 등 모든 것은 마음과 본질적인 차이가 없는 무아(법무아)임을 보면서 경선鏡禪을 해야 합니다.

본연님은 '수행할 때는 몸 사라짐의 체험을 통해 무아의 체험을 하지만 일상생활에서는 항상 무아의 체험이 지속되지 않아 '수행할 때 나타나는 무아'와 '수행하지 않을 때 나타나는 나'라는 수행 현상이 상반됩니다'라고 합니다.

이에 대한 해결방법은 첫째, 자아와 무아에 대한 가르침을 듣고 사유하여 무아에 대한 이해력을 높입니다. 둘째, 꾸준한 경선鏡禪 수행을 통해 무아의 체험을 깊게 해야 합니다. 즉, 모든 현상이 실체가 없어 허망함을 꿰뚫어 보면 형상의 본질은 상이 없고 상 없음을 꿰뚫어 보는 지혜만이 있기 때문에 지혜가 곧 마음이고 주변 풍경과 한 공간을 이루고 있는 마음이 아我이지만 지혜의 내용이 상相 없는 공空이므로 마음 지혜는 '무아의 아我'이며 이것이 법무아임을 알아야 합니다.

'그리고 두려움이 없어졌다'라고 했습니다. 두려움은 모르기(無知) 때문에 생깁니다. 몸이 내가 아니고 나의 것이 아님을 알았기 때문에 두려움이 사라진 것입니다.

내가 나를 인식한다면 아我가 둘이 되고
내가 나를 인식하지 않는다면
나란 것을 어떻게 알까.

내가 나를 인식하여 아는
이것은 무엇인가
이를 마음이라 하네.

이 마음도 나란 대상을 인식하므로 생멸하니
생멸하는 마음은 무아일까 아닐까.

나란 것이 존재할까 하지 않을까.

숨 쉬지 않고 땀 흘리지 않는 그 무엇은 무엇일까.

무아는 바뀌지 않는 진실로서 이理이다.

이제 이理로 들어가서 깨달음을 얻을 수 있는 조건이 된다.

걸을 때는 움직이므로 이理를 체험해도 그저 슬쩍 볼 뿐이다.

이理에 들어가기 위해 좌경선이 필요하다.

좌경선의 이입理入하기

— "일체중생은 참 성품(眞性)과 다르지 않지만 다만 탐진치 등의 객진번뇌客塵煩惱에 장애되어 참 성품이 나타나지 못할 뿐이다"는 가르침을 깊이 믿는다.

— 발가락 끝과 정수리와 손가락 끝, 또는 꼬리뼈에 의식을 함께 두고 집중상태를 이어가면(사마타) 온몸이 한눈에 들어온다. 의식이 몸과 한 공간을 이룬 것이다.

— 이때, 전체의식인 한 공간을 인식하게 되면 몸이 사라지는 현상이 일어난다. 몸이 사라지는 과정을 무상無常·고苦·무아無我로 관찰하면 무상·고·무아의 지혜를 얻는 위빠사나가 된다.

— 하지만 몸이 사라지는 현상을 체험하고 그 상태를 유지하면서 무아無我의 지혜가 관찰되면 여기에 굳게 머물러 마음을 옮기지 않는다. —我空

■ 이와 같이 지속하면 한 마음 상태인 심일경성이 된다. —心一境性

● 주변 풍경과 한 공간을 이루면서 주변 사물이 상호의존하므로 실체가 공하며 소리, 햇빛, 바람 등이 무상하면서 공함을 체득하면서 경선鏡禪을 하고 있다면 곧 법무아인 법공이 마음의 한 공간임을 경선鏡禪한 이것이 이입理入의 전제가 된다.

■ 심일경성 상태에 고요히 머물러서 한 공간의 한마음 상태가 있는 것도 아니요(不有) 없는 것도 아니며(不無), 나아가서 마음 한 공간의 주변 풍경과 온 우주가 있는 것도 아니요(不有) 없는 것도 아님(不無)을 관찰하여 여기에 굳게 머물러 마음을 옮기지 않는다. —法空

■ 자신도 없고(無己) 남도 없으며(無他), 범부와 성인이 한가지로 평등하다고 관찰하여 여기에 금강과 같이 굳게 머물러서 마음을 옮기지 않는다. —平等空

■ 그 결과 고요하여 함이 없고 분별이 없으면, 이것을 이치로 들어가는 것(理入)이라 이름한다.

■ 마음이 마음을 인식하지 못할 때 깨달음은 일어난다. 마치 물에 물을 타면 물의 경계가 없듯이 마음과 공이라는 주객이 없고 마음의 바탕에 마음의 움직임이 없어 생멸 없음이 허공과 같이 텅 비어 무분별지無分別智로 법공法空의 몸(法身)임을 깨닫는다.

◉ 평등공의 지혜는 견도의 깨달음 이후 중생의 고통을 없애는 큰 연민의 수행을 하는 원동력이 된다. 또한 평등공의 지혜는 깨달은 지혜인 반야지로 바뀐다. 반야지는 큰 연민을 실천케 하는 지혜이다. 큰 연민은 반야바라밀을 이루게 하고 반야바라밀은 곧 눈뜬 님을 출생시킨다. 그래서 눈뜬 님의 어머니는 마야부인이 아니라 반야바라밀이며 반야바라밀의 어머니는 큰 연민이다.

지혜선님의 체험

발바닥, 꼬리뼈, 정수리에 의식을 동시에 둘 수 있다.
손가락 끝에 의식을 두니 쉼명상이 잘 되고 반응이 빠르다.
등 위로 기운이 올라감을 알아차렸다.
발가락 끝과 손가락 끝에 의식을 동시에 두면 기운이 정수리로 빠르게 올라간다.

지혜선님의 체험은 기운을 알아차림이 주된 내용입니다. 몸의 구성요소로서 흙의 요소는 고체, 물의 요소는 액체, 불의 요소는 체온으로서 기체, 바람의 요소는 움직임이 특징인 기체입니다. 몸에 기운이 일어남은 알아차림의 집중력이 매우 좋다는 것입니다. 또한 바람의 요소인 기운은 무상을 잘 나타내 줍니다.

'발바닥, 꼬리뼈, 정수리에 의식을 동시에 둘 수 있다'는 것은 의도적으로 마음을 일으켜 애를 써서 수행하는 것이 아니라 저절로 수행이 되는 상태를 뜻합니다. 즉, 무심하게 '발바닥, 꼬리뼈, 정수리에 의식을 동시에 둘 수 있다'는 것입니다. 이것은 허망한 마음을 쉬는 수행의 요긴한 방법입니다. 이 방법으로 마음의 공간이 넓어졌으며, 마음이 거울 같은 상태가 되어 온몸이 한눈(心眼)에 보이게 됩니다. 그 상태에서 더 나아가 주변의 풍광도 다 보일 수 있으며, 의식이 동서남북 상하로 동시에 작용합니다. 만일 한 대상에 집중하면 그 대상만을 보게 됩니다.

또한 의도가 개입된 시선은 사물의 전체가 보이지 않고 부분만을 보게 됩니다. 그러나 흔히 사물을 볼 때 한 사물만이 아니라 다양한 사물이 보입니다. 마음이 의도 없이 볼 때 그 마음은 거울같이 됨과 동시에 의식은 깨어있게 되고 한 생각도 일어나지 않습니다. 의도라는 형성작용이 일어나지 않기 때문입니다. 그래서 의식을 세 곳을 한 경계로 하여 동시에 두는 것도 어렵지 않습니다.

'손가락 끝에 의식을 두니 쉼경선이 잘 되고, 반응이 빠르다'에서 손가락 끝에 의식을 두면 심장이 빠르게 뛰는 것이 부드러워집니다. 부드러워짐은 번뇌의 힘이 약해짐을 말합니다. 피가 심장에서 출발하여 온몸을 돌아 다시 심장으로 돌아오는 시간은 30초 정도라고 합니다. 피가 돌 때 기운도 함께 도는데, 이 기운을 변행기偏行氣라고 합니다. 손가락 끝에 둔 의식의 힘 때문에 온몸으로 두루 행하는 기운이 좋아집니다. 따라서 몸이 이완되고 잡생각이 일어나지 않게 되어 몸과 마음이 쉬어지는 쉼경선이 잘됩니다.

　'등 위로 기운이 올라감을 알아차렸다'는 것은 의식을 정수리에 두기 때문에 위로 올라가는 상행기上行氣가 생기는 것입니다. 등 뒤의 기운 올라감을 알아차린다는 것은 마음의 눈에 의해서인데 기운을 느끼는 것은 하수이고 기운을 본다면 고수입니다. 비로소 명상의 맛을 보기 시작합니다.

　'발가락 끝과 손가락 끝에 의식을 동시에 두면 기운이 정수리로 빠르게 올라간다'라는 것도 마찬가지입니다. 마음이 있는 곳에는 기운의 흐름이 생긴다는 것을 잊지 말아야 합니다. 무엇보다 기운의 움직임을 발생과 소멸인 무상으로 알아차리면 움켜쥘 수 있는 것은 없다(無所有)고 아는 지혜가 생깁니다.

온몸에 힘이 빠지고 몸을 가누지 못했다. 네팔 현지 가이드인 라주와 나왕이 부축하여 산에서 내려왔으나, 몸의 기운이 회복되지 못했다. 쉬는 중에 과자를 먹고 단것을 먹으면서 몸의 기운이 생기기를 바랐지만 아직 몸을 가누지 못했다. 말을 불러야 하나? 헬리콥터를 불러야 하나? 등의 의논이 오고 갔다. 걷기선禪 명상 참가자 일행인 박선생님과 김선생님이 수고를 많이 했다. 지혜선님은 한기가 들지 않도록 몸 상태를 점검해 준다. 당뇨가 있다면 손발을 떨고 기절하게 된다고 말해준다.

이와 같은 상황에서 힘도 없고 움직이지 못하는 상태이지만 분명한 사실을 알게 되었다. 한 생각도 일어나지 않고 마음은 명료하고 너무나 평온하다는 것이다. 눈을 뜨나 감으나 보는 마음은 바뀌지 않음은 여전하다.

바위에 앉아 기운이 생기도록 눈을 감고 몸을 웅크리고 있는데 잠들까 걱정이 되었는지 라주가 몸을 흔들어 깨운다. 잠들면 죽는다고 한다.

어느 순간에 꿈 같지 않는 꿈을 꾼다. 꿈속의 의식은 깨어있는데 쿰부히말라야 트레킹 명상 참여자들에게 죽음에 대해 이야기해야겠다고 생각한다. 그 순간 누군가 흔들어 깨운다.

가이드 라주가 여기는 말이 다니지 않아 없다고 이야기하는 것을 듣고 심안心眼으로 살펴보니 어느 방향인지 모르지만 롯지가 있는 곳임을 알 수 있었다. 집과 사람들과 말들이 보인다. 그래서 손가락으로 가리키면서 저쪽에 집이 있고 사람들과 말들이 있는데 왜 없다고 하느냐고 했다.

라주는 여기서는 말들이 다니지 않는다고 거듭 이야기한다. 박 선생님과 라주의 도움을 받아 언덕 위로 조금씩 올라가고 있는데 나왕의 심부름으로 우리 일행의 짐을 나르던 청년 짐꾼들이 나타났다. 라주는 '스님, '사람 말'이 왔습니다'라고 외쳤다. 청년들이 가져온 과자를 홍차와 곁들여 맛있게 먹고 청년 짐꾼들에게 번갈아 업혀서 계곡 밑에서 길이 있는 언덕 위로 올라갔다. 문득 장이모 감독의 '인생'이라는 영화 속 주인공이 도박에 빠져 집으로 갈 때, 등에 업혀 가는 장면이 떠오른다. 영상이 떠오르는 것으로 보아 몸에 기운이 생김을 알아차렸다.

언덕에 올라 라주, 나왕, 짐꾼 청년들과 기념 촬영을 하고 청년들과 라주의 도움으로 롯지에 돌아와서 참여 대중들에게 내일 20여 분간 오늘 겪었던 번아웃 현상과 죽음에 대해 법문을 하겠다고 했다.

대중들은 이번 일에 대해 갑론을박 하면서 한편으로 심각한 이야기도 한다. 명상을 하는 수행자와 명상을 하지 않는 참여자의 태도가 분명하게 다름을 지켜보았다.

아침공양을 하고 즉석 법문을 하였다. "죽음은 일상적이기 때문에 놀라운 일이 아니다. 우리들이 여기에 온 목적이 각기 다른 줄은 알지만, 실제 명상의 목적은 죽음의 문제를 해결하기 위해서이다, 죽음의 문턱까지 갔다 왔으니 어떤 심정인지 물어달라."고 하고 자문자답했다.

"『금강경』에 '凡所有相 皆是虛妄 若見諸相非相 卽見如來'라 하듯이 부처님의 32상 80종호의 몸도 무상하여 진실하지 않는데, 몸을 근본으로 하여 산다는 것은 허망하다. 하지만 허망한 몸 가운데 모든 상相이 상相 아님을 보면 여래를 즉견卽見하듯이 여래의 여如가 불변不變하는 진공眞空이라면 래來는 인연을 따르므로 실체가 없으나 수연隨緣하는 모습은 부정할 수 없으므로 묘하게 있는 묘유妙有에 해당한다.

즉, 진공묘유는 또한 진여로서 마음의 청정한 본성이다. 심청정心淸淨은 상相이 없어 죽음이 없다. 『달라이라마 죽음을 말하다』 저서에 '마음은 기운을 타고 움직인다'는 구절이 있는데 모든 에너지가 소모된 번아웃을 통해 그 사실을 체험하게 되었다.

이와 같이 사마타로 번뇌가 일어나지 않게 하거나 위빠사나로 번뇌의 뿌리를 잘라버리지 않고도 저절로 번뇌가 사라지는 경우가 있다.

첫째는 잠이 들 때, 둘째는 노화로 죽음을 맞이할 때이다. 몸은 흙의 요소인 뼈 등의 고체, 물의 요소인 피 등의 액체, 불의 요소인 차고 더운 체온, 바람의 요소인 에너지가 해체되는데 흙의 요소가 물의 요소로 해체되고 물의 요소가 불의 요소로 해체되고 불의 요소는 바람의 요소로 해체되고 바람의 요소는 의식으로 해체되면서 몸의 흙, 물, 불, 바람의 기운으로 형성된 그 기운을 타고 움직이는 거친 마음이 저절로 해체된다.

그다음 내적 죽음이 시작되는데 호흡이 끊어지면 기수가 말을 타고 움직이듯이 미세한 마음은 미세한 기운을 타고 흰색 마음이 나타나면서 주변은 빛이 비추듯이 환하여 근본 번뇌인 분노가 사라지고, 붉은색 마음이 나타나면서 주변이 저녁노을같이 맑아 근본 번뇌인 탐욕이 사라지고, 검은색 마음이 나타나면서 근본번뇌인 무명이 사라진다. 그다음은 새벽에 해가 뜨기 전에 사방이 밝아오듯이 가장 미세한 마음의 본성인 청명한 빛의 마음이 나타난다. 이 과정을 거치면서 미세한 번뇌가 사라진다. 이때 청명한 빛의 마음에 머물면 삶과 죽음의 속박에서 벗어나는 불사不死의 대자유를 얻는다."

대략 이와 같은 법문을 하였다.

이번 쿰부 히말라야 트레킹 명상에는 다양하고 맛있는 음식을 먹게 되었다. 그런데 음식의 맛보다 음식의 양이 중요하다는 사실을 깨우쳤다. 몸의 힘이 소진되고 몸을 가누지 못했던 것은 예고

된 일이었다. 오랜 동안의 오후 불식不食과 음식을 일정한 양으로 먹던 버릇이 결정적이었다. 에너지 공급이 부족해서 일어난 번아웃이었던 것이다. 수행자 싯달타도 일체 모든 것을 아는 일체지一切智인 바른 깨달음을 이루지 못한 이유가 정진에 있는 것도 아니고 번뇌와의 싸움에 있는 것도 아니고 단식 그 자체에 허물이 있었다. 그래서 고행을 중단하고 수자타의 우유죽 공양을 받고 7일 만에 완전한 깨달음을 이루어 눈뜬 님인 붓다가 되신 것이다. 수행자에게 음식은 선정과 지혜를 이루고 깨닫는 중요한 조건임을 새삼 느꼈다.

또 한 가지는 번아웃으로 몸을 가누지 못한 상태에서도 의식은 명료하여 동요가 없다는 것이다. 트레킹 명상이 끝나고 롯지의 방에서 좌선을 하면 마음이 하나로 통일되는 한마음(一心) 상태가 되는 것과 관련이 있음을 알았다. 말하자면 몸과 마음의 관계에 대해 새로운 이해가 생겼다.

『밀린다왕문경』에는 몸의 감수작용과 마음의 감수작용이 있는데 신체에 수반하는 것이 열 가지가 있다고 한다. ①차가움 ②따뜻함 ③배고픔 ④목마름 ⑤대변 ⑥소변 ⑦게으름과 수면 ⑧늙어감 ⑨질병 ⑩죽음이다.

이것은 태어나고 죽음을 반복하더라도 신체에 따르고 붙어 다니며 생긴다. 신체가 움직일 때 마음이 움직이지 않아야 수행자라고 할 수 있다. 마음을 수습하지 않는 자에게 배고픔이나 신체의

타격이 있어서 다치는 등의 괴로움의 감수작용이 생겨나면 그의 마음은 영향을 받아 격동하여 분노하고, 마음이 격동하면 신체의 감수작용이 영향을 받아 소리 지르고 몸을 굽히고 비틀고 땅에 쓰러진다.

이와 같이 신체의 감수작용과 마음의 감수작용이 함께 작용한다. 하지만 몸과 마음이 감수하는 현상들이 모두 형성된 것이고 형성된 것은 무상하고 만족스럽지 않고 만족스럽지 않은 것은 인과因果 법을 따르므로 자기의 의도대로 바꿀 수 없어 주재하는 자아가 없어 무아이고 또한 모든 것은 실체가 없어 공함을 철저하게 이해하였다면 이와 같은 지혜에 의해서 마음이 잘 길들여져서 마음이 하나로 통일되는 일심 상태가 된다. 이것이 일상생활에 그대로 적용되는데, 큰 나무에 바람이 불면 잔가지와 그 잎은 흔들리지만 줄기는 움직이지 않는 것과 같다.

본연님의 체험

감기약을 먹고 걷기선 명상을 하는데
잠이 오게 하는 약임을 알아차림.
사막 같은 빙하를 건널 때
자기 뜻대로 되지 않음을 알고 화가 남.

본연님의 체험에는 감기약이 등장하는데 아마 고산병이 아닐

까 합니다. 걸으면서 잠이 옴을 알아차리기는 하지만 약 기운으로 자기 뜻대로 되지 않음을 알고 화가 올라온 것 같습니다. 화가 올라오는 순간 자기 뜻대로 되지 않음을 알아차리고 화가 무아임을 자각해야 합니다. 즉, 모든 것은 조건에 의해 일어나고 조건에 의해 사라지므로 본인의 뜻대로 되지 않음은 당연합니다. 그래서 무아입니다.

고줌바 모래 빙하를 건널 때 여러 위험 요소가 있어서 조심해야 합니다. 이때 조고각하照顧脚下[29]를 생각하면 좋습니다. 걷는 순간순간 의식의 공간을 넓히고 거울같이 비춰 보면서 의식이 깨어 있어야 합니다. 약 기운이 알아차림을 방해했을 것입니다. 이와 같은 조고각하照顧脚下의 지혜는 사띠Sati에서 나온다는 사실을 자각해야 합니다.

---

[29]   중국 송나라 때, 임제종의 중흥조인 법연(法演) 선사가 혜근(慧勤), 청원(淸遠), 원오(圓悟) 세 명의 제자들과 밤길을 가고 있었다. 이때 바람이 불어 등불이 꺼졌다. 짙은 어둠 속에 처하게 되자, 스승이 제자들에게 법거량을 시작하였다.
"자, 이제 어떻게 해야 하느냐?"
혜근이 첫 번째로 말했다. "채색 바람이 춤을 추니 앞이 온통 붉사옵니다.(彩風舞丹霄)" 두 번째로 청원은 "쇠 뱀이 옛길을 가로질러 가는 듯 하옵니다.(鐵蛇橫古路)"라고 하였다. 이는 자기들이 처한 처지에 대한 설명이지 상황 타개를 위한 의견제시가 아니다.
원오가 답을 내놓았다. "조고각하照顧脚下!"
'조고각하'란 바로 이 순간의 발아래를 잘 살펴야 한다는 뜻이다. 깜깜한 밤중에 불도 없이 길을 가야 하는데, 문제해결과 거리가 먼, 그곳에서 찾을 것이 아니라, 각자 발밑을 살펴서 걸어가야 한다는 원오의 체험은 현재 이 순간의 현실을 자각하지 못하고 과거와 미래로 구하지 말라는 뜻이다.

승혜월님의 체험

지나가는 아름다운 풍광을
잡을 수 없어 불만족스럽다.
나의 인생도 이와 같음을 성찰한다.
그래서 현재 이 순간을 즐기자.
쉼명상 중에 의식을 발가락과 손가락에 동시에 두니
호흡이 아래로 내려가고 손가락에 두니 심장이 빠르게 안정된다.

　승혜월님의 체험인 '지나가는 아름다운 풍광을 잡을 수 없어 불만족스럽다. 나의 인생도 이와 같음을 성찰한다'는 것은 일체 모든 형상은 생기면 사라지므로 불안하고 위험하므로 불만족스럽다는 이치를 아는 지혜가 생겼음을 뜻합니다. 이 지혜는 일체 형상에 대해 원하는 마음이 없는 지혜입니다. 사물과 사람에 대한 집착이 없어지고 자유로워집니다. 일상에서도 이와 같은 체험이 있는지 확인해 볼 필요가 있습니다.

　또한 이 체험은 형상의 불만족에서 벗어나 생기고 사라짐이 없는 불사不死의 열반을 구하고자 하는 마음이 일어나게 합니다. 수행자가 수행의 진전이 없다면 불만족의 지혜가 생기지 않았기 때문입니다. 따라서 수행자는 현상은 무상하고 위험하고 소멸한다는 인식을 지속적으로 닦아야 퇴보하지 않고 향상하는 것입니다.

　또한 과거는 지나가서 없고, 미래는 오지 않아 없습니다. 현재

순간도 머물지 않아 온갖 번뇌 망상이 끊어져 사라져 버립니다. 이와 같은 이치로 현재 순간의 풍광을 즐긴다는 것은 과거와 미래로 왔다갔다 하는 번뇌로부터 현재 이 순간으로 해방된 기분일 것입니다. 문득『대반열반경』에 아라한의 게송이 생각납니다.

제행무상諸行無常이 시생멸법是生滅法이라
생멸멸이生滅滅已하면 적멸위락寂滅爲樂이다.

형성된 모든 것은 무상하다.
무상한 이것은 발생과 소멸하는 속성을 가진 현상이다.
발생하고 소멸하는 현상이
모두 소멸한 적멸이 참다운 즐거움이다.

몸과 마음의 현상을 관찰하여 생기는 순간순간 생김이 없고 사라지는 순간순간 사라짐이 없음을 본다면 생멸이 없음을 아는 것이며 현재 순간이 영원이라는 진실임을 아는 것입니다. 즉, 제로에 대해 수많은 자연수를 곱하거나 나누어도 그대로 제로이듯이 모든 번뇌 망상도 이와 같이 삼라만상 우주는 실체가 없고 생멸이 없습니다. 그래서 풍광(자연수의 집합)을 즐기더라도 집착이 생기지 않고(생멸과 실체가 제로) 자유롭습니다. 혹 이 경계가 깊어지면 본지풍광本地風光을 깨닫지 않을까 싶습니다.

14일차 ··· 11월 2일 롱덴-말룽-타메

본연님의 체험

주변 풍광과 한 공간을 이룸에 몸 사라짐이 일어나고
소똥 등에 대한 분별심이 사라짐.

분별심이 사라졌다면 세속의 관습에 따라 옳고 그름을 밝히고, 선과 악을 구분하는 등을 하더라도 마음에는 분별심이 없고, 무분별에 의해 행위가 일어나야 무분별의 실천이 됩니다. 무분별에도 두 가지가 있는데 이를 잘 구분해야 합니다.

첫째, 오염되지 않은 무지로 인한 무분별입니다. 오염되지 않은 무지는 돼지도 잡고 소도 잡습니다. 그러면서 살생에 대한 죄책감이 없습니다. 생명의 존엄 등에 대한 분별이 없습니다. 그래서 불오염 무지를 가진 수행자가 천진 도인으로 둔갑할 수 있습니다.

둘째, 이분법적인 분별심이 사라짐입니다. 더러움과 깨끗함이 없는 무분별이고 그 내용은 무상無常·고苦·무아無我·공空의 지혜로 인해 일어나는 무분별입니다. 무분별은 한마음 상태이며 진여삼매로 불사의 열반으로 들어가는 통로입니다.

15일차 … 11월 3일　타메-남체-몬조

처음과 끝 본래 無

걷기경선
한결같은 마음거울 정진
발바닥, 정수리, 배꼽의 마음 한 경계로
몸 크기, 주변 설산 풍광대로 마음거울
허공, 우주 그대로 마음 모습 내려왔네.
몸 자아 없고 우주 허공 자성 없어
눈을 뜨나 감으나 깬 마음 바뀌지 않네.

16일차 … 11월 4일　몬조-팍딩-루크라

지혜선님의 체험

걷기선 명상을 통해 몸이 청정해짐을 체험.
발바닥이 부드럽고
온몸 사라짐에 새털처럼 가볍다.
연속 이틀 동안 지속되었다.

'지혜선님의 온몸이 사라지고 새털처럼 가볍다'는 체험은 마음이 과거로 가지 않고 미래로도 가지 않고 걷고 있는 이 순간에 머물고 있을 때 일어나는 현상입니다. 걸을 때 과거를 생각함은 괴롭고, 미래를 생각하면 불안합니다. 이때는 몸이 무겁고 힘듭니다. 오로지 현재 순간에 머물고 있으면 집중력이 좋아져서 온몸 사라지는 삼매 현상이 일어나고 몸이 새털처럼 가벼워지는 깨달음의 요소인 경안각지輕安覺支 현상이 나타납니다.

몸 사라짐은 번뇌가 일어나는 장소가 하나 없어지므로 그만큼 번뇌가 줄어듭니다. 또한 『원각경』 적멸의 5단계 가운데 첫 번째에 해당하며 의식만 남은 상태는 마치 죽음에 임박하여 육체를 벗어나 영혼만 있는 상태와 비슷합니다.

위빠사나 16단계 중에 다섯번째 단계에 이르면 몸 소멸의 지혜를 얻는데, 두 사람이 풀장에 뛰어들 때 제3자가 지켜보듯이 현상(客)과 그 현상을 인식하여 알아차리는(主) 주객이 같이 사라짐을 보고 알아차리는 단계입니다. 보는 알아차림이 예리해져 있고 몸의 거친 데서 마음의 미세한 데로 들어갈 수 있습니다.

적멸의 5단계 가운데 두 번째 단계는 몸의 흙·물·불·바람의 인연으로 생긴 마음 소멸입니다. 마음 소멸은 곧 번뇌의 소멸로 심일경성이 생길 수 있습니다.

세 번째는 마음이 소멸함으로 마음에 의해 생긴 경계도 소멸합니다. 이는 무심삼매無心三昧의 현상입니다.

네 번째는 소멸했다는 미세한 생각이 소멸합니다. 미세한 생각

소멸은 주객이 완전히 사라짐을 뜻합니다. 무심삼매에 들어 무소유無所有를 체험했다는 자취가 남아 있으면 무소유가 아닙니다. 비유하자면 깨달음의 향기가 남아 있다면 깨달음이 아니듯이 미세한 마음의 흔적이 있음은 주객이 상대하고 있으므로 깨달음이 아닙니다.

다섯 번째는 앞의 단계의 환幻이 소멸하여 상相이 없으므로 더 이상 환이 아닌 것은 소멸하지 않습니다. 마음 청정인 원만한 깨달음이 원각圓覺이며 열반이며 제일의공第一義空이며 진여眞如이며 일체 모든 것을 아는 지혜(一切智)인 정각正覺인 것입니다. 온몸 소멸은 무엇보다 몸의 무상함을 절실하게 알고 숨 쉬지 않고 땀 흘리지 않는 그 무엇이 무엇인지 감지해야 합니다. 허공에 꽃이 피고 지고 하더라도 허공은 바뀌지 않듯이 숨 쉬지 않고 땀 흘리지 않는 그 무엇도 그와 같음을 이해해야 합니다.

몸 사라짐의 체험은 숨 쉬지 않고 땀 흘리지 않는 그 무엇을 깨닫고 얻는 첫 출발입니다. 몸 사라짐의 현상은 거친 데서 미세한 데로 들어갑니다. 몸은 거칠고 마음은 미세합니다. 번뇌 망상이 사라지면서 마음이 지극히 미세해지면 공성을 깨칠 수 있습니다. 중요한 것은 이러한 현상을 알아차리는 것입니다. 몸이 사라지고 마음만 있는 상태로 심일경心一境이라는 삼매 현상이 일어납니다. 걷기선 명상을 하면서 걸어갈 때 고요함을 발견해야 합니다. 고요함을 통해 번뇌 망상이 어떻게 일어나고 사라지는지 알게 되고, 삼매에 의지해서 지혜가 작용함도 알게 되고, 위축된 마음, 흩어지는 마음, 확장이 안된 마음 등 마음의 상태를 알게 됩니다. 이와 같이 현상을 즉각 알아차리는 것이 수행을 진전시킵니다.

17일차 ⋯ 11월 5일 루크라-카트만두

다따님의 체험

생각이 많으니까 몸이 무거워진다.

생각은 바람의 요소인 에너지를 타고 움직이므로 에너지 소모가 많아집니다. 당연히 몸이 무거워질 수밖에 없습니다. 이 또한 좋은 체험입니다.

몸이 무거우면 의식을 발바닥에 두어서 발바닥의 영역에서 벗어나지 않게 하면 잡생각이 멈춰지고 몸이 가벼워집니다. 발바닥에 의식을 두었는데 잡생각과 망상이 생기면 의식을 꼬리뼈에 두고 또 잡생각과 망상이 생기면 정수리에 의식을 둡니다. 발바닥과 정수리에 의식을 동시에 두면 한 생각도 일어나지 않는 상태를 유지할 수 있습니다. 꼬리뼈까지 의식을 동시에 둘 수 있다면 더 좋습니다.

공항에 내려서 버스를 타고 카트만두로 돌아오는 길에 기침이 자꾸 난다. 약 6시간 동안이나 버스를 타니 기력이 쇠잔하고 엉덩

카트만두의 보드나트 스투파

이가 아프다. 카트만두에 도착하기 전, 중간에 부처님 전생에 배고픈 어미 호랑이에게 몸을 보시한 그 지점에 있는 네팔 사찰에 이르러 번아웃 현상이 일어났다. 깨어있는 의식은 눈을 뜨나 감으나 그대로지만 몸은 전혀 다르다. 공진단 한 알을 먹고 위기에서 벗어났다. 카트만두로 돌아와서 링거를 맞으면 좋겠다는 생각에 병원을 찾았지만, 뜻대로 되지 않아서 곧바로 숙소로 왔다.

눈 없는 눈

광막한 공간 끝없는 시간
모든 상(相) 허망하기 짝이 없네.

덧없음 아는 저 마음 꿰뚫어 보니
그 무엇 있어

끝없이 아득한 공간으로 덮고
영겁의 시간으로 소멸시켜도
모양 없고 처음과 끝이 없어
그 무엇을 어찌하지 못하네.

토끼 뿔 같은 귀로 듣고
눈 없는 눈으로 보아야 하리.

2부

깨달음의
경선정원

무지의 잠에서 깨어나는
'공空에서 화華로 가는 큰 연민의 길'

보리심은 다른 이들에게
완전한 행복을 가져다주기 위해 자신이 먼저
깨달음을 얻는 것이며 생사에 머물지 않는
지혜와 열반에 머물지 않는 큰 연민의 실천이다.

견도見道 이후의 수행

─ 수도修道

깨달은 이후의 수행은
'숨 쉬지 않고 땀 흘리지 않는 그 무엇'인 주객이 없는
불변의 진공이 드러나 있습니다.

1장

깨달음(空性)의 경선정원에서
공空의 경계 체험하기

견도의 깨달음 이후의 경선 명상법을 제시합니다. 그리고 아직 깨치지 못한 수행자도 수행할 수 있도록 디딤돌 경선 경선법을 두었는데 이는 상相을 의지하여 수행하는 것입니다.

견도의 깨달음을 이룬 수행자는 진여의 성품에 머물기 때문에 진여에 의지하여 진여의 작용으로써 수행합니다. 진여는 허망하지 않아 진眞이요. 바뀌지 않아 여如입니다. '숨 쉬지 않고 땀 흘리지 않는 그 무엇'을 진여라고 하며, 마음의 청정한 본래 깨달음이기도 합니다. 진여는 불변의 공과 수연의 불공이 하나의 뜻으로 제일의공第一義空이라고도 합니다.

불변은 마음이 늘 깨어있어 한 생각도 일어나지 않아 바뀌지 않으며, 대상에 따라 기뻐도 슬퍼도 마음이 바뀌지 않고, 빠르게 걷거나 뛰어도 마음이 바뀌지 않고, 피곤하여 눈꺼풀이 감겨도 눈이 떠 있어 바뀌지 않습니다. 한번 깨어난 마음은 다시는 어두워지지 않습니다. 대상이 있어도 보고 없어도 보고 소리가 들려도 듣고 소리가 없어도 늘 듣고 있습니다. 보고 듣고 하는 인식이 같은 마음으로 바뀌지 않습니다.

즉, 깨치면 주객이 없어 한 생각도 일어나지 않아 청정한 지혜(무분별지無分別智)이지만 공을 내용으로 하는 불변不變의 지智가 밖으로 중생을 만나 작용을 할 때는 생멸하는 잡생각, 거짓 기억을 없애는 인식 수단이 됩니다. 공이 곧 지혜요 지혜가 곧 공성이기 때문에 공성을 내용으로 하는 지혜입니다. 그래서 청정한 본래 깨달음 자체가 진리이면서 진리를 깨치는 수단이 되어 만나는 중생의 잡생각, 부정적인 감정 등의 생겼다 사라졌다 하는 생사심生死心을 소멸시킵니다.

'공空의 경계 체험하기'는 공空에서 화華에 이르는 길인 깨달음(空性)의 경선정원에서 수행하는 수도修道입니다.[30] 인식주관인 인人과 그 대상인 법法을 모두 공이라고 관하는 공삼매 속에서 무분별인 주객이 없는 공을 깨달아 체득한 견도의 깨달음입니다. 즉, 번뇌와 무지가 공한 청정한 깨어있는 마음은 작은 깨달음입니다.

공을 깨달은 마음은 지혜와 자비로 작용합니다.

첫째, '지혜로 작용'한다는 것은 공을 깨달은 마음 즉, 실체가 텅 빈 마음이 인식 수단이 되어 중생의 번뇌와 무지를 만나면 번

---

30   견도見道에서 수도修道로 가는 공空단계의 명상이다. 수도修道는 상相이 없는 육바라밀의 무념無念으로써 수행한다.

뇌와 무지를 없애는 성질로 바뀌는 지혜로 작용하게 됩니다. 이 작용은 곧 심광명心光明인 지혜이며 이 지혜는 안으로 미세한 번뇌와 무지를 없애는 것으로 작용하고, 밖으로 일체중생을 허망한 기억(妄念)으로부터 벗어나게 도와주는 자비로 작용합니다.

둘째, '자비로 작용'한다는 것은 자비가 공空을 근원으로 두고 공을 인식함으로써 실천되기 때문입니다.

그래서 『화엄경』에는 다음과 같이 이르고 있습니다.

"큰 사랑(大慈)을 부지런히 닦는 것은 모든 중생이 무자성無自性임을 아는 까닭이며, 큰 연민(大悲)을 부지런히 닦는 것은 제법이 공한 줄을 알고 두루 일체중생의 고통받기를 대신하여 피로해 함도 싫어함도 없는 까닭이다."[31]

자비심의 속성이 공이라는 것입니다. 유정 중생이 자체 성품이 없어(無自性) 공이기 때문에 중생은 본래부터 중생이 아닌데도 불구하고 중생은 이러한 진실을 모르므로 이를 아는 수행자는 중생들에게 중생이 아니라고 일러주어 중생에서 벗어나게 힘쓰는 것이 큰 사랑이라고 설하고 있습니다.

큰 연민은 모든 것이 공하여 무소유이므로 이 무소유를 알고 체득한 수행자는 모든 것에 집착, 애착할 것이 없습니다. 그래서

---

31   大慈勤修知諸衆生無自性故 大悲勤修知諸法空 普代一切衆生受苦 無疲厭故(56권 19).

일체중생의 고통을 기꺼이 대신 받을 수 있습니다. 즉, 공을 깨친 마음은 움켜쥘 수 있는 것이 아무것도 없음을 알았기 때문에 피곤해하거나 싫어함이 전혀 없습니다. 이것이 큰 연민의 실천입니다.

이와 같이 깨친 공은 망념을 없애는 지혜와 중생을 생사에서 벗어나게 하는 고귀한 마음인 자비로 작용합니다. 그래서 지혜와 자비는 공인 동시에 불공不空입니다.

불공의 지혜는 안으로 수행자의 미세 망념을 없애는 무분별지無分別智로서 작용을 하고, 이 지혜를 의지하여 밖으로 작용하는 자비심은 중생을 향하여 생사에 머물지 않게 합니다. 이와 같은 자비심은 다시 지혜를 더욱 날카롭게 하여 미세 망념을 없애는 데 도움을 주게 됩니다. 그 지혜를 반야지般若智라 하며, 마침내 물러나지 않고 깨달음의 뜻인 공空이라는 한길로 나아가는 원동력이 되며, 일체중생을 구제하겠다는 깨달은 마음인 보리심菩提心을 실천합니다.

보리심은 다른 이들에게 완전한 행복을 가져다주기 위해서 자신이 먼저 깨달음을 얻는 것입니다. 일체 모든 유정有情을 위해서 깨달음을 구하려고 결심할 때, 그것을 일러 깨달음을 향한 이타적 의도로서 보리심이라고 합니다. 이 깨달은 마음(菩提心)을 깨달음 이후 수도修道부터 실천하는 것입니다. 행복을 추구하는데 나와 남이 다를 것이 없습니다. 남의 입장에서 생각하고 남들의 이익을 위해 행동할 때 우리 안에 보리심에서 비롯된 힘이 생기게 됩니다.

깨달은 마음인 보리심은 생사에 머물지 않는 지혜와 열반에 머물지 않는 큰 연민의 실천입니다. 견도의 깨달음인 초지初地부터 십지十地에 이르기까지 세간의 괴로움이 핍박하더라도 유정을 이롭게 하는 일을 버리지 않고 구경도究竟道에 이르러 번뇌의 뿌리인 근본 무명無明을 끊기 때문에 생사生死에도 머물지 않습니다. 그때 구경도究竟道에서 물러나지 않는 '위없는 바르고 평등한 깨달음'을 얻고 눈뜬 님이 되어 오로지 중생 구제의 보리심을 실천합니다.

2장

본래 깨달음과 큰 연민이 드러난
공성의 깨달음을 실천하기

거울은 더러운 것이 비치더라도 오염되지 않습니다. 본래 깨달음인 마음의 청정한 본성도 이와 같습니다. 오염되지 않고 조작이 없는 본래면목은 주객이 없고 중생과 부처가 없고 법계가 하나인 평등입니다. 평등은 공성과 청정의 또 다른 표현입니다. 이 마음을 심청정, 심광명, 걸림 없는 청정한 빛이라고 합니다. 이 본래의 마음은 생로병사가 없습니다. 청정하여 무명, 번뇌가 없고 죄가 없습니다. '공의 경선정원'에서는 이 본래 깨달음이 드러나 있기 때문에 이를 실천함이 보리심입니다. 남의 잘못을 보더라도 그 사람을 탓하지 않습니다. 번뇌와 죄를 탓할 뿐입니다. 그 사람의 마음은 청정하여 번뇌가 없고 죄가 없기 때문입니다. 그래서 잘못하고 있는 이들을 용서하고 평등하게 대할 수 있습니다.

이와 같이 본래 깨달음인 마음거울의 청정한 성품의 표현이 큰 사랑과 큰 연민입니다. 그래서 현현한 본래 깨달음의 큰 연민이 우리 모두의 삶을 행복하게 합니다. 이와 같이 청정한 본래 깨달음이 드러나 있는 깨달은 마음인 보리심을 실천하고 완전한 깨달음을 체득하기 위해서 공성의 실체 없음의 '없다'에 의존하여 무념無念의 공성을 실천하는 자비경선慈悲鏡禪의 걷기선 명상을 합니다.

1. 공의 뜻이 깨달음의 뜻이자 보리심

공 단계는 아집我執과 법집法執을 벗어버리고, 진眞과 망妄의 화합한 모습인 마음을 깨트리고, 중생과 붓다가 평등하고 온 우주 법계가 하나인 줄을 깨달아 청정한 맑고 밝은 평등 법신法身을 얻는 단계입니다.[32]

아집의 번뇌 장애와 법집의 소지所知 장애를 떠난 청정심은 어떠한 환경에 처해 있더라도 물들지 않습니다. 그래서 인종차별과 성차별과 계층차별 등 각종 차별 현상을 법계평등의 제일의공第一義空으로 해소합니다. 제일의공第一義空은 상주常住하는 일심一心으로 공空과 불공不空[33]이 드러나고 지각 있는 존재들로 하여금 제일의공의 보리심으로써 공을 깨닫게 하는 외연外緣의 훈습하는 힘인 연훈緣薰을 일으킵니다. 연훈은 유정들을 불사不死의 깨달음으로 이끌고 돕는 큰 연민의 마음입니다.

---

32   평등법신은 내외의 육입六入이 모두 공함이 두루하여 관찰되는 대상인 법을 일으키지 않기 때문이다.

33   공空도 자성이 없고 불공不空도 인연을 따르므로 고정된 자성이 없다. 이와 같이 공과 불공은 무자성無自性이므로 제일의공第一義空이라고 한다.

큰 연민의 마음은 반야지般若智에 의해 실천됩니다. 반야지 안에는 실체를 가진 법이 조금도 없으므로 모든 법을 공이라고 관조합니다. 반야지로써 망념이 공하여 생성과 소멸의 차별상이 없다고 관찰하므로 무명도 없고 무명이 사라짐도 없습니다. 본래 청정한 마음이 무명으로 인하여 잠에 들어 사상四相(我·人·衆生·壽者)의 꿈을 꾸며 온갖 번뇌를 일으키다가 이제 반야지를 얻어 번뇌의 꿈을 깨트리고 모든 법이 공임을 분명하게 알게 되어 악한 원인이 사라졌습니다. 반야지로써 몸과 마음과 환경의 결합체(五蘊)가 모두 공이라 비추어 보면 하나의 그 무엇도 없고 상대적인 차별도 없으며 확정하여 붙일 이름도 없지만 억지로 법신이라 부릅니다. 환화 같은 몸속에 생멸이 없고 처음과 끝이 없습니다.

또한 반야지는 근본지 곧 무분별지를 이루고 얻는 지혜(後得智)로서 이제二諦 중 속제俗諦를 관하는 지혜입니다. 반야지가 눈앞에 실현되므로 열반에 들어가지 않습니다. 이처럼 반야지는 깨달은 마음인 보리심을 대변해 주는 지혜입니다. 공성을 깨달아서 중생을 돕겠다는 세속의 보리심과는 달리 시간과 공간의 제약에서 완전히 벗어난 출세간의 것으로 승의勝義의 보리심입니다.

2. 공空과 비슷한 공空 – 상사공相似空

아직 견도의 깨달음에 이르지 못한 수행자가 '깨달음의 경선정원'에서 '공空의 경계 체험하기'를 통해 공을 깨달을 수 있으면 좋겠지만, 설령 공을 깨닫지 못하더라도 공의 경계를 체험하는 것은 매우 중요합니다. 깨달음에 근접하기 때문입니다.

'숨 쉬지 않고 땀 흘리지 않는 그 무엇'을 찾는다는 것은 궁극적인 것을 찾는 것입니다. 모든 것의 궁극적인 것은 다양한 이름을 가지고 있으므로 '그 무엇'이라 했고 어떤 하나를 특정하기가 어렵습니다. 그 가운데 하나가 지혜의 대상인 공성이자 승의의 보리심입니다.

깨달음인 공空은 불사不死인 열반涅槃이며 대자유인 해탈解脫입니다. 그런데 공과 비슷한 상사공相似空이 있습니다. 즉, 거울 속에는 아무 영상이 없다가 대상이 비치면 거울 속에 영상이 나타나는데 그 영상은 실체가 없듯이 무분별의 마음거울에 나타나는 사람과 사물은 실체가 없습니다.

마음거울은 육안肉眼과 심안心眼이 있습니다. 육안의 거울은 대상이 고정, 분리, 실체를 가지고 스스로 존재하는 것처럼 보입니다. 심안은 육안으로 볼 수 없는 느낌, 감정, 생각을 볼 수 있고 존재 자체를 꿰뚫어 공을 봅니다. 그래서 공을 아는 지혜가 있으면 심안은 잘못 알고 있는 착각이 공함을 아는 텅 빈 마음의 눈(공심안空心眼)이 됩니다. 이와 같이 마음거울은 대상이 나타나면 자연히 비추는 상태가 되기 때문에 관찰하려는 마음을 일으키지 않음으로 말미암아 관찰하지 못하는 것이 없게 됩니다. 관찰되는 현상들은 모두 실체 없음으로 관찰됩니다. 관찰대상인 사람, 사물 등이 실체라고 할 만한 그 어떤 것도 없을 때 법공의 몸(法身)을 얻는 것입니다. 이 법공의 몸을 아는 지혜가 공심안空心眼이고, 이 공심안이 곧 무분별의 마음거울입니다.

이와 같이 공심안인 능관能觀과 법공인 소관所觀이 없습니다. 즉, 능관은 허공에 적극적으로 행위, 작위함이 없고, 일어남과 사라짐이 없으며, 소관은 피차가 없는 허공에 비유됩니다. 주객이 모두 공空하다는 것입니다.

그러므로 이와 같은 이치를 가진 공은 사유 분석으로 알 수 없습니다. 주객이 상대할 때 말과 생각이 일어나는데 주객이 없으므로 말과 생각을 떠나있습니다. 때문에 사유 분석을 통해 공을 안다면 그것은 공상空相을 아는 것이며 상사공相似空 즉, 공과 비슷한 공을 아는 것입니다.

마음공은 망념이 없어 마음의 움직임이 없습니다. 사유 분석하는 마음은 이치를 알고 잘못된 견해가 무엇인지를 알게 해줍니다. 그러나 사유 분석은 마음의 움직임이므로 안과 밖이 없고 일어남과 사라짐이 없는 공성을 알 수 없습니다. 공의 마음은 움직임이 없기 때문입니다. 오로지 수행 경험 속에서만 파악이 됩니다. 이와 같은 공을 체득하기 위한 방법으로 공과 비슷한 환경을 만드는 것이 중요합니다. 그래서 모방이라는 명상 방법을 사용합니다. 깨달음의 경선정원은 견도의 깨달음을 얻은 수행자가 수행하는 공간입니다. 그런데 수행자가 깨치지 못해도 공을 깨닫는 데에 도움을 주는 경선을 수행할 수 있습니다. 공을 모방하는 방법이 그것입니다. 견도의 깨달음을 얻게 되면 모방 수행한 경험이 그대로 깨달음 이후 '깨달음의 경선정원'의 수행으로 연결됩니다.

3. 깨달은 마음인 보리심 실천하기

공성은 불평등의 근원인 고정, 독립되어 따로 실체를 가지고 스스로 존재한다는 무지에서 벗어나게 하는 힘이 있습니다. 공성은 남자와 여자, 사람, 동물, 귀신, 천신 등 그 어떤 것으로도 결정되어 있지 않은 평등이기 때문입니다. 깨달은 수행자는 자신이 공성으로서 평등하다는 사실을 모르는 유정들에게 큰 연민을 일으킵니다. 이때 지혜에 의해 드러난 공성이 승의勝義의 보리심입니다.

공성의 평등한 이것은 무한 가능성이므로 무지를 깨트리는 힘으로서 깨달음이며 범부가 성인으로 중생이 부처로 전환될 수 있습니다. 이 깨달음의 실천이 보리심菩提心의 실천이며 보리심의 실천이 큰 연민의 실천입니다. 나아가 중생을 돕는 큰 연민의 실천이 곧 번뇌장과 소지장과 습기장을 깨트리고 반야바라밀을 완전하게 합니다.

1) 번뇌장과 소지장과 습기장 깨트리기

견도의 깨달음에는 첫째, 자신의 육체를 무상·고·무아로 관찰하여 아공我空을 증득하기 위해 경선을 하였고, 둘째, 제법을 사유 통찰하고 실체가 없다는 법공法空의 이치를 증득하기 위해 경선을 하였습니다. 셋째, 일체법이 공(法空)함을 깨달음으로 인하여 일체 현상에 실체로서 자아 타파는 몸 안에 주재하는 자아가 있다는 번뇌의 장애도 공(我空)하여 근본 번뇌인 탐貪·진瞋·치痴·만慢·의疑·견見이 소멸하여 없습니다.

또한 수행 주체인 의식의 공 지혜로 인하여 의식과 연결되어 있는 즉, 상응하고 있는 잠재되어 있는 자아의식인 말나식이 본래 청정성을 회복하여 무아로 바뀌면서 평등성지가 생겨 네 가지 자아 번뇌가 소멸하고 사람(人)과 현상(法)의 집착도 모두 현행하지 않습니다.[34] 즉, 의식의 이공二空의 평등한 지혜(묘관찰지)와 함께하는 말나식의 평등성지는 그 응하는 바에 따라서 평등성을 반연합니다. 그래서 수행자는 모든 존재가 평등하다는 것, 즉 말나식의 자아가 타파되어 공성임을 알기 때문에 생사의 유전流轉을 감수하면서 자비심을 일으키는 것입니다.

그러므로 중생에게 고통이 있으면 어김없이 발휘되는 것이 자비심입니다. 자비심은 중생과의 관계 속에서 일어나므로 연기緣起이며 개체의 실체와 자아를 세울 수 없으므로 무아이며 공입니다. 또한 아공我空 법공法空의 지혜는 심층의식인 이숙식異熟識의 종자를 소멸합니다. 즉, 아공 법공을 통해 번뇌장과 소지장이 타파되면 잠재적 성향으로 있는 번뇌장과 소지장의 종자는 8지에 이르러 무상관無相觀을 통해 소멸해 갑니다.

---

34   『二障義』의식의 무루도의 힘에 의해 상응하는 네 가지 번뇌를 홀연히 떠나니, 이 것은 의식의 불공소의이기 때문이다. 또 말나의 자성은 본래 청정하지만 오직 상응에 의해 오염된 것일 뿐이다. 그러므로 전도를 떠났을 때에는 곧 바르게 사량하게 된다.

초지부터 십지, 등각, 묘각의 불지佛地까지 12단계가 있는데 번뇌장과 소지장을 타파하는 공성의 지혜가 육바라밀 수행을 통해 각 단계마다 번뇌장의 아집과 소지장의 법집을 쌍으로 타파하면서 중생을 향한 큰 연민을 실천합니다.

초지부터 팔지 전까지는 무간도로서 번뇌장과 소지장이 단계마다 소멸합니다. 팔지의 해탈도부터 종자도 소멸해 갑니다. 하지만 십지의 금강유정의 해탈도에서 볼 때는 모두 무간도가 됩니다. 하지만 습기장은 남아있습니다. 습기장은 불지佛地에 이를 때 모두 소멸합니다.

말하자면 수도修道에도 단계마다 소지장과 번뇌장이 있듯이 습기의 장애가 남아있습니다. 비록 번뇌의 정체는 제거했더라도 여전히 남아있는 습관적인 기운을 말합니다. 『섭대승론석』 권6에 "습기라고 한 까닭은 비록 번뇌가 없지만 하는 것마다 번뇌가 있는 듯이 보이기 때문이다."라고 하였습니다.

번뇌장의 습기가 있고 소지장의 습기가 있습니다. 번뇌장의 습기에도 개별적인 습기가 있고 공통되는 습기가 있습니다.

① 전생습기前生習氣 – 번뇌장의 개별적인 습기

아라한이라도 무한한 과거에 있었던 탐욕, 성냄, 어리석음의 영향을 받습니다. 경전에 나타나는 습기의 예로는 난다의 음습婬習, 사리불과 마하가섭의 진습瞋習, 비릉가파발의 만습慢

習, 교범발제의 우업습牛業習 등이 그것입니다.

『二障義』에 개별적인 습기에 대해 다음과 같이 이르고 있습니다.

"이 사람이 도를 닦아 성인의 과果를 얻은 후에 교만의 번뇌를 발생하는 종자는 단절되었으나 상을 취함을 발생하는 종자는 단절하지 못한다. 그러므로 이 종자는 능히 현행을 발생하여 교만한 마음이 없는 가운데 문득 노비라고 말한다. 이와 같은 것을 교만이 마음을 부리는 습기(만사습기慢使習氣)라고 이름하며 나머지 미혹의 습기도 모두 이와 같다. 『유가론瑜伽論』에서는 '아라한은 습기로 인하여 염오의 마음이 없으면서도 입술을 일그러뜨려 이를 드러내면서 핍박하여 웃는다'라고 말하였다. 『지도론智度論』에서는 '춤을 추려는 일 등은 애습기이다. 수신을 꾸짖는 것 등은 만습기이다'라고 설하였다. 이와 같은 글들은 별습기別習氣를 밝히는 것이다.[35]"

"이러한 번뇌장의 습기는 번뇌장 가운데 포섭되지 않으며 성문과 연각(이승二乘)의 도道를 장애하지 않기 때문이다. 형상

35 　원효찬『二障義』此人修道, 得聖果後, 生慢使邊, 種子被斷, 生取相邊, 非其所斷. 故此種子能生現行, 無慢心中, 輒言奴婢. 如是等名慢使習氣, 餘惑習氣, 皆亦如是. 此等煩惱障之習氣, 不入煩惱障中所攝, 以非能障二乘道故. 取相分別, 迷法空理, 是故正爲所知障體. 如『瑜伽』說, "又說阿羅漢, 或因習氣, 無染汚心, 蹇脣露齒, 逼爾而笑."『智度論』說, "起儛等事, 是愛習氣, 呵水神等, 是慢習氣." 如是等文, 明別習氣. p. 1-794 上, 『한국불교전서 제일책』1990년 동국대학교 출판부

을 취하여 분별하는 것은 법공法空의 이치에 미혹한 것이다. 이 때문에 바로 소지장이 별습기의 체가 된다.”[36] 이와 같은 습기는 전생습기前生習氣입니다. 공성을 깨달은 수행자는 전생습기가 있는지 살펴보아야 합니다. 있다면 성문, 연각의 견도의 깨달음이며 소지장이 아직 있다는 것입니다.

② 이숙식異熟識에 따라다니는 습기 - 번뇌장의 공통되는 습기

공통되는 습기가 있습니다. 이 습기는 유루추중有漏麤重이라고 합니다. “번뇌장 품에 포섭되어 있는 추중麤重과 같은 것은 대치對治가 아직 생기지 않았을 때에는 그 세력이 증강하다가 무루도無漏道가 생겨나 종자가 멸하여 번뇌장의 추중이 모두 다 경미해질 때에는 저 번뇌 품에 포섭되지 않고 이숙식異熟識에 의지하여 따라다니며 떨어지지 않는다. 그러므로 이숙식 품의 추중이라고 한다. 마치 자식이 돌아가신 아버지의 시신을 생각할 때 다만 그 아버지와 관련된 것이지 바로 이 시신이 아버지는 아닌 것과 같다. 유루의 의미도 마찬가지라고 알아야 한다.[37]”라고 『二障義』에서 설하고 있습니

---

36   상동 此等煩惱障之習氣不入煩惱障中所攝. 以非能障二乘道故. 取相分別迷法空理 是故正爲所知障體.

37   상동 如煩惱品所攝麤重, 對治未生, 其勢增强, 無漏道生, 種子滅時, 彼品麤重皆悉輕微之時, 非彼品攝, 依異熟識, 隨逐不離, 故名異熟識品如之麤重. 又此麤重, 漏之遺氣, 而非是漏, 故亦說名有漏麤重. 猶如子思父之遺體, 但是有父, 非卽是父. 有染(漏)之義, 當知亦爾.

다. 이숙식異熟識에 따라다니는 습기가 있다면 더욱 공심안空心眼을 길러 이 습기의 장애를 없애도록 노력해야 합니다.

③ 무간생습기無間生習氣[38] – 소지장의 공통되는 습기 – 이장의 습기장

또한 『이장의』에 설하기를 『보성론』에 의하면 "범부에게는 번뇌장이 있고 성문과 벽지불에는 소지장이 있고, 보살마하살 등이 번뇌장과 소지장에 포함되지 않는 습기장習氣障이 있다.[39]"라고 하는데, 이 습기장은 가장 미세한 이장二障입니다. 즉, "이 이장二障의 습기는 종자가 끊어질 때에 바야흐로 습기로 있는 것으로 종자가 아직 끊어지지 않았을 때에는 습기의 엷어짐이 없다. 종자가 끊어짐과 동시에 바야흐로 습기도 미약하게 된다. 따라서 번뇌(惑)의 종자를 끊어 버린 그 직후에 생겨난 습기(無間生習氣)라고 한다.[40] 즉, 수도修道의 무간도無間道[41]

---

38   無間生습기의 무간생은 간격이 없이 생하는 것. 무간은 시간적으로 간격이 없이 곧바로 이어지는 것. 공간적으로 다른 것이 중간에 끼어들지 않는 것을 지칭하는 말이다. 無間生習氣는 간격 없이 생하는 습기라는 뜻. 번뇌 종자를 끊고, 남아 있는 습기. 번뇌종자를 전생습기라고 하고, 번뇌(惑)의 종자를 끊어 버린 뒤에 남아 있는 氣類를 무간생이라 한다.

39   상동 中, 不淨者, 一切凡夫, 有煩惱障故. 有垢者, 以諸聲聞辟支佛等, 有知障故. 有點者, 以諸菩薩摩訶薩等, 依彼二種習氣障故. 以此等文, 當知二障皆有習氣. 一切菩薩, 所未能斷故. 此習氣非二障攝, 別爲第三名習氣障. 참조

40   상동 中, 又復此二障氣, 種子斷時, 方有習氣, 未斷已前, 無微薄故. 種斷無間, 方微薄, 故名爲無間生習氣.

41   무간도無間道는 번뇌를 끊는 바로 그 순간을 가리킨다. 번뇌를 끊는데 간격이나 방해하는 것이 없고, 또 이 직후에 해탈도로 진입하는데 간격이나 방해하는 것이 없기 때

에서 생기는 습기라는 것이다."7지에서 8지의 무상관無相觀에 이르러 종자가 끊어지면 습기가 미약하게 된다는 것입니다.

이상의 번뇌장과 소지장과 습기장은 큰 연민의 실천인 공성의 육바라밀 수행으로 소멸합니다. 큰 연민은 제법이 공함을 아는 공성에서 나옵니다. 이처럼 큰 연민의 실천은 공성의 실천이며, 육바라밀도 중생을 향해 드러나 있는 불변不變하는 마음공의 표현입니다. 그러므로 소지장과 번뇌장을 쌍으로 타파하여 아공 법공을 드러내는 것입니다. 견도의 수행인은 견혹을 끊고 무분별지를 얻었지만, 아직 나머지 장애가 있기 때문에 수도위에서 더욱 무분별지를 닦고 익혀 차례로 열 가지 두터운 장애(十重障)를 끊고, 제10 금강무간도金剛無間道에서 번뇌장과 소지장의 종자를 끊어 없애고 무학과를 증득합니다.

이와 같이 습기장은 제거되어야 할 대상이지만 선근이 쌓인 습기도 있습니다. 보리심을 실천하여 얻는 보리심습기, 선행을 쌓고 수행의 습을 들이는 선근습기, 중생을 교화하여 쌓

문이다. 무간도에서는 굵은 번뇌는 끊었지만 번뇌의 습기를 끊지 못하므로 다시 해탈도에서 습기를 모두 끊고 택멸을 증득한다. 또한 무간도無間道를 일으킬 때 이미 미혹의 종자는 없는데 무슨 用을 다시 일으켜 해탈도를 삼는가. 미혹을 끊는 것을 목적으로 하는 마음과 멸을 증득하는 것을 목적으로 하는 마음이 다르기 때문이고 그 품의 추중을 버리기 위함이다. 무간도를 일으킬 때 비록 미혹의 종자는 없지만 아직 무감임성無堪任性을 버리지는 못했으므로 해탈도를 일으키고 이 품의 택멸무위를 증득한다.

인 교화중생습기, 보살행습기, 대원습기 등이 있습니다. 따라서 걷기경선 수행습관이 중요합니다.

2) 불멸에도 머물지 않는 큰 연민 행하기(大悲行)

깨달은 이후의 수행은 '숨 쉬지 않고 땀 흘리지 않는 그 무엇'인 주객이 없는 불변의 진공이 드러나 있습니다. 불변의 진공은 유정 중생의 생사를 만나면 유정이 생사를 싫어하고 불변의 열반을 얻도록 도와주는 자비로 작용합니다.

견도의 깨달음으로 온 우주가 하나의 생명과 환경 공동체로서 법계法界를 보고 법계를 공심안空心眼으로 이미 잘 통달하였기 때문에 일체중생을 이롭게 함을 추구합니다. 그래서 크게 사랑(大慈)함과 크게 가엾이 여기는 깊은 마음(大悲心)을 잘 배웁니다. 그로 인하여 번뇌의 불에 타지 않습니다. 이것은 세간을 벗어나는 법이면서 세간을 여의지도 않습니다. 그래서 세간의 허물과 근심에 물들지 않으면서도 세간의 행을 행하고 세간을 버리지 않는 것입니다. 즉, 현상의 다함이 있는(有爲) 생사에 머무르지 않고, 함이 없는(無爲) 불멸不滅에도 머무르지 않습니다. 방편으로 번뇌를 알고서 일으킵니다. 모르고 일으키지 않습니다.[42] 그래서 지하와 지상과 천상의 유정 중생의 세계인 삼계三界에 들어가 세간의 집에 태

---

42   『원측소에 따른 해심밀경』, p.676, 何以故. 是諸菩薩 於初地中定. 於一切諸法法界 已善通達. 由此因緣 菩薩要知方起煩惱 非爲不知.

어나며 일체 유정의 수용을 따르면서 유정을 돕습니다.

3) 유정 중생을 돕는 보리심의 이치로 중도中道 행하기

유정 중생에 대한 큰 연민은 '함이 있음(有爲)'을 버리지 않음으로써 무생無生의 함이 없음(無爲)을 증득하며, 함이 있음에 떨어지지 않으면서 함이 있음에 떨어지는 이를 구제할 수 있습니다. 함이 없는 행은 수행의 흔적이 없음을 말합니다. 비유를 들자면 신령스러운 거북이는 발자국을 남기지 않는다고 합니다. 발자국이 있으면 사냥꾼에게 잡히기 때문입니다. 그러므로 유정을 돕는 큰 연민의 행을 하더라도 자취를 남기지 않습니다.

이와 같이 세간의 생멸하는 허물과 열반의 불멸하는 이익을 깊이 보고서 지혜와 방편에 포섭되는 크게 사랑함과 가엾이 여기는 마음을 일으켜 언제나 중생들을 이롭게 하기 위하여 닦는 수행자의 행이 보리심입니다.

세간의 생사에 머물지 않는 지혜는 일체 현상에 대해 사실 그대로 그 모든 법의 바탕이 유도 무도 아닌 공함을 아는 앎이며 이 지혜를 따르는 것이 중도를 행하는 보리심을 이루어 가는 것입니다. 사실대로 모든 법의 바탕을 알 수 있다는 것은 온갖 함이 있는 모든 행을 보면 다른 인연에 의지하여 항상 있는 것(有)도 아니고 없는 것(無)도 아니라는 것입니다. 이런 이치 때문에 전혀 없다(無)거나 항상 있다(有)는 허망한 집착에 붙잡히지 않습니다. 있고 없음이 둘이 아니어서 중도를 성취하여 모든 함이 있는 행은 허망하고 진실하지 않음을 알고 봅니다. 지혜에 의해 유를 의지하는 영원주의와 무를 근거로 하는 허무주의로 인한 잘못된 견해가 제거된 깨끗한 마음을 얻습니다.

4) 방편과 지혜

보리심을 이루는 중도를 행하는 것에는 방편과 지혜인 육바라밀이 있습니다. 육바라밀은 보시, 지계, 인욕, 정진, 선정, 반야의 여섯 가지 수행으로 생사生死에서 벗어남을 말합니다. 초지부터 십지까지 십바라밀이 있지만 근본은 초지初地부터 육지六地까지의 육바라밀입니다. 육바라밀 다음은 칠지의 방편方便바라밀, 팔지의 원願바라밀, 구지의 역力바라밀, 십지의 지智바라밀입니다. 지地의 뜻은 마음을 땅에 비유하여 마음 땅에 심은 큰 보리菩提의 씨앗이 큰 연민으로 자란다는 뜻입니다.

육바라밀은 지혜로 말미암아 생사에 머물지 않게 하고 연민심으로 열반에도 머물지 않는 지혜와 연민의 수행입니다. 수도修道의 육바라밀 수행은 세간의 생하고(生)·머물고(住)·달라지고(異)·소멸(滅)의 상相과 작위함을 벗어난 육바라밀입니다. 바라밀의 뜻은 괴로움에서 벗어나는 과정이자 동시에 완전히 벗어남을 뜻합니다.

『금강삼매경론金剛三昧經論』에서는 육바라밀을 다음과 같이 설합니다.

"오직 하나의 공적한 마음이 별도의 움직임이 없으면서 육바라밀을 갖추었기 때문에 공적한 마음은 움직이지 않으면서 육바라밀을 갖추었다고 하는 것입니다."

이와 같이 '함이 있는 행'은 허망하게 분별하는 것인 줄 알기 때문에 마음의 청정 본성에는 탐욕이 본래 없음을 알아 유정들을 위하여 아낌없이 보시하고 마음의 청정 본성에는 생명을 해치는 등의 부도덕성이 없으므로 청정한 본성 계율을 깨트리는 번뇌의 원인을 멀리 여의어 깨끗한 계율을 완전히 갖추고 인욕과 정진과 선정이라는 방편과 반야를 갖춥니다.

지방에서 서울로 갈 때 걸어가면 오랜 시간이 걸리지만 자동차나 기차를 타고 가면 짧은 시간에 도착할 수 있듯이 방편은 자동차나 기차와 같은 역할을 합니다. 하지만 병이 나았는데도 불구하고 계속 약을 먹으면 도리어 없던 병이 생기듯 목적을 달성하면 방편을 버립니다. 즉, 반야를 얻으면 방편을 버립니다.

불교에서는 반야를 붓다를 낳은 어머니에 비유하고, 방편은 어머니를 도와주는 아버지에 비유합니다. 그런데 육바라밀은 곧 반야바라밀입니다. 그래서 반야의 지혜, 방편의 지혜라고 하므로 방편과 반야가 함께합니다. 반야의 지혜는 아상我相, 인상人相, 중생상衆生相, 수자상壽者相을 여의는 것이며, 방편의 지혜는 모든 중생을 성숙시키는 수행입니다.

예를 들어 마술사가 불이 난 큰 집과 불난 집에서 놀고 있는 아이들을 환영으로 만들어내고 그 아이들을 불난 집에서 꺼내려고 시도합니다. 그러나 마술사는 그 아이들이 자신이 만들어 낸 환영에 불과하다는 것을 알고 있습니다. 그래서 아이들을 꺼내려고 노력하지만 집착하지 않습니다. 이때 불난 집의 아이들을 환영과 같이 보고, 삼계에 비유되는 불 난 집의 현상들을 본유적인 자성이 있는 것이라고 집착하지 않고, 환영과 같이 텅 빈 것으로 보는 것은 지혜이며 모든 중생에 비유되는 아이들을 불난 집 밖으로 인도하는 것은 방편입니다. 이와 같이 불난 집에서 중생은 중생이 아님을 알아 중생을 구제하는 것이 바로 방편의 지혜입니다. 지혜가 없이는 방편을 쓸 수 없음을 의미합니다.[43]

이와 같이 중생에게 생사에서 벗어나도록 도움을 주기 위해서는 방편이 필요합니다. 그래서 결과적으로 방편이 없는 지혜는 속박이며 지혜가 없는 방편도 속박입니다. 방편과 지혜가 함께할 때 비로소 속박에서 벗어나는 대자유입니다. 이러한 중생들을 위한 방편과 반야의 하나 된 모습의 큰 연민의 실천이 육바라밀 수행입니다. 나아가서 아직 '눈뜬 님'이 되지 못한 동안에 선한 뿌리(깨달음의 토대)를 닦고 모아서 일체중생에게 즐거움의 원인을 주며 일체 모든 것을 아는 지혜(一切種智)를 얻게 합니다.

---

43 달라이라마 가르침/게쉐 롭상 졸땐 · 로쌍 최펠 간첸빠 · 제러미 러셀 편역/이종복 옮김 『달라이라마, 수행을 말하다』 p.p. 236 238 참조 담앤북스 2021년 3월

3장

깨달음 이후의 본 경선과
디딤돌 경선하기

경선鏡禪을 통해 증장된 큰 연민의 마음에 의해 잠재적 성향의
번뇌가 줄어들었거나 소멸되었을 것입니다. 이를 의지해서 큰 연
민의 수행과 함께 공성의 지혜 즉 반야바라밀을 완성하는 수행을
계속합니다.

반야바라밀의 완전한 성취는 모든 것을 꿰뚫어 깨달은 님이 되
는 길입니다. 수행자가 '완전한 깨달음을 이룬 님'이 되었을 때 일
체 유정을 생사의 고통에서 벗어나게 하는 힘이 광대해집니다.

문 공성의 지혜와 큰 연민은 성격이 다릅니다. 어떻게 조화를
　　이룰 수 있습니까?

답 공성의 지혜는 생사生死가 본래 없다는 것을 아는 지혜인데
　　중생이 공성의 지혜를 몰라서 고통받고 있기 때문에 이를 아
　　는 수행자가 중생에게 큰 연민을 일으키는 것입니다.

　　부언하자면 공성의 지혜는 미시세계로 들어가면서 상相 없음

이라는 진실을 아는 지혜이고 큰 연민은 거시세계로 나아가면서 외형상 상相이 있는 일체중생을 돕고자 하는 연민입니다. 그래서 언뜻 보면 상 없음의 지혜와 상 있음의 큰 연민이 서로 다른 것 같이 보이지만 이것은 단순히 인식의 문제일 뿐 상 없음의 지혜와 상 있음의 큰 연민은 서로 모순되지 않고 통합니다. 예를 들어 동일한 대상을 눈으로 보면 모양과 색깔이 보이지만 투과전자현미경으로 보면 모양과 색깔이 보이지 않고 원자가 보입니다. 그 원자도 거대 입자가속기 속에서 원자끼리 충돌시키면 쪼개집니다. 한마디로 원자도 실체가 없습니다. 이와 같이 동일한 인식대상을 육안의 거친 인식의 눈으로 보면 상 있음으로 보이지만 미세하고 세밀하게 관觀하는 혜안으로 보면 상 없음을 봅니다.

이를 『원각경』에서는 "눈병이 난 눈으로 허공의 꽃을 보는 것과 같다."라고 설합니다. 눈병 난 사람은 허공에 꽃이 없다고 말해도 믿지 않습니다. 눈병이 나으면 허공의 꽃이 저절로 사라져 비로소 허공에 꽃이 없음을 봅니다. 하지만 허공에 꽃이 사라지지 않아도 그 꽃은 원래 처음부터 없었던 것입니다. 오직 병자만이 허공에 꽃이 피었다고 허망하게 집착할 뿐 그 꽃은 실체가 없습니다. 이는 사람들이 생사生死가 있다고 잘못 아는 것과 같습니다.[44] 생사윤회가 아직 그

---

44   보조지눌 『진심직설眞心直說』의 「眞心出死」 "目病若無 空花自滅 方信花無 只花未滅

명상, 걷기를 논하다 2
210

치지 않았을 때도 또한 실제 있는 것이 아닌데 생사가 있다고 잘못 아는 것입니다.[45] 생사가 본래 없음을 아는 것은 인식이 지혜의 눈으로 바뀌었음을 뜻합니다. 마찬가지로 걷기선 명상 중에 육안으로 보면서 동시에 혜안으로 볼 수 있게 되면 현상은 상호의존으로 보입니다.

좌경선 중에는 몸과 마음의 현상을 생김과 사라짐으로 지켜보고 다음 단계는 현상의 생김과 머묾과 사라짐을 보면서 무상의 인식을 닦습니다. 다음은 현상의 사라짐은 되돌아오지 않아 위험하고, 버림이며, 탐욕의 허망함, 소멸하여 소유할 수 없다는 불만족의 고苦라는 인식을 닦습니다. 다음은 생김을 사라지게 하거나 사라짐을 생기게 할 수 없어 자기의 의지대로 안되는 무아를 보면서 무아라는 인식을 닦습니다. 다음은 생기는 순간순간 자취가 없고 사라지는 순간순간 자취가 없음을 보고 그다음은 자취 없음에 머무는 인식을 닦습니다.

이와 같이 지혜로 인식을 닦아갑니다. 특히 이理의 무無에 의지하여 존재의 끝인 생사가 없는 공성을 보는 혜안을 닦아야 합니다. 이렇게 공의 인식을 닦을 때 깨달음이 일어나고 여래如來를 볼 수 있으며, 수행의 길에서 퇴보하지 않고

其花亦空 但病者 妄執爲花 非體實有也 如人 妄認生死爲有"

45   상동 "只生死未息時 亦非實有 以妄認生死有"

향상하기만 합니다.

이처럼 유정 중생을 거친 인식의 눈으로 보면 생사生死가 있음으로 보이지만 미세하고 세밀하게 관觀하는 지혜의 인식으로 보면 생사가 본래 없음을 봅니다. 그렇기 때문에 생사 없음의 공을 보는 지혜로 유정 중생을 보면 유정 중생은 중생이 아닙니다. 단지 중생 스스로가 중생이라는 상相 있음으로 볼 뿐입니다. 그래서 생사가 없음을 아는 공성의 지혜는 큰 연민을 일으켜 유정 중생을 봅니다. 이때의 지혜는 상相(色) 그대로 공空으로 봅니다. 대상이 바뀐 것이 아니라 대상을 보는 인식이 바뀌었습니다. 이제 색 그대로 공이고 공 그대로 색임을 압니다.[46] 그래서 육바라밀을 수행하면서 경지가 올라갈수록 상 없음의 관찰이 깊어집니다. 칠지七地에 이르면 상 없음이 더욱 깊어지고 팔지八地에 도달하면 무상관으로 저절로 상 없음을 이루어서 모든 것은 생이 없음(無生)을 아는 지혜(無生法忍)를 얻습니다. 더불어 중생에 대한 큰 연민은 더욱 깊어지면서 동시에 한 없이 넓어집니다.

---

46   『반야심경』의 色卽是空 空卽是色이다.

1. 큰 연민의 수행 – 길잡이로써 수행자 인도하기

깨달았다면 수행자를 인도하는 길잡이로서 수행자를 삿된 명상수행으로부터 보호하고 올바르게 깨달음으로 인도하는 것이 당연합니다. 이것이 큰 연민의 실천입니다.

경각鏡覺 정자라는 반본환원返本還源의 깨달음의 내용은 일체 모든 것의 자체 성품이 비어 있고 텅 빔 속에는 그 어떤 것도 없지만 텅 빈 공성의 성품(不變)은 텅 빔도 지키지 않아 인연을 따르므로(隨緣) 경각정자의 모든 이미지는 내 안에서 지각하는 생명과 내 밖의 지각 있는 존재들을 구제하는 작용(연민)으로 나타납니다. 그 가운데 수행자를 불변의 보는 성품인 열반으로 인도하는 명상코칭이 있습니다.

반본환원返本還源

무지 번뇌의 타향살이
되돌아온 그 근원은 텅 비어
움직이지 않으면서 움직임이고
움직이면서 움직이지 않아 체용불이體用不二

텅 빔에 빠지면 연민이 일어나지 않고
있음에 빠져도 연민은 일어나지 않네.
 불변수연不變隨緣
큰 연민의 코칭 절로 일어나네.

1) 『산수목건련경算數目犍連經』 속 붓다의 명상코칭

『산수목건련경』[47]에 명상코칭에 대한 이야기가 있습니다. 명상코칭이란 명상의 길(출발과 방향)과 체험(목적지)과 수행방법과 수행 현상을 인정해 줄 수 있는 것이어야 합니다. 이와 같은 조건을

47 　『中阿含經』卷第三十五의『算數目犍連經』

갖출 때 선지식이 수행자에게 명상을 코칭해 줄 수 있습니다.

(1) 일체 번뇌를 소멸로 이끄는 단계와 수행법의 가르침

◉ 어느 때 세상에서 가장 존귀하신 분 세존께서 사위국을 유행하실 적에 동원東園 녹자모당鹿子母堂에 머무실 때의 일입니다. 그때 수학자 목건련이 오후에 찾아와 물었습니다.

"사문 구담이시여, 이 녹자모당鹿子母堂은 차례차례로 지어진 뒤에 비로소 다 완성된 것입니다. 그래서 누구든 녹자모당의 사다리는 처음에 1층을 오른 뒤에야 2, 3, 4층으로 올라가야 합니다. 이와 같이 녹자모당은 층을 따라 차츰차츰 오르게 되어 있습니다. 코끼리를 다루는 사람도 또한 순서에 따라 차츰차츰 다룬 뒤에야 길들일 수 있습니다. 마찬가지로 우리들이 산수算數를 배우고, 산수로써 살아가는 것도 또한 순서에 따라 배워 차츰차츰 이루어진 것입니다. 그런데 이 법法과 율律 가운데에는 어떠한 점차적인 순서가 있어서 성취하게 되는 것입니까?"

◉ 세존께서 말씀하셨다.

"목건련이여, 올바름이라는 이치(正說)가 있으면 점차로 순서를 따라 성취하게 됩니다. 나의 법과 율 가운데서 바른 이치를 설명합니다. 왜냐하면 나도 이 법·율 가운데서 순서를 따라 차츰차츰 성취하였기 때문입니다.

만일 젊은 비구가 처음으로 와서 도를 배우고, 처음으로 법·

율에 들어오면, 여래는 먼저 '비구여, 너는 앞으로 몸(身)과 입(口)과 뜻(意)을 보호하여 목숨을 청정하게 하라.'고 가르칩니다. 그다음은 몸(身)·감각(受)·마음(心)·현상(法)을 관찰하게 합니다. 내지 만일 비구로서 장로長老, 상존上尊이나, 구학舊學의 범지가 있으면 여래는 더 위의 것을 가르칩니다. 곧 '궁극의 지극한 깨달음을 이루면 일체의 번뇌[漏]가 다할 것이다.'라고 가르칩니다."

(2) 목적지인 열반에 도달 여부는 누구의 책임인가?

◉ 수학자 목건련이 다시 여쭈었습니다.

"사문 구담이시여, 모든 제자들을 이와 같이 가르치면, 모두들 구경의 지혜를 얻어 반드시 열반을 얻게 됩니까?"

◉ 세존께서 대답하셨다.

"목건련이여, 혹 얻는 자도 있고, 혹 얻지 못하는 자도 있습니다."

◉ "사문 구담이시여, 열반이 있고 열반으로 가는 길이 있으며 사문 구담께서는 현재의 길잡이(導師)입니다. 이와 같은 가르침으로 혹 어떤 비구는 구경의 열반을 얻기도 하고, 열반을 얻지 못하기도 하는 까닭은 무엇입니까?"

◉ 세존께서 말씀하셨다.

"목건련이여, 그대에게 묻겠습니다. 그대는 왕사성이 있는 곳을 알고, 또한 그리로 가는 길을 알고 있습니까?"

◉ "예, 저는 왕사성이 있는 곳을 알고, 또한 그리로 가는 길도 알

고 있습니다.”

◉ 세존께서 말씀하셨다.

“그대는 어떤 사람이 와서 마가다국 왕을 뵈려고 왕사성으로 가는데, 그 사람이 ‘나는 왕을 뵙기 위해 왕사성으로 갑니다. 수학자 목건련이여, 왕사성이 있는 곳을 알고 그리로 가는 길을 알고 있다면 내게 말해 줄 수 있습니까?’라고 묻는다면, 당신은 그 사람에게 ‘여기서 동쪽으로 가면 어느 마을에 이르고, 그 어느 마을에서 더 가면 어느 읍에 이를 것이니, 이렇게 계속 가면 왕사성에 이를 것입니다. 또 왕사성 밖에는 좋은 동산이 있고, 그 땅은 편편하며, 누각과 목욕탕과 몇몇의 꽃나무가 있고 긴 강을 끼고 있으며, 또 맑은 샘물이 있는 것을 다 보고, 다 알 수 있을 것입니다.’라고 말할 것입니다. 그러나 그 사람이 당신 말을 듣고 당신이 가르쳐 준 것을 받아들인 뒤에도 여기서 동쪽으로 얼마 안 가서 곧 바른 길을 버리고 나쁜 길에 헤맬 경우 어떻게 되겠습니까?”

◉ “사문 구담이시여, 저는 그 일과 전혀 상관이 없습니다. 왕사성이 있고, 왕사성으로 가는 길이 있으며, 제가 현재의 길잡이로서 가르쳐 준 것을 따라 편편하고 바른 길을 쫓아 계속 가서 왕사성에 이르게 됩니다. 그래서 왕사성 밖에 좋은 동산이 있고, 그 땅은 편편하며, 누각과 목욕탕과 몇몇의 꽃나무가 있고 긴 강을 끼고 있으며, 또 맑은 샘물이 있는 것을 그는 다 보고, 다 알게 되었을 뿐입니다.

그러나 제가 가르쳐 준 것을 따르지 않고 편편하고 바른길을 버리고서 나쁜 길로 돌아갔고, 왕사성에 이르지 못했다면 그것은 저도 어쩔 수 없습니다. 저는 다만 길을 가르쳐 줄 뿐 이르고 이르지 못함은 가는 사람의 행에 달려있기 때문입니다."

● 세존께서 말씀하셨다.

"마찬가지로 목건련이여, 나도 또한 그 일과 상관이 없습니다. 열반이라는 목적지가 있고 열반으로 가는 길이 있으며, 내가 길잡이가 되어 모든 비구들을 위하여 이렇게 가르치지만, 혹은 구경의 열반을 얻기도 하고 혹은 얻지 못하기도 합니다."

(3) 번뇌소멸을 확인하고 인정하는 길잡이로서 스승

● "목건련이여, 그것은 단지 각자 비구의 수행한 바를 따를 뿐입니다. 그때 세존은 곧 그의 수행을 기별記莂하여 '구경究竟의 누漏가 다했다.'라고 말할 뿐입니다."

『산수목건련경』에서 붓다는 코치로서 가는 길을 분명하게 말하고 있습니다. 붓다는 수학자 목건련에게 계속 피드백을 하고 역질문, 비유의 방법을 사용하여 설명하고 있습니다. 이것들은 코칭하는 길잡이가 갖추어야 할 역량이라 할 수 있습니다. 코칭하는 코치는 길을 가리키는 데서 끝나는 것이 아닙니다. 코치를 받는 수행자는 스스로 해결해야 하고 스스로 이루어야 한다는 것이며, 수행자가 이룬 경계를 판단하고 결정하는 것이 길잡이가 최종적으로 하는 일입니다. 그래서 수행체험의 정도를 정확히 판단하여 인정해 주고 수행자가 궁극의 깨달음의 경지에 이르지 못했다면 궁극의 깨달음으로 바르게 인도하는 것이 코칭입니다.

2) 선지식 길잡이의 명상코칭 조건

『산수목건련경』에서 '깨달음을 얻고 일체 번뇌를 소멸로 이르는 수행법을 가르침'의 내용은 번뇌를 없애는 수행방법과 단계와 열반이 있음을 이야기합니다. '열반을 얻고 얻지 못하는 이유'의 내용은 코치는 길을 가리킬 뿐이기 때문에 수행자는 스스로 그 길을 가야 하며, 도달하고 도달하지 못함은 수행자의 몫이라는 이야기입니다. 길잡이가 가리키는 길을 걸어가는 것은 수행자 본인이 해야 합니다. 도달하고 못하는 것은 본인의 몫입니다. 비유하면, 목동이 목마른 소를 이끌고 물가에 이르러 물을 마시게 해도 물을 마시고 안 마시는 것은 소에게 달려있는 것과 같습니다. '구경에는 번뇌소멸을 인정하는 붓다'의 내용은 수행자의 번뇌가 소멸했는지를 살펴서 인가하는 내용으로서 길잡이의 역할을 분명하게 하고 있습니다.

길잡이로서 수행자를 올바르게 인도하려면 코칭의 조건을 갖추어야 합니다. 괴로움을 일으키는 무지와 번뇌를 없애는 수행방법과 단계와 생사의 괴로움에서 벗어난 불사不死인 열반이 있음과 그 열반에 이르는 길을 가리켜서 수행자가 스스로 그 길을 가게 해야 하며 구경에는 번뇌 소멸을 인정하는 길잡이의 역할을 분명하게 해야 합니다.

경經의 내용은 첫째는 불변의 보는 성품(열반)이라는 목적지가 있고, 둘째는 불변의 보는 성품으로 가는 길이 있으며, 셋째는 길잡이가 되어 길을 가리키며, 넷째는 수행자가 불사의 보는 성품이라는 목적지에 도달했는지 못했는지 그 경계를 판별하여 인정해 주는 것이 길잡이가 해야 할 역할입니다.

보는 성품의 불사不死가 없으면 불사의 열반으로 이르는 길이 필요 없으며 불사의 열반과 불사의 열반에 이르는 길이 없다면 길잡이가 필요 없으며 설령 길잡이가 있다고 하더라도 보는 성품의 불사에 이르렀는지 아닌지를 판단하여 결정할 수 없습니다. 첫째와 둘째는 길잡이의 코치를 받은 수행자 본인이 직접 길을 가고 목적지에 이르러야 함을 안내하는 뜻입니다. 셋째와 넷째는 길잡이의 해야 할 일을 말합니다.

이와 같이 이 네 가지 뜻이 갖추어지지 않으면 길잡이의 코칭이 의미가 없습니다. 또한 명상 수행자는 이 네 가지가 갖추어진 곳에서 명상해야 하며 명상센터는 이러한 조건을 갖추어야 함을 말합니다.

3) 명상의 길 네 가지를 안내하는 길잡이(善知識-스승)

명상한다는 것은 수행자(弟子) 혼자만이 아닌 인도자(師)와의 '관계' 속에서 이루어집니다. 명상의 길인 경境-행行-과果로 수행해 가더라도 인도자가 없으면 옆길로 가게 됩니다. 경境은 불사不

死로서 열반이라는 목적지이며 行行은 열반으로 가는 길이며 과果
는 열반을 체득함을 뜻합니다. 행行의 열반으로 가는 길에서 생기
는 지혜가 길을 인도하는 안의 스승이 되고 열반을 체득하게 되
면 다른 수행자를 인도하는 길잡이가 되는데 밖의 스승이 됩니다.
수행 체험에 대해 인증할 수 있는 능력이 되기 때문입니다. 물론
지혜가 생겼다면 이미 체험을 했기 때문에 어느 정도 수행자의
체험을 인증해 줄 수 있는 길잡이가 될 수 있습니다.

수행자이자 길잡이는 공동의 적인 고정관념, 성차별, 계층간의
차별, 인종차별 등 이성적인 무지와 탐욕, 성냄 등의 감정적인 번
뇌라는 견고하고 두꺼운 껍질을 깨트리는 깨달음이 터집니다. 이
것이 곧 수행자를 도와주는 코칭입니다.

이와 같이 경-행-과의 목적지와 가는 길과 길을 가리킴과 도달
함의 경계를 인정하는 네 가지를 코칭하는 것이 선지식善知識입
니다.

불사不死라는 목적지에 대한 코칭

'경境'의 열반은 '마음의 항상 보는 본성'입니다. 왜냐하면 몸과
감각과 마음과 현상의 관찰대상 중에서 열반은 마음의 영역에서
불변의 보는 성품인 열반에 대한 지혜를 얻고 불사를 체득하기
때문입니다. 즉, 불사不死의 텅 빈 열반은 마음의 궁극으로서 무한
잠재력과 무한 가능성을 갖추고 있는 본성입니다. 그러므로 그 무
엇도 될 수 있는 잠재력(인연 따라 나타남)을 갖추고 있고 무지가 지

혜로 바뀌고 미혹에서 깨달음을 얻을 수 있으므로 범부가 성인으로 전환될 수 있는 무한 가능성(자체 성품이 텅 비어있음)이 있는 것입니다.

길잡이는 다음과 같이 명상을 코칭 합니다.

- 허공같이 텅 빔이라는 바탕에 의지하여 텅 빔은 어떤 것으로도 결정되어 있지 않기 때문에 무한 가능성이며 외부의 영향을 받으면 그에 따라 반응하고 배우고 경험하며 행합니다. 그래서 무한 잠재능력이므로 거울같이 보는 성품인 비추고 비치는 인연 따라 잠재력을 발휘합니다. 이러한 마음의 텅 빈 본성에 대하여 코칭 합니다.
- 명상을 통하여 마음을 쉬게 하여 마음의 움직임을 멈추고 번뇌 망상이 텅 비게 함으로써 마음의 본성에 갖추고 있는 무한 잠재력과 가능성이 나타나도록 코칭 합니다.
- 그리하여 생로병사가 없음을 알게 하여 생사로부터 벗어날 수 있음을 코칭 합니다.
- 범부가 성인이 되고 무지가 지혜가 될 수 있음을 코칭 합니다.
- 그리하여 마음이 허공 같고 거울 같음이 생기도록 알아차림을 코칭 합니다.
- 알아차림이라는 마음거울이 생기도록 코칭 합니다. 이것이 경단계의 코칭입니다.

불사不死로 가는 길 안내

'행行'은 불사不死으로 가는 길이자 명상의 수단입니다. 수행법이 길이 됩니다. 번뇌 숲을 지혜의 불로 태우고 지혜의 칼로 번뇌의 뿌리를 잘라 없애므로 불사不死의 성城으로 들어가는 길이 생깁니다. 이 길을 따라서 불사의 성으로 들어갑니다.

불변의 보는 성품인 불사로 가는 길은 '성품이 청정한 본디 깨달음'을 근거합니다. 성품이 청정한 본래 깨달음은 보는 성품인 허공과 거울에 비유되는 네 가지 거울인 여실공경如實空鏡, 인훈습경因熏習鏡, 법출리경法出離鏡, 연훈습경緣熏習鏡입니다. 여실공경은 '있는 그대로 텅 빈 거울'로서 무한 가능성과 무한 잠재능력을 말합니다. 인훈습경은 '원인으로 영향을 주는 거울'인 무명과 번뇌를 없애는 지혜를 말합니다. 법출리경은 모든 안과 밖의 모든 장애를 여읜 불사不死의 대자유를 얻는 구경의 깨달음을 말합니다. 연훈습경은 간접원인으로 유정 중생에게 영향을 주어 불사의 깨달음으로 인도하는 선지식인 스승을 말합니다.

수행법은 단속(戒)과 사마타의 집중(定)과 위빠사나 지혜(慧)의 세 가지 배움(三學)을 바탕으로 하는 자비경선慈悲鏡禪입니다.

길잡이는 다음과 같이 명상코칭 합니다.

● '행行'을 통하여 마음의 본래 청정성인 '경鏡'을 알고 '과果'를 아는 것입니다. 바로 이 본성과 명상수단의 일치점을 코칭 합니다.

● 항상 보는 성품은 발생과 소멸이 없습니다. 즉, 생멸하는 번뇌 망상이 소멸하여 없습니다. 생멸이 없어 불사不死이며 생멸의 오염이 없어 청정합니다. 그래서 번뇌 망상이 불사인 열반을 만날 수 없습니다. 접촉하는 순간 생멸하는 번뇌 망상이 소멸합니다. 즉, 생멸이 없다는 것은 자체 성품이 없어 허공과 같이 텅 비어있다는 것입니다.

● 텅 비어 있는 이것이 번뇌 망상을 없애는 수단이자 전환의 원래 바탕입니다.(如實空鏡)

● 열반은 마음이 일어나지 않는 상태입니다. 현상이 발생과 소멸을 거듭하는 무상이고 무상하게 변하는 것은 허망하며, 만족스러운 것이 없는 고苦이며 만족스럽지 않은 현상을 마음대로 바꿀 수 없어 무아임을 아는 지혜에 의해 현상에 대한 집착이 사라집니다. 더 나아가서 자신을 비롯한 모든 것의 우주는 자체 성품이 없음을 아는 지혜에 의해 더 이상 현상에 의해 마음의 움직임이 멈춘 것이 보는 성품의 불변不變입니다.

● 그러나 자취 없음의 무자성은 마음이 일어나거나 안 일어나거나 상관없이 공통되는 바탕입니다. 일체 모든 것이 자체 성품이 없다(無自性)는 것은 마치 소리가 강약으로 생멸하지만 소리는 매 순간 자취가 없음과 같습니다. 정신 현상도 마찬가지입니다. 모든 형상도 발생과 소멸을 거듭하면서도 자취가 없습니다. 이와 같이 보는 성품인 불변의 무자성이 곧 일체 모든 것의 무자성입니다.

- 자체 성품이 있다는 유자성有自性을 근거하는 모든 견해는 번뇌 망상이므로 마음의 유자성을 없애는 직관과 추리가 바로 무자성의 작용으로서 수단이 됩니다.
- 일체 모든 것이 무자성이고 불사도 무자성이듯이 마음도 무자성입니다. 이 무자성은 여여如如하여 발생과 소멸을 거듭하는 번뇌 망상을 소멸시키는 힘이 있습니다. 그래서 '괴로움을 해결해 줄 수 있도록 하는 수단도 내 마음에 갖추어져 있다'(因熏習鏡)는 것입니다.

불사不死의 길을 가리킴

'과果'의 열반은 불사不死인 보는 성품이므로 삶과 죽음의 괴로움이 해결된 것이며 이것이 수행의 목적입니다.

다음과 같이 명상을 코칭 합니다.

- 불사를 얻으면 '모든 문제의 해답은 내 안에 있다'(法出離鏡)는 것을 알게 됨을 코칭 합니다.
- 불사의 열반은 마음의 본래 보는 성품이기 때문입니다. 그래서 '과果'는 결과로서 목적지이면서 시작점입니다. 마치 씨앗이 열매이며 열매가 씨앗인 이유와 같습니다. 그래서 시작점을 알면 결과를 알 수 있고 결과를 알면 시작점을 안다고 코칭 합니다. 즉, 수행자에게 이와 같이 생사가 없는 '항상 보는 성품'인 불사不死의 길을 가리킵니다.

수행자의 체험을 확인하고 인정해 주는 선지식善知識의 코칭

앞서 명상 코칭의 근거를 볼 때 수행자의 체험을 확인하고 인정해주는 코칭의 선지식은 먼저 수행자에게 명상의 출발과 방향, 목적지, 도달 방법을 명확하게 이야기해 주고 이끌어 주어야 합니다.

다음은 앞서 이야기한 '경·행·과'를 알게 하고 해답을 찾게 하는 길잡이로서의 선지식善知識은 '경·행·과'의 모든 것을 바르게 코칭하여 인도하는 것임을 코칭 합니다. 그다음은 수행 체험 현상과 단계는 감각의 벽과 언어의 벽과 자아와 유무와 결합한 견해의 벽을 투과하는 삼단투과三段透過를 살펴서 코칭합니다.

특히 선지식은 수행자의 수행이 익었는지 확인할 수 있는 안목을 갖추어야 합니다. 제자의 깨닫는 순간을 포착하여 줄탁동시가 되어 깨달음으로 인도하는 것이 선지식(緣熏習鏡)입니다.

어느 한쪽의 힘만으로 깨닫는다는 것은 힘이 듭니다. 하지만 코칭해 주는 스승이 있다면 결코 어렵지 않습니다. 이와 같이 안과 밖이 시기를 맞춰 줄탁으로 함께 작용하지 않으면 수행자의 잠재 능력을 깨워 낼 수 없습니다.

1차. 선지식의 조건 – 인성, 지식, 체험
다음과 같이 명상을 코칭 합니다.

● 코칭도 마음의 본성에서 나온다는 것을 잊지 말아야 합니다.

● 인도자는 인성과 지식과 체험의 삼박자를 갖추어야 합니다.

  인성人性은 열정과 인내와 연민입니다. 지식은 대승과 소승의 경론에 대한 지식이며 그 지식은 본인의 선정과 지혜 체험과 일치하는 것이어야 합니다. 이와 같은 조건을 갖춘 선지식은 수행자의 체험을 확인하고 인정해 주는 코칭을 하는 길잡이임을 코칭 합니다.

◉ 이제 제자의 수행이 익었는지 잘 살펴서 줄탁동시 함을 생각합니다.

2차. 사섭법四攝法 생각하기

◉ 보시布施, 애어愛語, 이행利行, 동사同事로써 명상자를 받아들이고 수행을 상속시키고 성숙시킴을 생각합니다.

◉ 보시를 통해서 다르마(法)를 듣는 그릇(法器)이 됩니다. 또한 진실을 설해주는 설법자에게 기쁨을 일으키게 합니다.

◉ 애어愛語를 통해서 가르쳐준 법을 믿고 알아듣도록 하는 것은 법의法義를 바로 알게 하며 의혹을 끊게 합니다.

◉ 이행利行을 통하여 가르침대로 수행하게 합니다. 즉, 솔선수범함으로써 수행하게 합니다.

◉ 동사同事는 함께 함으로써 청정한 수행을 이루게 합니다.
이 네 가지로 수행자를 거두는 사섭법은 모든 유정有情의 이익을 모두 이루게 하는 것이며 제자를 섭수하는 데는 반드시 이 사섭법에 의지해야 합니다. 모든 이익을 이루는 묘한 방편이기 때문입니다.

2. 공성의 빈 마당에 있는 연못에서 피는 보리심 연꽃

공성의 텅 빈 마당에 있는 연못의 지혜 연꽃과 연민 연꽃을 피우기 위해서 공성의 빈 마당으로 가로질러 가는 이미지를 떠올리고 큰 연민을 실천할 것을 사유합니다.

깨달음(空性)의 경선鏡禪 정원에 들어서면 공성의 텅 빈 마당이 있고 빈 마당에는 선정의 연못과 지혜와 자비의 연꽃이 피어있으며 자비경선慈悲鏡禪 다실까지의 길과 깨달음의 계단이 있습니다.

유무가 텅 빈 공성의 마당을 걸어가면서 유정들을 위해 '위없는 깨달음을 이루게 하는 지혜'와 '중생을 구제하는 자비'인 보리심을 실천할 때 나타나는 선정의 연못은 정신적 성숙을 가져다주는 환경입니다. 때문에 생사에 머물지 않는 붉은 연꽃 지혜가 피어나고 불멸에 머물지 않는 흰색 연꽃 자비가 피어납니다. 특히 최상의 연민심은 무연無緣의 연민으로 큰 연민입니다. 무연은 따로 연민을 일으킬 대상이 없다는 뜻입니다.

사람이든 동물이든 귀신, 천신, 수행자이든 지각 있는 모든 존재는 연민의 대상입니다. 왜냐하면 무연은 공성의 다른 이름이기 때문입니다. 그러므로 무연의 연민심은 다양한 근기를 가지고 있는 모든 중생에 반응하여 그 괴로움에서 벗어나게 합니다. 즉, 유정들이 갖고 있는 능력에 인연하여 그에 맞는 방편을 사용하므로 수연隨緣이며 무한 잠재력으로 나타납니다.

1) 빈 마당의 비유 – 유무가 텅 빈 공성

공성의 빈 마당은 공의 경계이기 때문에 깨달음이 원만해져가는 바탕이자 무지가 소멸하는 장소입니다. 견도見道의 깨달음으로 의식상의 모든 번뇌[48]가 소멸하여 없습니다. 그러나 잠재의식 속에 미세한 번뇌는 남아있습니다. 삼매 속에서 이 미세한 번뇌를 체계적으로 제거해 가는 것이 수도修道입니다. 다시 말해 공空·불공不空삼매 속에서 이루어지는 번뇌의 제거는 두 가지가 없습니다. 첫째, 지각될 수 있는 어떤 것도 없습니다. 삼매이기 때문입니다. 삼매는 번뇌가 소멸되는 바탕으로서 명경지수의 연못에 비유됩니다. 둘째, 자성自性이 없어 텅 빈 공성입니다. 공성은 일체 모든 번뇌를 일으키는 있음(有)과 없음(無)의 견해를 없애는 힘으로 작용합니다. 공空은 유有도 아니고 무無도 아니기 때문입니다.

이와 같은 두 가지 뜻이 있으므로 공성의 텅 빈 마당은 무한 가능성이자 무한 잠재력입니다. 텅 비어 있기 때문에 무엇이로든 전환이 가능하고 인연 따라 갖가지 무한 능력으로 나타납니다. 즉, 텅 빈 공성은 안과 밖이 없어 불변不變이며 불변의 텅 빔은 범부가 성인으로 중생이 붓다로 전환할 수 있는 가능성입니다.

텅 빈 공空은 유有와 무無를 떠나서 공空이라는 상相도 부정되므로 유정 중생을 불사不死로 이끄는 인연을 따르는 수연隨緣입니다. 이 인연을 따라(隨緣) 무한한 잠재력을 발휘하는 텅 빈 마당입

---

48   분별아집分別我執과 분별법집分別法執

니다. 잠재력을 발휘한다는 것은 공성이 유무를 떠났으므로 평등합니다. 즉, 유무는 흑백과 같은 차별이므로 유무를 떠난 공성은 불평등을 없애는 평등을 실천하는 마음으로서 연민심입니다.

2) 연못의 비유 – 공·불공삼매

연못의 물은 마음의 비유입니다. 물은 움직이는 성질이 없습니다. 바람이라는 외부의 영향을 받으면 물이 움직이듯이 마음 자체는 움직이는 성질이 없는데 비난을 받거나 하는 등의 외부의 영향을 받으면 마음의 파도가 일어납니다. 그런데 견도의 깨달음 이후의 마음은 미세한 잠재적 번뇌가 있지만 마음의 움직임이 없는 심체가 드러난 공과 불공의 삼매 모습입니다. 이를 연못의 맑고 투명함에 비유할 수 있습니다. 즉, 텅 빔의 모습은 공삼매의 모습이며 투명함이 거울 같아서 모든 사물이 비침은 불공의 모습입니다.

연못의 맑고 투명함의 공삼매는 지혜와 선정이 원융한 상태의 삼매입니다. 견도의 지위 이전에는 선천적인 아집我執과 후천적인 아집이 서로 수반하여 현재 행해지고 있다가, 견도 이후에는 견혹見惑을 없애서 후천적인 아집은 사라지고, 선천적인 아집만 남아있습니다.[49]

잠재되어 있는 선천적인 아집을 뽑아버리고 최종적인 붓다의 경계에 이르게 하는 장소가 삼매입니다. 때문에 수도修道는 계속

---

49   『원측소에 따른 해심밀경』, p.666.

삼매 속에서 깨달음이 이어지는 수행이 이루어집니다. 그 삼매가 연못의 맑고 투명하게 텅 비어 있으면서 대상을 비추는 거울 같은 역할을 하므로 공·불공삼매라고 합니다. 왜냐하면 깨달음인 근본지根本智(無分別智)의 지智의 내용은 공空이고, 후득지後得智의 지智의 내용은 불공不空이기 때문입니다. 즉, 큰 연민의 마음으로 중생의 근기에 따라 생사에서 벗어나도록 도와주는 반야지般若智이므로 불공不空입니다.

이와 같은 반야지는 견도의 깨달음을 이루기 전에 이미 연민의 마음을 가지고 있었고 이것이 보리심을 일으켰습니다. 부연하자면 공空은 자체 성품이 없어 안과 밖이 없고 높고 낮음이 없어 불변不變입니다. 불공不空은 공하지 않다는 뜻으로 고정된 실체가 없어 인연을 따르는 수연隨緣입니다. 즉, 공의 불변도 자성이 없으며 불공의 수연도 자성이 없습니다.

무자성無自性 자체는 곧 마음의 움직임이 없어 고요한 삼매입니다. 그래서 공·불공삼매는 견도見道의 깨달음 이후의 삼매입니다. 깨달음이 일어나게 하는 바탕으로서 공삼매가 아닙니다. 연민을 실천하는 바탕으로서 삼매입니다. 즉, 연민은 인연을 따르므로 공하지 않습니다. 그래서 깨달음을 얻고 난 뒤의 삼매는 '공空·불공不空삼매'라고 할 수 있습니다. 공의 불변상태에서 후득지後得智(般若智)의 연민으로 유정을 도와줄 수 있는 불공不空의 수연隨緣을 실천할 수 있기 때문입니다. 따라서 '공空·불공不空삼매'는 불변·수연인 진여삼매眞如三昧입니다.

3) 연꽃의 비유 – 보리심菩提心을 실천하기 위해 서원 세우기

공·불공삼매 속에서 작용하는 생멸이 공한 거울 같은 지혜를 붉은 연꽃에 비유하는 것은 어떠한 오염물에도 연꽃은 물들지 않기 때문입니다. 또한 모든 번뇌와 무명을 잘라내어 다시는 생기지 않게 하는 칼로 비유됩니다. 이 지혜의 칼이 중생의 번뇌와 무명을 향해 작용할 때 자비의 흰 연꽃에 비유됩니다.

지혜 연꽃과 자비 연꽃이 완전한 깨달음을 이루기 위해서는 중생에 대한 연민심이 있어야 합니다. 깨달음의 내용이 붓다와 유정의 평등이기 때문입니다. 즉, 유정에 대한 연민이 없으면 평등의 공성이 아니고 깨달음이 아닙니다. 그래서 연못 속의 흰 연꽃이 큰 연민을 상징합니다.

수도修道부터 '자비경선慈悲鏡禪'으로 자신이 깨달은 만큼의 역량을 가지고 보리심菩提心을 발휘합니다. 즉, 안으로 과거의 잠재되어 있는 부정적인 감정을 자비심으로 녹이고 자비심을 증장시켜 잠재적 성향의 번뇌를 없애고 밖으로 고통에 시달리고 있는 유정有情을 도울 수 있는 능력을 갖춥니다. 또한 어려운 환경에서도 견딜 수 있는 힘을 가집니다. 이 모두 공·불공삼매 연못 속에서 키워집니다.

그리고 어렵고 힘든 사람들과 지각 있는 존재들에게 도움을 주고자 명상수행을 하겠다는 염원을 품습니다. 이 염원으로 인하여 유정을 향한 청정한 의욕이 증가하면서 중생을 향한 연민심을 키워갑니다. 후득지後得智[50]의 지智는 혜慧의 결과이며 '지각 있는 존재들'의 성향과 근기에 따라 인도하는 큰 연민과 함께하는 지智입니다. 큰 연민의 마음이 공성에 대한 반야지혜를 완성시키는 어머니가 됩니다. 또한 이 지혜의 완성(반야바라밀)이 눈뜬 님이 되게 하는 어머니가 됩니다.

이와 같이 염원하고 실천하는 것은 '화華의 경계'까지 이어지고 '화의 경계'에서 큰 연민의 실천을 제대로 할 수 있습니다. 궁극의 깨달음을 얻고도 계속 생명을 도와주는 지혜를 실천하는 자비의 행은 '화의 경계'입니다.

그런데 공空 단계의 견도見道에 이르지 못해도 공단계를 도와주는 '디딤돌 경선鏡禪' 방법을 통해 깨달음을 얻을 수 있는 조건을 갖추어 갑니다.

◉ 서원을 세웁니다.

공·불공삼매에 머무니
생명에 대한 평등
연민심 샘솟듯 하네.

평등의 반야지般若智로
불평등의 무지가 사라지길.

---

50   여량지如量智라고도 한다.

3. 경각정鏡覺亭에서 자비의 경각다실鏡覺茶室까지 이미지화하여 마음의 눈으로 보기

출발 게송

반야 지혜가 생사에 머물지 않게 하고
큰 연민이 불멸에도 머물지 않게 하네.
한걸음에 번뇌마煩惱魔를 짓밟고
걸림 없는 무애가無碍歌를 부르리라.

━ 상상하기

경각정에서 텅 빈 공성의 경선정원을 바라봅니다. 푸른 빛이 도는 텅 빈 공성의 경선정원 마당에는 선정의 연못이 있고 깨달음의 연꽃이 피어있습니다.

공성을 알아 견도에 이르는 순간, 깨달음의 경선정원으로 들어갑니다. 공성의 빈 마당이 펼쳐집니다(수도修道). 공성의 빈 마당은 마음 공입니다. 말하자면 오직 마음뿐 다른 경계가 없습니다. 마음이 법이기 때문입니다. 즉, 마음은 모든 법이 의지하는 주체이므로 법이 본래 공한 것임을 깨달았다는 것은 일체 모든 것이 안과 밖이 없고, 가고 옴이 없고, 상하가 없고, 생사生死가 없는 공한 일미一味입니다. 일체 모든 것이 공空이기 때문에 일一이라고 하고 맛은 공의 맛이기 때문에

일미一味입니다. 이와 같이 공을 깨달았다는 것은 곧 마음이 공함을 깨달았다는 것입니다.

무한 가능성과 전환의 바탕에 비유되는 널찍한 빈 마당에 발을 내딛는 순간 마당 한 곁에는 선정의 비유인 연못이 나타나고 지혜와 자비의 비유인 홍련과 백련이 피어납니다. 빈 마당을 지나가는 것은 공성을 아는 지혜로 번뇌가 고요한 선정의 연못이 열리고 지혜와 자비를 갖춘 깨달음의 연꽃이 피어남을 의미합니다. 그리하여 텅 빈 마당에서 자비경선의 경각다실로 이어지는 연민의 길이 시작됩니다.

▬ 공성의 텅 빈 마당으로 이어지는 큰 연민을 일으키는 수연隨緣의 길

공성의 빈 마당에 자리잡은 연못에 비유되는 공·불공삼매 속에서 작용하는 공성의 지혜가 불생불멸의 텅 빈 일미一味에 의지하여 잠재영역으로 들어갑니다. 숨어서 현재의식에 영향을 주던 잠재적인 성향인 아만我慢, 아애我愛, 아치我痴의 자아를 무아無我의 아我로 소멸시킵니다. 자아에 의해 움직이는 번뇌가 사라지면서 마음이 정화되면 될수록 고요함(선정)이 깊어집니다. 이때는 마음의 본래 청정한 마음이 작용하여 더 자비롭습니다. 왜냐하면 청정한 마음은 생멸이 없어(無生) 중생을 만나면 생멸하는 중생의 번뇌를 없애는 지혜로 작용하기 때문입니다. 이를 무생無生의 반야라고 합니다. 그래서 남에게 다 양보하고 항상 남에게 이익을 주어서 좋게 하고,

보시布施도 자기 힘 따라서 유정의 괴로움을 해소하는 수행자修行者의 자비 경계境界가 나타납니다. 이것이 큰 연민의 실천입니다.

— 무생의 지혜는 큰 연민과 보리심을 지속시키는 원동력입니다. 말하자면 견도의 초지初地에서 일체 제법을 모두 진실 그대로 보기 때문에 염오상이 없습니다(無染汚相). 그래서 수행자의 마음에는 생멸이 없는 마음이 늘 현현해 있으므로 생멸하는 번뇌가 없습니다. 그러나 보리심을 실천하는 수행자들은 고통받고 있는 유정들을 위해 일부러 번뇌를 냅니다. 이 번뇌는 무명에 의한 번뇌가 아니기 때문에 번뇌는 있으나 고苦를 불러오지 않습니다. 오염이 없기 때문입니다. 즉, 깨달은 수행자들은 일체 모든 것(諸法)의 법계를 통달하여 원래는 번뇌가 일어나지 않아야 되지만 중생 구제를 위해서 열반에 머물지 않기 위해 큰 연민을 일으키는 차원에서 일부러 번뇌를 내는 것입니다. 법계에 통달하지 못하여 번뇌가 생기는 것과 다릅니다. 그래서 깨달은 이후에 중생을 돕는 연민의 마음는 피곤하거나 싫어함이 없이 무한히 작용합니다.

— 텅 빈 마당에서 이어지는 큰 연민의 길과 깨달음의 계단이 보이고 계단 위에 아늑하고 아름다운 사랑慈과 연민悲의 경각다실을 그려봅니다. 경각다실은 수행의 목적지입니다.

귀 막혀도 중생의 소리 듣고

눈 망가져도 중생 고뇌 모두 보네.

흙투성이 거지꼴에도 계율의 향기 천지를 물들이고

저잣거리 고함 속에도 적정의 향기 막을 수 없어

시시비비 험악한 속에도 지혜의 향기 절로 평화가 오네.

권위를 내세우면 권력의 힘 때문에 사람들은 복종하겠지만 교화되는 사람은 아무도 없습니다. 공성을 깨달은 자는 큰 연민심 때문에 가장 낮게 행하는 자音라 합니다. 중생 구제는 중생의 눈높이에 맞춥니다. 중생과 부처와 마음이 차별이 없이 평등함을 깨달았기 때문입니다.

4장

디딤돌 경선鏡禪
─ 심조경선心照鏡禪

깨달음의 경계를 체득하기 위해 연못에서 거울이 되어 '보는 성품을 드러내기' 위하여 지혜 연꽃 피우기와 '모든 존재와 연기적 일체감 체득하여 자비 연꽃 피우기' 심조경선心照鏡禪 명상을 디딤돌 경선으로 합니다.

심조경선의 심조는 마음의 비침, 마음으로 비춰보는(心照)이라는 뜻입니다.

공·불공삼매는 진여 자체의 삼매입니다. 맑은 거울과 같고 조용히 멈춰있는 물과 같은 마음 상태는 주객이 없습니다. 하지만 중생의 고통을 만나면 공·불공삼매가 무생의 반야(不空)로 작용하여 생멸하는 번뇌와 무명을 소멸시키는 큰 연민으로 행합니다.

공·불공삼매는 용광로와 같아서 잠재적 성향을 가지고 있는 자아관념의 번뇌와 근본무명을 지혜의 불로 녹여서 사라지게 합니다. 아집과 무명이 사라지는 순간순간, 연꽃 같은 지혜가 민첩하고 날카로워집니다. 지혜의 칼로 번뇌와 무명의 밧줄을 끊어 모든 속박에서 벗어나게 하여 대자유를 성숙시킵니다. 이와 같이 구경각究竟覺에 이르기 직전까지 깨달음의 향상일로向上一路는 명경지수明鏡止水의 연못 같고 용광로 같은 공·불공삼매 속에서 이루어지는 것입니다. 최종적으로 금강金剛에 비유되는 선정(金剛喩定)을 통해서 번뇌의 씨앗까지 소멸시키고 구경각에 이르게 됩니다.

유정에 대한 큰 연민은 반야의 지혜가 유정의 번뇌 망상으로 향하게 하여 번뇌 망상을 없애고 청정한 마음거울을 회복시킵니다. 그래서 연못에서 거울이 되어 어머니와 같이 모든 존재를 받아들이는 큰 연민심 키우기 명상을 합니다. 이것은 연못에서 거울이 되어 모든 존재와 연기적 일체감을 체득하여 자비의 연꽃인 연민심 피우기 명상입니다. 이 걷기경선은 생명 있는 모든 존재는 똑같은 평등이라는 공성을 뿌리로 두기 때문에 동체대비同體大悲를 바탕으로 합니다. 허공 같은 마음이 드러나도록 합니다.

1. 연못 거울이 되어 '보는 성품 드러내기 심조경선心照鏡禪'

연못 거울이 되어 '보는 성품 드러내기 심조경선心照鏡禪'은 연못의 맑고 투명하여 허공 같음과 수면에 나뭇가지나 주변의 모습이 거울같이 반영되는 현상을 보면서 그 장면을 내면으로 가져와 모방하는 것입니다. 즉, 온몸이 거울같이 됨을 시각화하여 '보는 성품'을 드러내는 명상입니다.

연못에서 거울이 되어 '보는 성품'이 드러나면 견도의 깨달음이며 중생을 위하는 지혜인 반야지로 연민심 수행을 합니다.

1) 연못 거울에 대하여 이해하기 – 모방

마음은 대상을 닮는 특성이 있습니다. 뇌과학에서는 대상을 모 방하는 거울신경세포를 이야기합니다. 즉, 신경세포들이 형성한 네트워크로서 거울신경세포는 다른 사람의 행동을 닮고 흉내 냅 니다. 거울신경세포의 활동을 이용해 우리의 마음을 이해하려고 하는 것도 뇌과학입니다. 거울신경[51]의 역할은 모방, 행동 이해, 의도 이해, 공감 등 네 가지가 대표적입니다. 인지 기능과 언어 기 능에도 영향을 줍니다.

거울신경의 역할 가운데 주목해야 할 기능은 모방입니다. 거울 신경을 통해서 타인을 자기에게 비춰보는 과정은 자기가 자신의 사진을 바라볼 때도 작용합니다. 가상현실을 통해서 자신의 늙은 모습을 목격하는 것만으로도 노후를 대비하여 저축해야겠다고 생각합니다.

우리는 환하게 미소 짓는 사람을 보면 자기도 모르게 미소 짓

---

51   거울신경은 시각중추에서 얻어진 시각 정보를 운동영역에 전달하는 기능을 하는 데, 시각 정보가 운동영역에 표시되기 위해서는 중간 단계가 필요합니다. 그 역할을 관자 엽의 위관자고랑(superior temporal sulcus)이 담당합니다. 시각피질의 신경섬유는 위 관자고랑으로 연결되어 있는데, 위관자고랑은 일종의 해석 장치입니다. 여기서 해독된 정 보는 신경섬유를 통해서 마루엽 하부의 거울신경에 전달되고, 이어서 앞 이마엽 거울신경 까지 전달됩니다. 위관자고랑의 해석 장치는 시각중추의 모든 시각 정보를 검색하여 살아 있는 행위자가 하는 행동에 대한 정보만을 골라냅니다.

게 되고, 찡그리는 사람을 보면 반사적으로 얼굴을 찡그리게 됩니다. 이처럼 거울신경세포는 타인의 표정이나 행동을 거울처럼 모방하는 기능을 합니다.

거울신경의 모방은 관찰자와 관찰되는 행위자가 서로 닮았을 때 더욱 활성화됩니다. 아이가 발달 과정에서 타인보다는 자기와 닮은 가족을 더 모방하는 것도 이런 이유입니다. 또한 모방은 상대방의 얼굴 표정이나 몸짓을 이해하고, 상대방의 감정, 의도, 욕구 등을 이해하는 것과 같은 사회화 기술을 발달시키는 데 중심적인 역할을 합니다.[52]

이와 같은 거울신경세포의 기능은 명상에도 활용됩니다. 마음은 거울신경세포라는 통로를 통해서 거울 같은 마음으로 작동합니다. 물질로 이루어진 신경세포는 아는 성질이 없습니다. 마음은 물질이 아니지만, 대상을 아는 특성을 가지고 있습니다. 즉, 신경세포라는 통로를 통해서 마음이 작용한다고 하는 편이 맞습니다. 전선에 전기가 흐르는 이치와 같습니다. 따라서 거울신경세포가 하는 모방은 바로 마음이 하는 것이지 세포가 하는 것이 아니라고 할 수 있습니다. 이것이 거울신경세포의 모방 기능이 명상 기능이라고 한 이유입니다.

모방을 활용한 명상 방법 중에 이미지를 떠올려서 그 이미지를

---

52   『네이버 지식백과』의 '거울신경과 거울신경의 기능'을 참조

지켜보는 시각화 명상으로서 관상법觀想法이 있습니다. 이는 집중 명상인 사마타 명상으로 『청정도론淸淨道論』에는 40가지의 명상법을 소개하고 있습니다.

모방은 곧 마음이며, 마음거울에 의해 이루어집니다. 마음거울은 마음의 본래 갖추고 있는 청정한 본성입니다. 생로병사가 없는 불사不死이며 무한 공간의 근원으로서 텅 비어서 평등하며 어떤 것으로도 결정되어 있지 않아 무지가 지혜로 전환될 수 있으며 범부가 깨달은 각자覺者가 될 수 있는 무한 잠재력과 무한 가능성입니다. 연못에서 거울이 되어 '보는 성품 드러내기' 경선은 의식의 공간을 넓혀서 마음거울이 되도록 하는 것이며, 더 나아가서 마음거울의 모방을 통하여 마음의 본래 청정한 성품을 깨닫게 하는 중요한 방법이 됩니다.

2) 모방한 무분별로 깨침의 문 열기 – 이망념즉득입離妄念卽得入

마음의 청정한 참모습인 진여 또한 어떤 모습이 없습니다.[53] 말하거나 생각할 수 없기 때문입니다.[54] 이와 같은 마음의 청정 본성에 들어가려면 어떻게 해야 할까요? 어떤 모습도 없음으로 접근하고 말과 생각을 떠날 때 진여를 깨달을 수 있습니다.[55] 즉, 어떤 모

---

53   『대승기신론』「진여」편 "言眞如者 亦無有相"

54   상동 "一切法 不可說不可念故 名爲眞如"

55   상동 "若離於念 名爲得入"

습도 없음과 말과 생각을 떠남을 모방하는 것입니다. 의식을 발바닥, 정수리, 손가락 끝에 두고서 경선鏡禪할 때 한 생각도 일어나지 않으면서 의식은 깨어있는 고요한 상태가 되는데 이것이 어떤 모습도 없고 말과 생각을 떠난 모습입니다.

이와 같이 모방은 거울의 기능인 동시에 명상에서도 중요한 방법입니다. 조주선사의 무자無字 화두話頭를 예로 들면 '개에게도 부처의 성품이 있습니까?'라고 수행자가 묻자 조주선사는 '무無(없다)'라고 답했습니다. '없다'라는 뜻인 무無는 『숫타니파타』에 "우빠씨바여, 새김을 확립하여 아무것도 없는 경지를 지각하면서, 나아가 '없다'에 의존하여 거센 흐름을 건너십시오. 감각적 쾌락의 욕망을 버리고 의혹에서 벗어나 갈애의 소멸에 대해서 밤낮으로 살펴보십시오."[56]라고 하는 '없다'와 같습니다.

즉, 불성佛性은 불변不變의 진공眞空입니다. 불성이 드러나서 중생을 향해 작용할 때는 연緣을 따르는 묘유妙有입니다. 무자無字는 불성의 생멸이 없는 불변인 진공의 표현입니다.[57] 그래서 생멸하는 잡생각과 견해, 번뇌는 이 무자無字를 만나면 소멸하지 않을 수 없습니다. 이와 같이 무자無字를 붙들고 있으면 마치 눈송이가 화로에 떨어지는 순간 즉시 사라지듯이 감정, 잡생각 등의 번뇌가

---

56   전재성역주 『숫타니파타』의 「숫타니파타의석」 한국빠알리성전협회 p. 854. 2020년 6월 5일 개정본

57   백파긍선 지음 김두재 옮김 『禪文手鏡』 참조 p. 155 선운사 2011년 1월 초판

일어나는 즉시 무자無字 화두에 의해 사라지고 주객이 없는 자리에 들어갈 때 마음의 본래 청정한 성품이 드러납니다. 고봉선사는 '무無'라는 언구를 붙들고 수행하는 방법을 고양이 그림을 그리는 것에 비유합니다. 즉, 스승이 고양이 그림의 모본模本을 주고 제자는 그대로 모방하여 그려 가면 어느 순간 고양이가 그림에서 튀어나온다고 고봉 선사는 설합니다.

　이 수행 방법을 살펴보면 발생과 소멸을 반복하는 번뇌 망상, 즉 부정적인 감정과 잡다한 생각 등이 마음의 생멸이 없는 청정한 본래 성품을 만나는 순간 사라질 수밖에 없다는 사실에 근거하고 있습니다. 허공같이 청정한 본래 성품은 생멸하는 번뇌 망상이 없으므로 번뇌의 입장에서는 청정한 성품이 화로火爐 자체라고 할 수 있습니다.

　이 번뇌가 없는 청정한 본성의 허공같음을 모방한 것이 바로 무자無字 화두입니다. 모든 견해는 유와 무에서 비롯됩니다. 무자는 말과 생각과 결부되는 일체 모든 견해를 부정하여 허공같이 텅 비게 합니다. 그래서 무자를 잡고 놓치지 않는 것은 모든 견해를 없애는 화로인 것입니다. 따라서 무자를 잡고 놓치지 않는 것은 어떠한 번뇌 망상도 용납하지 않는 것입니다.

　이처럼 허공같이 텅 빈 마음은 생멸이 없어서 청정한 본래 성품을 그대로 모방하는 것입니다. 살아 움직이는 고양이는 청정한 본래 성품이고 고양이 모본은 무자화두이며 고양이 모본을 그대로 묘사하는 것은 수행하는 것으로 이 수행이 모방입니다. 즉, 고양이 모본은 무자화두로서 화로가 되고 고양이 모본을 그대로 묘사하는 모방은 번뇌 망상이라는 눈이 화로에 떨어져 사라지듯 텅 빈 마음의 청정한 본래 성품을 드러내는 수행을 비유합니다.

이렇게 모방은 마음의 본성에 직행하는 방편입니다. 화로 위에 눈이 떨어지면 바로 소멸하듯이 단계가 없고 시간을 요하지 않기에 즉각적인 방법이라 할 수 있습니다. 모방을 가능케 하는 거울은 대상을 비추고 그 대상이 거울에 비칩니다. 이처럼 비추고 비칠 때 모방이 일어나는데, 대상을 비추는 거울은 분별하지 않아 직관이며 무분별(주객 없음)입니다.

3) 자기 인식

모방은 자기가 자신을 인식하게 하는 능력이 있습니다. 마치 거울로 자기 모습을 비춰보는 것과 같습니다. 자기가 자신을 인식할 때 자기 상태를 알게 되고 이것이 다른 사람을 이해하는 공감능력으로 나타납니다. 이 공감능력은 곧 도움을 주고받는 사회적 상호작용으로 발전합니다. 그래서 자기를 인식하는 능력이 뛰어날수록 모방 능력도 뛰어날 수밖에 없습니다.

대상을 비추는 거울의 모방 기능을 통하여 자기를 대상으로 모방할 수 있다는 것이 중요합니다. 명상에서는 자기가 자신을 비춤으로써 자신에 대한 인식을 얻게 되는데, 이러한 과정을 통한 자기 인식은 나란 존재에 대한 궁극적인 사실을 알려줍니다. 자기 자신에 대해 진실을 모르는 이들은 몸과 감각과 마음과 현상을 나와 내 것으로 인식합니다. 그러나 자기 자신을 텅 빈 거울 같이 인식하는 마음인 사마타와 위빠사나 명상을 통해 몸과 감각과 마음과 현상에는 주재하는 자아가 없다(텅 빔)는 사실을 깨닫게 됩니다. 이와 같이 거울의 비추고 비치는 모방 기능은 명상의 핵심적인 요소입니다.

4) 무조작 – 청정 본성은 주객이 없고 텅 비어서 거울과 같다

뇌의 거울신경세포는 타인의 행동을 보고 있기만 해도 자신이 그 행동을 하는 것처럼 반응합니다. 즉, 자신의 손은 가만히 두고, 누군가가 접시에 있는 과일을 손으로 잡으려는 모습을 보기만 해도 뇌의 해당부위 세포가 활성화됩니다. 또한 거울신경은 어떤 행동이 어떻게 일어났는지 이야기만 듣고 있어도 반응합니다. 이것은 관찰자의 의지나 생각과는 상관없이 어떤 행동을 인지하면 자동적으로 그 행동을 직접 행하는 것과 같이 작동하는 것입니다.

명상에서 텅 빈 마음거울이 인위적이지 않은 것은 이치를 아는 지혜를 얻을 수 있는 조건입니다. 거울에 비치듯이 사물을 있는 그대로 그 근원을 꿰뚫어 볼 수 있습니다. 이치는 인위적으로 조작할 수 없습니다. 발견의 대상이기 때문입니다. 그래서 텅 빈 거울같이 인위적이지 않은 마음만이 일체 모든 것의 상호의존의 독립된 그 무엇이 부재하는 공통되는 이치와 코드를 맞출 수 있고 무조작의

코드로 모든 존재의 근원을 꿰뚫어 볼 수 있는 것입니다.[58]

마음의 공간이 커지면 마음의 공간이 허공처럼 텅 빈 거울같이 됩니다. 텅 빈 거울에 비치는 사물들이 오고 감이 없고 거울 자체를 오염시킬 수 없듯이 사물들이 환영과 같아서 마음 자체를 오염시킬 수 없다는 이치가 드러납니다. 이때 마음거울은 이러한 이치를 알게 하는 지혜거울이 됩니다.

5) 정보의 저장과 행위의 익숙

모방된 이미지와 비이미지 등의 정보는 마음에 저장됩니다. 거울이 텅 비어 있어서 사물이 비치듯이 마음거울도 텅 비어 있어 눈·귀 등을 통하여 접촉되는 모든 정보를 저장합니다. 저장된 정보는 없어지지 않습니다. 다른 정보와 네트워크를 형성하기도 합니다. 불완전한 정보가 완전해지는 이유입니다. 그래서 명상을 하면 세속의 익숙한 것은 낯설게 되고 명상의 낯선 것은 익숙하게 됩니다. 이렇게 바뀔 수 있는 것은 마음거울의 바탕이 허공같이 두루 하고 텅 비어있기 때문입니다. 또한 거울같이 마음거울의 텅 비어 있음은 변함이 없습니다.

---

58   이미지를 떠올려 시각화하여 이미지를 모방하는 방법에서도 마음거울의 무조작이 코드가 되고 이어서 무조작의 마음거울에 의해 시각화의 모방도 마음의 청정한 본성에 들어가는 코드가 됩니다.

6) 명상시간의 단축

모방은 인간이 성장하는 동안 가장 많이 사용하는 학습 방법이며, 시행착오를 줄이고 시간을 단축하여 많은 기술을 효율적으로 익히는 방법입니다. 명상 방법으로서의 모방 또한 마찬가지입니다. 거울의 비추고 비치는 것은 시차가 없습니다. 모방하는 것 자체가 시차 없이 즉각 이루어집니다. 다만 거울에 때가 끼어있으면 거울에 사물의 영상이 잘 나타나지 않듯이 마음거울이 번뇌 망상의 때로 더럽혀져 있으면 모방이 잘되지 않습니다. 그래서 마음의 공간을 확장하는 연습이 필요합니다.

이처럼 거울신경의 모방 기능을 응용한 명상법에는 ① 무분별 ② 자기 인식 ③ 무조작 ④ 정보의 저장과 행위의 익숙 ⑤ 명상시간 단축 등의 다섯 가지 유익한 기능이 있습니다. 거울같이 시각화하여 명상을 하면 마음에 갖추고 있는 허공처럼 텅 빈 거울 같은 성품이 발현됩니다. 모방이 마음의 청정한 본성을 드러나게 하는 코드가 되기 때문입니다.

2. 연못 거울로 '보는 성품 드러내기' 심조경선 하기

연못에서 발바닥과 정수리에 의식을 동시에 두고 이를 한 경계로 하여 마음의 움직임을 멈추고 쉽니다. 이 쉼이라는 바탕에서 온몸을 거울로 삼으면 텅 빈 마음거울에 사물의 상호의존과 소리의 무상이라는 일체 모든 것의 공통되는 이치[理]가 드러납니다. 한발

더 나아가 공간적으로 상호의존의 독립된 실체 없음과 시간적으로 변하는 무상의 실체 없음의 공한 이치가 나타납니다. 그 이理를 아는 것이 지혜이며 그 지혜로 이理가 곧 마음임을 알아차립니다.

경선 명상은 처음에는 의도적인 경험으로 하지만 점차 의도하지 않고 저절로 불변不變인 허공같은 마음거울이 나타나도록 합니다.

마음의 눈이 곧 마음거울입니다. 마음거울은 전체를 인식하는 전체의식입니다. 전체의식은 심왕心王으로 부분을 인식하는 부분의식인 심소心所가 아닙니다. 전체의식은 곧 한 생각도 일어나지 않는 상태이며, 의식이 깨어있는 상태입니다. 허공같은 마음의 청정한 본성은 곧 마음거울이며 인식의 한계를 넘어선 그 크기는 무한합니다. 무한 크기의 마음거울은 곧 깨달음이지만 마음의 크기에 한계가 있다면 마음거울에 자아 등의 미세한 번뇌 망상이 때 같이 묻어있기 때문입니다. 이와 같이 마음거울의 공간을 확장하는 것은 의식이 깨어있고 한 생각도 일어나지 않으므로 삼매를 이루기 쉽습니다. 또한 마음거울에 비치는 사물 등의 현상이 무상하고 상호의존하기 때문에 큰 연민을 장애하는 미세한 법아法我가 실체 없음(空)의 법무아임을 보여줍니다. 일체 현상에는 자아가 없기 때문에 공지혜가 절로 일어납니다. 또한 마음의 크기가 동서남북 상하로 온 우주에 충만할 때 그 충만한 마음이 중생을 향한 자비희사慈悲喜捨의 무량한 마음이 됩니다.

1) 마음의 눈 뜨기

대상을 보는 것과 대상이 보이는 것은 같은 것입니다. 즉, 봄과 보임이 같은 눈에서 일어나는 마음의 작용이며 이것이 발전하여 눈이라는 감각기관을 의지하지 않고 작용하면 이는 마음의 눈입니다. 특히 비추고 비침이 동시에 작용하는 마음이 마음거울이며 심안心眼입니다. 밖으로만 작용하는 마음이라면 마음의 본성이 공함을 알 수 없습니다. 만일 안으로만 작용하는 마음거울이라면 고통받고 있는 중생들을 외면하게 됩니다. 그러므로 마음거울이며 심안인 마음은 두 가지 세 가지 등으로 나누어지는 것이 아닌 '한마음으로 항상 머무는 것[59]'입니다. 그러므로 몸과 한 공간을 이루고 주변 사물과 한 공간을 이루고 우주와 한 공간을 이루는 경선鏡禪을 하는것입니다.

이와 같이 마음에 눈이 생기면 육안으로 볼 수 없는 것을 볼 수 있고 존재의 근원을 꿰뚫어 볼 수 있습니다. 그래서 지혜는 심안心眼이 열리지 않으면 안됩니다. 동체대비의 큰 연민은 중생과 중생이 살고 있는 환경을 꿰뚫어 보는 지혜에 의해 작용합니다.

(1) 온몸을 거울같이 시각화하기

— 연못 주위에 정좌靜坐하거나 서서 숨을 들이쉬고 내쉬면서 어깨에 힘을 빼고 허리는 펴줍니다.

---

59   常住一心

— 연못에 나뭇가지나 주변의 모습이 반영되는 것을 보고 허공같이 텅 비어 있으면서 맑은 거울은 대상을 비추고 그 대상이 거울에 비치는 이치를 떠올립니다.

— 즉, 사물이 거울에 비칠 때는 왜곡되지 않고 있는 그대로 비치듯이 의식을 발바닥과 정수리에 함께 두어 한 경계로 하여 스위치를 끄듯이 마음의 움직임을 멈추고 쉽니다. 그 상태에서 투명하게 텅 비어 있음을 시각화한 상태를 유지하며 수동적으로 대상을 비추는 거울 같은 상태가 되게 합니다.

이것이 마음거울이고 전체의식이며 심안心眼임을 잊지 않고 거울 바탕이 텅 비어 있어 일정한 틀이 없고 인식되는 대상 따라 달라짐을 기억합니다. 마치 물은 일정한 모양이 없으나 그릇의 모양에 따라 담기는 물의 모양이 결정되는 것과 같다고 생각합니다.

(2) 마음거울에 비치는 영상을 잊어버리지 않기

— 의식을 발바닥과 정수리에 동시에 두어서 온몸이 허공같이 텅 비면서 거울같이 비춰보는 상태가 되고 마음의 눈(心眼)이 됩니다.

— 비춰보는 거울 상태에서 고개를 돌려 눈(肉眼)으로 좌측의 사물을 보고, 우측으로 보고 몸을 돌려가면서 카메라 렌즈에 영상이 담기듯 보고 제자리로 돌아오면서 살펴보고 주변의 사물을 잊어버리지 않도록 알아차려 봅니다.

- 몸은 움직이지 않는 상태에서 마음(心眼)의 눈으로 좌측의 사물을 보고, 우측으로 돌려 사물을 비춰본 뒤 천천히 몸 뒤쪽까지 비춰 보면서 한 바퀴 돌아 제자리로 옵니다.
- 눈을 감고 마음(心眼)으로 카메라에 저장된 영상을 연속하여 보듯이 좌측의 사물을 보고, 우측의 사물을 본 뒤 천천히 몸 뒤쪽까지 비춰 보면서 한 바퀴 돌아 제자리로 옵니다.
- 다시 눈을 뜨고 마음(心眼)으로 카메라에 저장된 동영상을 보듯이 좌측의 사물을 보고, 우측의 사물을 본 뒤 천천히 몸 뒤쪽까지 비춰 보면서 한 바퀴 돌아 제자리로 옵니다.

(3) 마음거울로 앞뒤 좌우, 아래위 전체를 동시에 함께 비춰 보기

육안(肉眼)으로 잘 보이지 않는 좌우와 등 뒤쪽 영역이 영상으로 보인다면 마음의 눈(心眼)이 열린 것이며 보이는 만큼 마음거울이 확장된 것이고 그만큼 마음의 공간이 넓어진 것입니다.

그런데 이때 영상으로 보인다고 가짜라고 생각할 필요는 없습니다. 예를 들어 눈으로 보이는 도자기를 망치로 부수면 조각이 나고 가루가 되며 가루는 먼지가 되고 먼지도 사라져 아무것도 없습니다. 원자를 쪼개어 마지막에 남아 있는 힉스도 찰나로 존재하므로 물질의 궁극은 결국 아무것도 없습니다. 이처럼 형상은 허망하여 실체가 없고 영상에 불과합니다. 여기서는 마음의 정체를 밝히는 심조경선입니다.

마음으로 비춰보는 경선은 심조心照가 핵심입니다. 거울의 텅 빔은 곧 앞뒤 좌우 아래위로 움직임이 없는 것이며 텅 비면서 비춰봄은 앞뒤 좌우 아래위로 움직임 없이 동시에 보는 것입니다. 왜냐하면 마음의 보는 성품은 실체가 없기 때문에 실체 없음의 모습이 불변不變의 심체입니다. 즉, 망념이 없어 바뀌거나 움직이지 않고 허공의 세계에 두루 비추는 편조偏照입니다.

한마디로 심조경선心照鏡禪이란 앞뒤 좌우 아래위 전체를 볼 때 텅 빈 거울로 비추면서 앞뒤 좌우 아래위 전체가 움직임이 없고 동시에 앞뒤 좌우 아래위 전체가 비치는 경선을 말합니다. 즉, 허공같이 텅 빔과 두루 비춤은 그 바탕이 부동이지만[60] 대상을 따라 모습을 달리합니다.[61] 비유하자면 일상생활 속 우리 마음은 탐貪, 진嗔, 치痴의 때로 오염되고 지식, 경험 등으로 왜곡된 불완전한 거울인데 심조경선을 통해 대상을 있는 그대로 비추는 본래의 거울 기능을 회복하는 것이 목적입니다.

그런데 마음거울에 대해 이해가 부족할 때는 시각화로 거울이 되어야 합니다. 즉, 수동적인 자세로 오관의 문을 열고 내가 보는 것이 아니라 보이는 것이며 내가 듣는 것이 아니라 들리는 것이고, 내가 느끼는 것이 아니라 느껴지는 것이고 망상과 감정이 올라오는 것을 내가 알아차리는 것이 아니라 자연현상으로 저절로

---

60   『법성게』 "法成圓融無二相 諸法不動本來寂"
61   상동 "眞性甚深極微妙 不守自性隨緣成"

알아차려지는 것으로 생각합니다.[62]

눈을 뜨고

— 의식을 발바닥과 정수리에 함께 두어서 온몸이 시각화된 거울 상태가 앞뒤 좌우로 맑고 투명하게 텅 빈 전체의식으로 곧 마음의 눈이 됨을 인식합니다. 이때, 거울의 틀은 텅 비어 있어 만들지 않음에 주의합니다.

— 눈으로 맑고 투명하게 텅 빈 거울에 앞뒤를 동시에 보고, 좌우에 동시에 사물이 비침을 보고, 그다음 앞뒤 좌우 전체를 봅니다.

— 앞뒤 좌우 전체를 볼 때 텅 빈 거울로 비추면서 앞뒤 좌우로 움직임이 없고 동시에 앞뒤 좌우 전체로 비춰봄을 자각합니다.

— 비치는 사물이 가까우면 마음거울의 크기(마음 공간)가 그만큼 넓은 것이고, 멀리까지 보이면 마음거울이 그만큼 확장된 것임을 알아차립니다.

눈을 감고

— 눈을 감고 온몸이 맑고 투명하게 텅 빈 거울 상태로 시각화하여 앞뒤를 동시에 보고, 좌우 사물도 동시에 비침을 보고 그다음 앞뒤 좌우 전체를 봅니다.

---

62   '나'라는 감정이 많이 줄어든다.

- 비치는 사물이 가까운지 멀리까지 보이는지를 알아차립니다. 이와 같은 상태로 1분 이상 아무것도 하지 않습니다.
- 앞뒤 좌우 전체를 볼 때 텅 빈 거울로 비추면서 앞뒤 좌우로 움직임이 없고 동시에 앞뒤 좌우 전체로 비춰봄을 자각하면서 봅니다.

눈을 뜨고
- 다시 눈을 뜨고 온몸이 맑고 투명하게 텅 빈 거울 상태로 시각화하여 앞뒤 좌우로 동시에 사물이 비치는지 지켜보고 앞뒤 좌우 전체를 봅니다.
- 이제 온몸이 거울 상태라고 시각화하여 앞뒤 좌우 동서남북 상하로 주변 사물이 온몸인 마음거울에 동시에 비침을 볼 때, 몸의 형태가 사라지고 비추는 마음거울만 있을 수 있습니다.

2) 걸림 없이 두루 비추는 마음거울로 공성 체험하기
눈을 뜨고
- 의식을 발바닥과 정수리에 동시에 두고 맑고 투명하게 텅 빈 거울 상태에서 눈(肉眼)으로 카메라 렌즈에 영상을 담듯이 좌측의 사물을 보고, 우측으로 보면서 몸 뒤쪽으로 돌려가며 제자리로 돌아오고 땅을 보고 하늘을 봅니다.
- 몸은 움직이지 않고 마음의 눈(心眼)으로 카메라에 저장된 동영상을 보듯이 좌측에서 우측으로 주변 사물을 보면서 몸 뒤

쪽으로 돌려가며 제자리로 돌아와서 땅과 하늘을 살펴봅니다.

— 의식을 발바닥과 정수리에 함께 두고 땅과 하늘을 동시에 비춰 보면서 온몸이 맑고 투명하게 텅 빈 거울 상태로 앞뒤 좌우 아래위로 텅빈 공간과 주변 사물을 전체로써 한꺼번에 봅니다.

— 앞뒤 좌우 아래위 전체를 볼 때 텅 빈 거울로 비추면서 앞뒤 좌우로 '움직임이 없고' 동시에 앞뒤 좌우 아래위 '전체로 비춰 봄'을 자각하면서 봅니다. 비친 대상을 자기 의지대로 바꿀 수 없어 무아이며, 비친 대상이 비춤의 인연에 의해 나타난 영상일 뿐 실체가 없는 공임을 알아차리고, 비추는 마음도 자체 성품이 없어 공空함을 확인합니다.

— 영상이 보이는 만큼 마음거울이 확장됩니다. 그만큼 마음의 공간이 넓어진 것입니다. 또한 몸 형태가 사라지면 비추면서 비친다는 의도가 없어지고 걸림 없이 앞뒤 좌우 아래위로 입체적으로 동시에 두루 비추는 마음거울만 있게 됩니다. 이때 마음거울은 방향과 장소가 없다는 사실을 체험하거나 이해하게 됩니다. 한발 더 나아가서 마음이 있는 유정은 똑같은 마음을 가졌음을 이해하고 이러한 사실을 모르는 유정 중생을 향해 큰 연민을 실천해야 함을 이해합니다.

눈을 감고
— 눈을 감고 의식을 발바닥과 정수리에 함께 두고 땅과 하늘을

동시에 보면서 온몸이 맑고 투명하게 텅 빈 거울 상태로 앞
뒤 좌우 아래위로 텅빈 공간과 주변 사물이 동시에 비침을
봅니다.
- 앞뒤 좌우 전체를 볼 때 텅 빈 거울로 비추면서 앞뒤 좌우로
움직임이 없고 동시에 앞뒤 좌우 아래위 전체로 비춰 봄을
자각하면서 봅니다.

눈을 뜨고

- 눈을 뜨고 의식을 발바닥과 정수리에 함께 두고 땅과 하늘을
동시에 보면서 온몸이 맑고 투명하게 텅 빈 거울 상태로 동
서남북 앞뒤 좌우 아래위로 비치는 공간과 주변 사물 전체가
동시에 비침을 봅니다.
- 몸 형태가 사라지면 대상이 마음거울에 비친다거나 마음거
울이 대상을 비춘다는 의도가 없어지고 허공같이 걸림 없이
두루 비추는 마음거울만 있게 됩니다. 마음이 있는 유정은
모두 나와 똑같은 마음을 가졌음을 이해하고 이러한 사실을
모르는 유정 중생을 향해 큰 연민을 무한히 확장하는데 앞뒤
좌우 아래위 동서남북 상하로 상호의존이 입체적으로 한눈
에 보이고 그 상호의존이 나타나는 마음거울이 구체적으로
도시-국가-아시아-유럽-지구의 모든 사람과 생명을 가진
유정-우주의 유정 중생으로 확장해 갑니다.
- 보이고 들리는 모든 것에 의도가 없습니다. 그래서 맑고 투명

하게 텅 빈 거울 상태로써 하려고 하는 의도를 일으키지 않습니다. 의도를 일으키지 않을 때, 마음의 움직임이 쉬게 되고 저절로 거울같이 보이는데 주변 환경과 그 속에 있는 사람들이 상호의존(法)의 무아, 공으로 입체적으로 보입니다.

━ 숨을 들이쉬고 내쉬면서 명상을 마칩니다.

3. 모든 존재와 연기적 일체감 체득하여 큰 연민심 일으키기
심조경선

깨어있는 거울에 비유되는 마음을 인훈습경因熏習鏡이라 합니다. 원인으로 영향을 주는 거울인데 원인은 지혜이며 마음거울의 빛으로서 내 안에 갖추어져 있는 해결 능력으로서의 인식 수단을 말합니다.

이 지혜는 『대승기신론』에서 다음과 같이 이르고 있습니다.

"청정한 본래 깨달음은 텅 빈 것이 아니다. 세상의 모든 경계가 청정한 본래 깨달음에서 나타나는 것이므로, 경계가 마음거울에서 벗어나는 것도 아니고, 마음거울 안으로 들어오는 것도 아니며, 없어지는 것도 아니고 파괴되는 것도 아니다. 항상 한마음(一心)으로 있다. 왜냐하면 모든 것이 그 자체로 진실한 공성空性이기 때문이다. 또한 모든 집착이 청정 본각을 물들일 수 없으며, 지체智體로서 앎의 바탕은 집착으로 움

직이지 않는다. 그 자체가 집착이 없는 공덕(無漏)을 갖추고 중생을 훈습하기 때문이다."[63]

원인으로 영향을 주는 거울은 곧 사물이 비치게 하는 거울의 빛인 각조覺照입니다. 거울에 빛이 없으면 거울이 캄캄하여 영상이 나타나지 않습니다. 거울의 특징은 비친 영상은 가고 옴이 없어 벗어나는 것도 아니고, 안으로 들어오는 것도 아니며, 없어지는 것도 아니고 파괴되는 것도 아닙니다. 그래서 '항상 한마음(一心)으로 있다.'라고 설합니다.

그 이치를 살펴보면 다음과 같습니다.

첫째, 거울 빛에 비친 영상은 모두 보이고 들리는 등의 삼라만 상 온 우주로서 일체 모든 것입니다.

둘째, 일체 모든 것이 비친 영상이므로 실체가 없어 나가고 들 어오더라도 마음거울을 오염시킬 수 없습니다. 이는 바탕 이 허공과 같이 비어있기 때문이며 안팎이 없는 거울이 지혜라는 것입니다.

셋째, '일심으로 있다'는 것은 일체 모든 것이 곧 마음뿐 다른 경계가 없다는 것입니다. 거울에 나타나는 일체법이 실체 가 없다는 것이며, 실체 없음이 곧 진실한 공성이라는 것

63　상동 '二者因熏習鏡. 謂如實不空. 一切世間境界 悉於中現. 不出不入. 不失不壞. 常住 一心. 以一切法即眞實性故. 又一切染法所不能染. 智體不動 具足無漏 熏衆生故.'

입니다. 일체법을 무無나 허공으로 부정하는 것이 아닙니다. 인과의존因果依存, 상호의존합니다. 이는 지각하는 일체중생들의 존재방식이므로 사랑과 연민은 당연합니다. 사랑과 연민은 유정과 무정이 모두 독립된 개체가 아니기 때문에 일어나는 마음입니다. 한마음(一心)으로 항상 머무는 사랑과 연민의 마음거울입니다.

물질은 시간과 공간의 제약을 받아 허망한데 마음은 형상과 색깔과 냄새, 소리 등의 물질이 아닙니다. 과학자들의 연구에 의하면 물질을 구성하는 원자는 부피가 없고 계속 쪼개지며 실체가 없어 원래 형상, 색깔, 냄새, 소리가 없다고 합니다. 하지만 입자이면서 파동인 원자가 마음에 의해 형상, 색깔, 냄새, 소리 등의 현상으로 인식되어 나타나므로 마음은 비물질도 아닙니다. 그러므로 세상의 모든 경계가 '한마음으로 항상 머문다.'라고 하는 것입니다.

이와 같이 마음거울의 특성을 빌려서 명상하는 것이 연못에서 거울이 되어 '모든 존재와 연기적 일체감 체득하여 큰 연민심 일으키기'입니다. 그것은 연못의 수면에 나뭇가지나 주변의 모습이 거울같이 반영되는 현상처럼 경선을 하면서 마음거울을 통해 보이는 현상들이 영상에 지나지 않아 고정되어 보이고 분리되어 보이는 것이 허망하여 공함을 알아차리고 도리어 현상들이 상호의존하여 연기함을 체험합니다. 즉, 마음거울로 연기적 일체를 체험하여 모든 생명에 대해 동체대비同體大悲를 이해하고 체득하여 큰 연민심을 일으키는 심조경선을 합니다.

1) 온몸이 마음거울 되기

— 아래위 앞뒤 좌우로 주변을 보고 연못 주위 명상 장소를 찾습니다. 연못에 나뭇가지나 주변의 모습이 반영되는 것을 보고 의식을 발바닥과 정수리에 함께 두고 이어서 땅, 하늘을 마음의 눈으로 동시에 보면서 온몸이 거울같이 됨을 시각화합니다.

2) 시각의식의 공간을 넓히고 마음거울 되기

— 눈앞에 가장 멀리 보이는 산 능선이나 멀리 보이는 나무 끝에 시선을 둡니다.

— 동시에 좌우와 뒤쪽, 아래위의 하늘, 땅까지 심안으로 보거나 시각화합니다.

— 앞뒤 좌우 아래위 전체를 동시에 심안으로 보거나 시각화합니다.

3) 청각의식의 공간을 넓히고 마음거울 되기

— 시각의식의 공간을 넓힌 상태에서 가까이 들리는 소리부터 멀리 들리는 소리까지 사방팔방 상하로 들으면서 청각의식의 공간을 넓힙니다.

— 앞뒤 좌우 상하 사방팔방의 소리를 동시에 들으면서 오로지 마음거울뿐임을 살피고 자각합니다.

4) 의식의 확장으로 큰 연민심의 마음거울 됨을 기억하고 머물기

— 시각의식과 청각의식이 확장된 상태에서 주변의 모든 현상이 마음거울에 비치게 합니다. 이렇게 1분에서 10분 정도 아무것도 하지 않습니다. 몸의 형태가 사라지면 마음은 장소와 방향을 가지고 있지 않음을 이해하고 그 상태로 머뭅니다.

— 하려고 하는 의도를 일으키지 않을 때 고요함이 오면서 마음의 움직임이 쉬게 됩니다. 마음 쉼의 마음거울 상태가 됩니다. 이어서 보이고 들리는 모든 것이 상호의존의 한 공간이 됩니다. 마음이 없으면 대상을 알 수 없으므로 보이는 것은 곧 마음에 비침이며 그 자체가 마음임을 알아차립니다.

— 이러한 한 공간 속에서 상호의존의 연기법이 곧 마음거울이며 그 마음은 연기의 지혜 거울임을 체험합니다.

— 시각의식과 청각의식의 마음 공간 안에 있는 모든 것은 상호의존(緣起)하여 독립된 실체가 공함을 압니다. 즉, 실체 없음의 공과 상호의존하는 현상은 동일함을 알아차리고 모두 마음의 본질이고 현상임을 체험합니다.

— 일체가 공하면서 상호의존함을 아는 앎으로 주변 환경과 사람들과 함께하면서 둘이 아님(불이不二)의 마음이 곧 큰 연민의 이치임을 이해합니다.

— 점점 한 공간으로 하나 되는 도시-나라-아시아-유럽-지구의 모든 사람과 생명을 가진 유정-우주의 유정 중생으로 확장해 가면서 큰 연민의 마음거울이 됩니다.

━ 우주의 유정 중생으로 확장됨은 곧 큰 연민의 마음거울임을 알아차리고 연민의 한 마음 상태로 머뭅니다.

━ 숨을 들이쉬고 내쉬면서 명상을 마칩니다.

문 상호의존이 보인다는 것은 앞서 학습한 연기를 머리로 생각하는 것이 아닙니까?

답 시각의식과 청각의식이 확장된 상태에서 소리의 무상과 사물의 상호의존하는 연기가 사실로 보이는 것입니다. 이와 같은 경지는 앞서 순서대로 '시각의식과 청각의식의 확장이 그대로 마음이 거울 같은 상태'가 됩니다. 이것이 익숙해지면 몸으로 체득되는 것입니다. 깨어있는 전체의식 상태에서 시각·청각의식이 확장된 속에 있는 모든 것이 상호의존하고 무상한데 상호의존과 무상의 현상에는 내재하는 그 어떤 것도 없어 그렇게 아는 마음만이 진실임을 아는 경지에 이르지 못했다면 앞으로 체득되어야 할 경계입니다.

5) 자가 점검으로 체험 현상 알아차리기

━ 주변이 고요하게 인식됩니다. 평안합니다. 이것은 마음에 잡생각과 감정이 쉬면서 일어납니다.

━ 주변 환경과 한 공간으로 일체가 되는 것을 체감하는 현재 이 순간 깨어있습니다. 전체를 인식하는 깨어있는 의식이 분명해집니다.

- 전체의식 속에서 부분을 인식하는 현상이 일어납니다.
- 한 공간으로 하나 됨이 ①공간적으로 상호의존함과 ②시간 적으로 무상함과 ③주재하는 자아 없음과 실체로서 아我가 없는 공으로 하나 됨을 이해합니다.
- 보이고 들리는 모든 것이 공함 그대로 연기緣起함을 인식하는 마음을 떠나지 않으며 그것이 마음 자체 성품임을 아는 연민과 지혜가 생깁니다.
- 무아無我와 무자성無自性, 공空에 대한 인식이 새로워지면서 지혜가 생깁니다.
- 눈앞이 환해지고 귀가 열리는 것 같은 느낌도 옵니다.
- 머리가 전등같이 환하게 되기도 합니다.

6) 깨어있음이 지속되는지 자가 점검하기

눈을 뜨고 감고 반복하여 보는 마음이 바뀌는지 안 바뀌는지를 자가 점검합니다. 보는 마음이 바뀌지 않는다면 생기지 않고 소멸하지 않는 본래 청정한 마음이 깨어있는 것입니다. 또한 걸을 때 보이는 사물은 움직이지만 보는 마음은 움직이지 않는지 점검합니다.

- 마음이 쉬어지면서 자연스럽게 마음거울이 나타날 때 의식이 깨어있게 되며, 모든 것과 한 공간으로 일체가 된 느낌이 올 때 의식이 깨어있는지 살펴봅니다.
- 일체감 속에서 상호의존의 연기법이 알아차려지게 되며 상

호의존이 보이게 될 때 의식이 깨어있는지 살펴봅니다.

━ 시각의식과 청각의식의 공간 안에 있는 모든 것은 상호의존(緣起)하는 마음임을 알아차릴 때 연민의 마음을 이해하고 의식이 깨어있는지 살펴봅니다.

━ 일체가 상호의존하는 마음임을 아는 앎으로 주변 환경과 사람들과 함께하면서 의식이 깨어있는지를 살펴봅니다.

━ 점점 한 공간으로 하나 됨을 도시-나라-아시아-유럽-지구의 모든 사람과 생명을 가진 유정-우주의 유정 중생으로 확장해 갈 때도 변함없이 연민의 마음으로 깨어있는지 살펴봅니다.

5장

방편과 지혜를
함께 수행하기

바라밀이여

생사의 언덕에서

대자유의 언덕으로 건너가는 것

반야 바라밀은 화룡점정畵龍點睛

구경의 깨달음 이루게 하니

생生과 사死

본래 없음 실천하는 대자유

중생 위해

여행 가듯 돌아오네 중생 곁으로

여섯 바라밀은 모두 다 반야바라밀

1. 상相 없음에 의존하여 상相의 무상을 보면서 상을 보지 않고 걸어가기 – 보시바라밀

욕심은 상相을 봄으로써 일어나기 때문에 큰 연민을 실천할 수가 없습니다. 그래서 큰 연민을 실천하기 위해서 상相 없음에 의존하는 걷기경선을 합니다.

『금강삼매경론』에 이르길 "공空한 법을 닦는 자는 삼계에 의지하지 않기[64] 때문에 보시바라밀입니다. 즉, 마음의 체를 관하여 이해하므로[65] 삼유(欲有·色有·無色有)의 욕심을 떠남(離欲)에 잘 들어가서 마음이 항상 청정하여 출입이 없고[66] 베푸는 이와 받는 이와 보시물의 세 가지(三輪)의 더러움을 벗어났기 때문이며[67] 이치에 맞는 참된 말로 방편을 삼아 본각本覺의 이익(생멸이 공적함으로 중생의 생멸 번뇌를 소멸시켜 생사生死에 빠진 이를 도움)으로 남을 이롭게 하니 이것이 시간과 공간을 벗어나는 보시바라밀입니다.[68]"

보시바라밀은 상에 머물지 않고 베푸는 것입니다. 베풂에는 다음과 같은 것들이 포함됩니다. ①돈, 옷과 음식 같은 물질적인 것

---

64   원효찬 『금강삼매경론』 권상 "修空法者 不依三界" 한불교전서 제일책 p. 1-620 중, 1990년 동국대학교 출판부

65   상동 下, "觀心體解 故言善入"

66   상동 하, "更無出入 故曰心常"

67   상동 하, "離三輪垢故曰淸淨"

68   상동 하, "善入離欲 心常淸淨 實語方便 本利利人 是名出世檀波羅密"

을 베푸는 것, ②사랑을 베푸는 것, ③동물들을 비롯해서 모든 존재들을 무서운 상황에서 구해주는 것, 물에 빠진 개미조차 구해주어야 합니다. ④붓다의 가르침과 수행법을 알려주는 것 등이 있습니다. 일상생활에서 상대방으로 하여금 공적空寂의 지혜로 생사의 괴로움을 멀리하고 생사가 없는 불멸로 나아가려는 마음을 일으키도록 효과적인 대화 기법을 사용하는 것도 포함됩니다.

늘 보고 듣는 마음은
바뀌지 않음 자체로서 지혜입니다.

상相 없는 지혜가 드러난 이는
비록 작은 것이라도
남에게 베풀어 나눌 줄 압니다.

지혜는 욕심을 없애는 작용이기에
마음에는 탐욕과 분노가 없어
자기의 이익을 남에게 돌리고
고통을 빼앗아 주는 능력을 발휘하니

지혜와 자비로 지금, 이 순간
늘 깨어있다면 보리심을 행하는 것입니다.

— 걷는 순간순간 발자취를 남기지 않는 '상相 없음' 상태로 걸
  어갑니다.

— 주변과 한 공간의 마음으로 인무아의 없음의 경지를 자각하
  면서 '없음'에 의지하여 주변과 한 공간을 이루는 상태로 걸
  어갑니다.

— 새소리, 낙엽 밟는 소리 등의 상相이 생멸함을 들으면서 마치
  향연기가 허공을 만나면 소멸되듯이 자취 없는 한 공간으로
  걸어갑니다. 소리가 없어도 깨어있는 불변의 듣는 마음 상태
  로 걸어갑니다.

— 주변과 한 공간의 마음으로 걸어가는 순간순간 보이는 나무
  들, 바위 등의 상相들이 움직이지만 보는 마음은 바뀌지 않
  는 상태에서 걸어갑니다.

— 주변과 한 공간의 마음으로 걸어가는 데 보는 마음은 바뀌지
  않는 상태에서 보이는 나무들, 바위 등의 상相들이 움직이면
  서 상호의존함을 보면서 걸어갑니다.

— 주변과 한 공간의 마음으로 보이는 나무들, 바위 등의 상相들
  이 상호의존 속에 독립적인 실체가 없음을 보면서 걸어갑니다.

— 주변과 한 공간의 마음으로 들리는 소리의 자취 없음과 보이
  는 나무들, 바위 등의 상相들이 환영과 같음을 보면서 걸어갑
  니다.

— 우주와 한 공간을 이룬 마음으로 상에 머물지 않고 상 없음에
  머물면서 걸어갑니다.

— 일상에서 걸을 때, 사람들과 대화하면서도 듣고 보는 마음의 생멸하지 않는 허공같이 청정한 마음을 유지합니다.

2. 디딤돌 경선 – 상相 없음의 공空에 머물러 마음 공空 깨치기

마음 공을 깨치고자 할 때 마음이 외부 대상을 인식하는 방법으로는 마음을 확인할 수 없습니다. 외부 대상의 특징인 모양, 색깔이 없고, 물질이 아니기 때문입니다. 마음은 눈, 귀, 코, 혀, 몸의 다섯 가지 감각기관을 습관적으로 따르고 있기에 대상의 상相을 인식하고 경험한 물질, 형체, 색깔 등을 기억하고, 경험한 것에 희노애락을 느끼며 과거를 기억하고 미래를 계획합니다. 감각기관에 따르지 않는 순수한 마음에 갖가지 경험, 기억, 감정, 생각 등이 뒤섞여 있어서 마치 순금에 잡석이 섞여 있는 상태와 같습니다. 그래서 수행이라는 용광로를 통해 순수한 불변의 금(마음 공)을 얻을 수 있습니다. 경험과 기억, 계획은 모두 상相이 있으면 일어나는 현상입니다. 상相을 지각하면 마음은 그 인식을 따라 산란해지기 때문에 이를 억제하는 것이 수행의 시작입니다.

외부 대상을 인식함을 따라 움직이는 마음을 멈추기 위해 먼저 다섯 가지(호흡, 형상, 허공, 흙·물·불·바람, 견문각지–五相)에 의지하지 않고 그래도 나타나는 상은 놓아버립니다. 그다음은 호흡에 의지하지 말아야 하는데 호흡을 보지 않으면 이미지가 보일 수 있습니다. 이때 형상과 색깔에 의지하지 말아야 합니다. 이미지와 색깔이 보이면 보려 하지 말고 놓아버립니다. 마치 움켜쥐고 있는 손의 힘을 풀어버리듯이 합니다. 빈 허공이 나타나면 허공도 상相이므로 허공을 보지 말고 보려는 마음을 놓아버립니다.

아무것도 없는 허공 상태에서 딱딱하거나 거칠거나 부드럽거나 가벼운 흙의 현상, 차갑거나 따뜻한 불의 현상, 밀고 당기는 바람의 현상 등이 나타나더라도 보지 말아야 합니다. 만약 보인다면 움켜쥐고 있는 물건을 놓아버리듯이 보려는 마음을 놓아버립니다. 또한 수행자 본인이 보고 듣고 느끼고 알았던 경험에 의지하여 현상을 보지도 말고 놓아버립니다.

놓아버리기에서 한발 더 나아가서 오상五相에 의지하지 않음은 곧 공한 마음자리에 머무는 것임을 알아차립니다. 마음공을 깨치기 위해서는 분별이 없어야 합니다. 대상에 반응하면 분별이 일어날 수 있기 때문에 인식 대상에 의지하지 않아야 합니다. 즉, 이理로써 상相을 보지 않는 방법이 있습니다. 이理란 물질은 실체로서 존재하지 않는다는 것입니다.

물질적인 현상은 마음의 표현으로 나타나는 현상이며 마음도 자성自性이 없습니다. 이는 모든 존재에 공통되는 이치입니다. 즉, 무상無常의 무無, 무아無我의 무無와 현상의 무자성無自性의 무無인 실체 없음이 공空의 이理입니다. 이理는 여여如如하여 무생멸無生滅로써 생멸하는 잡생각, 부정적인 감정, 망상 등의 번뇌를 제거하는 힘을 가지고 있습니다. 실체 없음인 생멸 없음의 '없다'에 의존하여 모든 상相을 떠납니다. '없다'의 뜻은 본래 존재하지 않는

데 있다고 보는 것은 새끼줄을 뱀으로 착각하는 것이며, 착각하여 존재하는 것처럼 보이는 것이 실제로 '없다'는 것입니다.

그래서 본래 현상이 없음의 무無임을 알아 마음의 움직임을 자연스럽게 멈추게 하는 '상相 없음의 공에 머물기' 좌선을 합니다. 특히 몸 사라짐을 체험하고 몸의 형상이 없는 상태에서 마음의 영역으로 들어가기 위해 상相 없음에 머물기 수행을 합니다. 수행을 통해 상을 취하지 않게 되고 모든 분별심이 사라져 텅 빔이 나타납니다. 이 텅 빔에 초점을 맞추고 머물러 익숙해지면 '오직 마음뿐 다른 경계가 없다'는 명료한 마음이 나타납니다. 이 명료한 마음에 머물기 수행을 하면 마음의 청정하고 텅 빈 본성으로 들어갑니다. 무분별지無分別智라는 깨달음이 일어납니다. 현실적으로 번뇌 망상에 가려있던 마음 공이 나타납니다. 마음 공은 불변의 마음이며 대상이 있거나 없거나 늘 깨어있어 명료한 앎이 늘 현현하고 있습니다.

1) 모든 상相에 대해 '없다'를 취하여 걸어가는 행경선行鏡禪

상相 없음을 취하여 걸어감으로써 상相에 머물지 않고 걸어갑니다. 일상에서 유정 중생을 위해 상에 머물지 않는(無住相) 보시를 행할 수 있습니다.

■ 걷는 순간순간 지나간 발걸음은 되돌아오지 않아 '상相 없음'을 알아차리고, 미래의 발걸음은 오지 않아 '상 없음'을 알

아차리고, 현재 이 순간의 발걸음도 머물지 않아 '상 없음'을
알아차리면서 '상 없음'의 걸음걸이로 걸어갑니다.
- 걷는 순간순간 발자취를 남기지 않음을 보면서 '상相 없음'
의 상태로 걸어갑니다.
- 의식이 몸과 한 공간이 된 상태에서 오감의 문을 열고 주변
과 한 공간을 이루면서 걸어갑니다.
- 주변과 한 공간을 이루면서 걸을 때 부분을 인식하는 것이
아니라 한 덩어리로 전체를 인식하는 전체의식이 되어 한 생
각도 일어나지 않는 상태로 걸어갑니다.
- 주변이 고요함을 알아차림과 동시에 지속적으로 날카로운 알
아차림이 유지되는 성성하게 깨어있는 상태로 걸어갑니다.
- 뒤로 지나가는 풍경까지 보면서 걸어갑니다.
- 마음의 공간이 확장된 전체의식 상태로 걸으면서 오직 마음
뿐 다른 경계가 없는 고요함 속에서 나와 주변을 객관적으로
비추는 거울 상태로 걸어갑니다
- 몸과 사물과 한 공간을 이루고 있는 상태를 유지하며 근육의
움직임 등 온몸의 감각을 알아차리고 공기, 햇빛, 소리 등 오
감의 문에 접촉되는 보이고 들리는 등의 모든 것을 깨어있으
면서 걸어갑니다.
- 몸과 사물과 한 공간을 이루며 거울이 대상을 의도 없이 무
심히 비추듯이 고요함 속에서 날카로운 알아차림이 지속되
는 상태에서 보이는 나무들, 땅, 바위 등이 상호의존함을 보

면서 걸어갑니다. 더 나아가 상호의존하여 이루고 있는 상相에 머물지 않고 상호의존에는 독립된 개체가 존재하지 않음을 인식하면서 상相 없음에 머물면서 걸어갑니다.

— 동시에 동서남북 위아래에서 들리는 무상한 소리의 자취 없음을 알아차리면서 걸어갑니다.

— 그 밖에 냄새, 맛, 촉감까지 무상하고 자취를 남기지 않음을 알아차리면서 걸어갑니다.

— 우주와 한 공간을 이루면서 보이고 들리는 등 모든 것을 한 공간의 마음거울로 보고, 듣고 느끼고 알면서 실체 없음, 자취 없음의 상相 '없다'를 취하면서 걸어갑니다.

마음 빛
사방을 비추며
동시에
수행자 자신도 비추어
그림자를 남기지 않네.

2) 상相을 놓아버리고 상相 없음의 '없다'에 머물러 공성 깨닫기
좌경선坐鏡禪

존재의 끝인 이理의 무無를 보려면 먼저 몸과 마음을 대상으로 수행하여 심안이 생겨야 하며 그 심안으로 대상을 발생과 소멸로 보면 이는 무상을 보는 혜안입니다. 생기고 사라지는 현상을 소유할 수 없음을 알면 불만족의 고苦를 아는 지혜이며 자신의 의지대로 생김은 사라지게 하고 사라짐을 생기게 할 수 없음을 알면 무아의 지혜입니다. 나아가서 머물지 않는 현상에 대해 과거의 현상은 지나가서 없고 미래의 현상은 오지 않아서 없으며 현재도 머물지 않음을 보면 지혜의 눈인 혜안이 깊어진 것입니다.

더 나아가서 현상의 생김과 머묾과 소멸을 보면 알아차림의 집중력이 높아집니다. 이러한 알아차림으로 생기는 순간순간 자취가 없고 소멸하는 순간순간 자취가 없음을 보고 몸에는 주재하는 자아가 없으며 몸이 사라지고 난 후 자아 노릇을 하는 마음도 주재하는 자아가 없음을 분명하게 보면 무아의 지혜를 얻습니다. 이는 사람과 보이고 들리는 경계 가운데 사람에게 자아가 없다는 아공我空의 경지입니다. 하지만 이것은 마음의 자성 없음을 체득한 것은 아닙니다.

상相을 놓아버리고 상相 없음의 '없다'에 머물러 공성 깨닫기 좌경선坐鏡禪은 주재하는 자아가 없어 무아, 즉 아공我空의 지혜를 전제로 합니다. 물론 아공의 지혜가 생기지 않아도 수행하는데 문제는 없습니다. 다만, 아공의 지혜가 있는 수행자라면 더 빨리 더 깊게 수행이 가능합니다.

이 과정을 네 단계로 나눌 수 있는데 첫째, 사람 무아와 경계 있음(아공我空) 둘째, 경계를 공으로 빼앗고 마음을 드러내기 셋째, 마음을 공으로 빼앗고 경계는 공 그대로 두기 넷째, 마음도 경계도 그대로 두기입니다. 여기서는 아공을 전제로 하고 십우도十牛圖, 사작의四作意, 육력六力, 구주심九住心을 함께 표시하여 이를 다시 세 단계로 나누고 정리하였습니다.

공空의 뜻은 깨달음의 뜻입니다. 공은 상相이 없어 상을 만나면 상이 소멸합니다. 아我와 법法을 공 하나로 깨치기 위해 사마타의 좌경선을 합니다. 이 좌경선은 공성에 대해 사유 통찰하여 공성에 대한 이해를 전제로 합니다. 즉, '상相을 놓아버리고 상 없음(無相)을 유지'하고, '상相 없음의 이理의 무無에 의존하여 마음 공에 머물기'를 통해 공성을 깨치는 것입니다.

상은 이름이 있고 상과 이름은 곧 분별을 일으킵니다. 상을 놓아버리면 이름을 떠나고 분별이 사라집니다. 여기서 분별은 존재하지 않는 것을 존재하는 것으로 보는 인식을 말합니다. 즉, 분별은 착각입니다. 솥뚜껑을 보고 자라로 착각하는 것과 같습니다. 자라는 본래부터 존재하지 않았습니다. 그래서 '없다'는 바른 인식이 필요합니다. 형상이 보이고 이름 붙일 수 있는 것은 모두 착각의 분별이 일어나므로 그 분별을 멈추는 것입니다.

이름 붙일 수 있는 현상이 보이면 보지 않고 놓아버려야 하는데 이것이 되지 않으면 눈에 힘을 빼는 것이 도움이 됩니다. 우리는 습관적으로 보려고 하기 때문입니다. 아무것도 없는데 보려고 하면 보려는 의도 때문에 대상이 만들어져 나타납니다. 보려는 의도를 멈추기 위해 눈에 힘을 빼는 것입니다. 즉, 현상의 상에는 이름이 붙고 분별이 일어나는데 눈에 힘을 빼고 고요함이 있으면 상이 없으므로 분별이 멈춥니다. 고요하고 상이 없으면 그 자리가 바로 공입니다. 이제 그 공에 머뭅니다. 하지만 끊임없이 상이 생긴다면 한발 더 나아가서 '상相 없음의 이理의 무無에 의존하여 마음 공에 머물기'를 해야 합니다.

'상相 없음의 공성 깨치기 수행'의 이해를 돕기 위해 아래에 십우도十牛圖, 사작의四作意, 육력六力, 구주심九住心을 함께 도식화했습니다.

(1) 경계를 공으로 빼앗고 마음을 드러내기 – 법공과 심일경성

여기서부터 상相을 놓아버리고 상相 없음의 '없다'에 머물러 공성 깨닫기 좌경선坐鏡禪의 수행 단계입니다. 즉, 심우尋牛-견적見跡-견우見牛-득우得牛-목우牧牛-기우귀가騎牛歸家까지가 경계의 공에 의지하여 마음을 드러내는 단계입니다. 이 단계는 번뇌를 소멸시키고 깨달음을 얻고자 하는 열망으로 이루어집니다. 무지로 인해 생기는 번뇌를 없애기 위해 내 밖에 있는 보이고 들리는 등의 다양한 대상 경계가 실체가 없어 공함을 보는 지혜가 생기면 법공입니다. 이 법공이 이理의 무無이며 이 이理의 무無를 의지하여 상相의 자취 없음에 머무는 명상을 하면 심일경성心一境性의 전체의식이 드러납니다.

경계의 바람은 번뇌의 파도를 일으키네.

공으로 경계를 제거하여 마음을 드러내고

심일경성心一境性을 이룬 후

진여삼매에 들어가

깨달음을 얻네.

① 상相을 놓아버리고 상 없음(無相)을 유지하기

상相을 놓아버리고 '상 없음'을 유지하기는 주객이 없는 마음 진여를 깨치고 체득하는 방법입니다. 처음에는 상 없음에 지속적으로 머물기가 어렵습니다. 왜냐하면 아직 상 없음을 기억하지 못하기 때문입니다. 상을 놓아버리기를 반복하면 상 없음이 명확하게 기억되고, 상 없음에 머물기가 쉬워집니다. 상을 놓아버리기는 상 없음에 머물기 위한 사전 작업입니다.

애써서 주의함을 이어가기

● 청문聽聞의 힘 – 5상相에 의지하지 않고 안으로 마음이 머무는지를 확인하기 – ① 尋牛

스승이 가르친 대로 소를 찾으려고 수행의 길에 들어서는 마음인데 청문의 힘에 의해 달성됩니다. 또한 밖의 대상으로부터 그 마음을 안쪽의 대상에 집중하는 것입니다. 그래서 안으로 머무는 마음(내주심內住心)이라고 합니다. 처음으로 마음의 상태를 인지하는 단계로 산란하거나 들뜸이 많고 의심이 많이 일어납니다.

■ 숨을 들이쉬고 내쉬면서 어깨에 힘을 빼고 척추를 곧게 세우고 왼손바닥을 펴서 그 위에 오른손바닥을 펴고 엄지손가락을 맞댄 후 배꼽 아래에 두는 법계정인法界定印을 합니다.

■ 눈을 감고 마음을 안으로 돌리고 숨을 들이쉬고 내쉬면서 코끝에 시선을 잠시 두고 호흡을 보지 않습니다.

■ 의식을 발가락, 정수리, 손가락 끝 세 곳에 두고 이를 한 경계로 삼아 무심히 집중합니다.

■ 보이는 이미지나 현상이 있으면 보지 않습니다. 상相을 보면 마음이 주객으로 나누어지기 때문입니다. 만일 보이면 눈에 힘을 빼고 물건을 놓아버리듯이 대상을 인식하는 마음을 놓아버립니다. 현상과 이미지가 나타날 때마다 이와 같이 놓아버립니다.

■ 삼매의 현상으로 허공이 나타나도 의지하지 않으려고 노력하면서 놓아버립니다.

■ 흙·물·불·바람 사대四大의 삼매 현상이 나타나도 의지하지 않으려고 노력하면서 놓아버립니다.

■ 밖의 경계를 보고·듣고·느끼고·아는(見聞覺知) 것에도 의지하지 않으려고 노력하면서 놓아버립니다.

■ 이와 같이 노력하여 마음이 안으로 머무는지를 확인합니다.

시공간 속에 빠져
생사의 괴로움 당하다가

콧구멍이 본래 없어

코뚜레에 꿰어 자유 잃을 염려 없고

숨 쉬지 않아 생사 굴레 벗어났다는 소 이야기

바람결 들리는 지혜의 소리

코 자극하는 자비의 향기

한 가닥 깨달음의 빛줄기 번쩍이네.

길은 많아 헷갈리고

바위와 넝쿨 험악하도다

용기백배

콧구멍 없는 소 찾아 길 떠나네.

② 상相 없음의 이理의 무無에 의존하여 상相을 없애기

상相 없음의 이理의 무無에 의존하여 마음 공에 머물기에는 첫째, 이름은 상相이 있고 상은 여러 요소의 결합체이며 결합체는 반드시 해체되고 실체가 없다고 공을 분석 사유하여 이름과 상相은 공하여 없음인 공의 무無를 이해하고 이해로써 공의 무無를 드러낸 후 둘째, 이해로써 드러난 공을 사유로써 겨냥하고 기억하여 직관으로 공의 무無에 머물고 깨닫기가 있습니다.

처음의 사유 통찰은 공을 드러내기 위한 추리이며, 다음 단계인 기억하여 공의 무無에 집중하여 머물기는 직관(sati)입니다. 공을 사유 통찰하여 공이 드러나면 더 이상 사유 통찰할 필요가 없습니다. 말하자면 집안에 뱀이 들어오면 먼저 뱀을 퇴치하는 방법을 숙지하고 Y자형 막대기를 준비하여 뱀 머리를 Y자형 막대기로 누르고 잡아 자루에 집어넣고 멀리 밖으로 보내버립니다. 그다음 날 뱀이 또다시 집안으로 들어왔다면 이제는 뱀을 퇴치하는 방법을 숙지하지 않고 곧바로 뱀 머리를 Y자형 막대기로 누르고 잡아 자루에 집어넣고 멀리 밖으로 보내는 일을 빠른 속도로 하나하나의 단계에 일일이 신경 쓰지 않고 자연스럽게 할 수 있습니다. 이와 같이 사유 통찰하여 공이 드러나면 더 이상 사유 통찰하지 않고 곧바로 직관하여 공의 이理에 들어갑니다. 공을 직관할 때의 그 공은 마음 공입니다.

● 사유의 힘+정념의 힘-5상相에 의지하지 않음을 기억하고 그 기억으로 일체 모든 상을 제거하기-②見跡

대상에 대해 사유하는 힘과 기억하는 힘으로 상相 없음을 포착하고 집중하여 잠시라도 그 마음을 상 없음에 묶어두어 경계(相)를 좇아 달리는 마음을 모두 없앱니다. 이것이 일체 상相을 제거하는 평등하게 머무는 마음(등주심等住心)의 단계입니다. 하지만 혼침과 들뜸이 많이 일어나고 자꾸 놓치게 되어 안주하는 힘이 약합니다.

보이지 않고 접촉할 수 없는 대상을 아는 방법은 추론입니다. 우리는 공空, 무無 등 감각으로 인식하기 어려운 고차원적인 개념을 이해할 때 추론을 씁니다.

견적見跡의 뜻은 소의 발자취를 보는 것이지 마음 소를 직접 직관하는 것이 아닙니다. 소의 발자취를 통해 소 있음을 추론하는 것입니다. 볼 수 없고 접촉할 수 없는 궁극적인 것이 추론으로 드러나면 정념의 직관으로 확인합니다.

— 놓아버림을 계속하는데도 현상의 이미지가 끊임없이 나타난다면 현상의 공空의 무無를 생각하고 5상相에 의지하지 않음을 기억합니다. 그 기억으로 현상의 이미지를 제거합니다.
— 5상相에 의지하지 않다는 기억으로 현상의 이미지를 제거하는 힘이 약하면 다시 이理의 무無를 다음과 같이 사유 통찰합니다.
— 상相이 있으면 이름을 붙일 수 있고 분별이 일어납니다. 상이 있는 찻잔을 분석 사유해 보면 상에는 실체가 없고, 실체 없음의 관점에서 관찰해 보면 상은 본래 존재하지 않음을 알 수 있습니다. 찻잔이 만들어지는 과정을 상상 속에서 시각화하여 분석 사유합니다.

추론

● 찻잔을 만들기 위해서는 먼저 흙에 물을 섞어 반죽합니다. 물레에 올려 찻잔 모양을 만든 후 그늘에 말리고 유약을 칠하여 가마에 넣어 굽습니다. 다시 그 찻잔에 그림을 그리고 유약을

한 번 더 칠하고 가마에 넣고 구우면 찻잔이 완성되고 완성된 찻잔의 실체를 분석 사유합니다.

- 이러한 과정을 분석 사유하면서 찻잔은 처음부터 존재해 있었던 것이 아님을 알아차립니다.
- 흙·물·불·바람과 사람의 정성이 결합된 것이므로 반드시 해체될 운명이라는 것을 알아차립니다.
- 이를 통해 찻잔은 물질(色)이면서 동시에 내재하는 실체가 공空하다는 것(色卽是空)을 사유 통찰하며 공한 이것이 곧 물질이라고 사유 통찰합니다(空卽是色).
- 오로지 공만 인식될 때 공은 생멸이 없고, 증감이 없음을 사유 통찰합니다.
- 이와 같이 찻잔의 상은 본래부터 실체로서 존재하지 않는데 다만 존재한다고 착각할 뿐임을 알아차립니다. 찻잔의 상에만 국한된 것이 아니라 형상 있는 모든 것이 이에 해당됨을 이해하고 기억합니다.

직관

— 본래부터 존재하지 않음은 처음도 존재하지 않고 끝도 존재하지 않고 중간도 존재하지 않음을 알 수 있습니다. 그러므로 없음의 무無를 의지하여 현상과 이미지가 본래부터 존재하지 않아 실체가 없음이라는 이理의 '없다(無)'를 이해하고 5상에 의지하지 않음을 기억합니다. 그 기억으로 현상과 이

미지를 직관적으로 제거합니다.

— 이理의 '없다(無)'를 이해하고 5상에 의지하지 않음을 기억합니다. 그 기억으로 호흡 현상을 직관적으로 제거합니다.

— 5상에 의지하지 않으면 상相 없음으로 몸의 형상이 사라져 갑니다. 의지하지 않는다는 것은 그 대상에 집착하지 않는다, 얽매이지 않는다, 구속받지 않는다 등의 말과 통합니다. 우리는 사물을 불완전한 감각기관, 편협한 지식과 경험 등으로 이해하려고 하기 때문에 실체를 정확하게 인식하기 어려운데 이제 5상에 의지하지 않음을 기억하는 마음으로 바로 현상을 꿰뚫어 보기 시작합니다.

— 몸의 형태가 사라져 삼매 현상으로 나타나는 텅 빈 허공도 역시 상相이므로 5상에 의지하지 않는 기억으로 이理의 무無를 취하여 허공을 제거합니다.

— 아무것도 없는 허공 상태에서 딱딱하거나 거칠거나 부드럽거나 가벼운 흙의 현상, 차갑거나 따뜻한 불의 현상, 밀고 당기는 바람의 현상 등이 나타나더라도 이理의 '없다'에 의존하여 5상에 의지하지 않는 기억으로 무無를 취하여 현상을 제거합니다.

— 밖의 대상을 인식하여 보고(見) 듣고(聞) 느끼고(覺) 알았던(知) 경험에 의지하는 생각이나 현상도 이理의 무無를 취하여 제거합니다.

콧구멍 없는 소를 찾기 위해

들었던 소문을

깊이 거듭 생각해 보니

종이와 먹은

오히려 분별심 일으켜

호흡하고 땀 흘리게 하네.

숨 쉬지 않는 길 따라

땀 흘리지 않고 눈을 뜨니

그놈의 자취 분명하도다.

드디어 콧구멍 없는 소의 발자국 발견했네.

③ 이理의 무無에 머물러 전체의식인 한마음을 드러내기

끊어짐이 있는 집중을 이어가기

● **정념正念의 힘 – ③見牛**

5상에 의지하지 않는 기억으로 또한 없앤다는 생각마저 버리니 텅 빈 마음(소)이 보이기 시작합니다. 견우見牛의 뜻은 소의 발자취를 보고 소를 추론하여 소 있음이 드러났다면 이제는 소 자체를 직관하는 것입니다. 즉, 상 없음에 머무는 집중을 놓치기도 하지만 다시 상相 없음을 기억하여 상 없음에 마음을 붙들어 현상을 분별하는 분별을 없애는 것이 가능합니다. 즉, 상 없음을 놓치고 붙드는 것을 반복하는 단계이며, 상 없음이라는 대상에 머물러 상 없음을 인식하는 그 인식이 꿰뚫어가는 인식으로 바뀌어 갑니다. 그 결과 완전히 분별을 쉬게 됩니다. 그래서 편안히 머무는 마음(안주심安住心)이라고 합니다.

— 온몸이 보일 때는 세 곳에 함께 둔 의식이 몸과 한 공간을 이루고 이때 온몸을 보고 있는 것은 전체의식입니다. 몸의 형태가 사라졌다면 텅 빈 몸 전체를 보고 있습니다. 이제 굳이 세 곳에 의식을 두지 않아도 됩니다. 번뇌에 가려있던 '보는 성품'[69]이 나타나기 시작하기 때문입니다.

— 세 곳에 의식을 두고 온몸이 보이면 형상, 호흡, 허공, 흙·물·불·바람의 사대四大, 견문각지에 의지하지 않는 상相 없음의 기억으로 나타나는 현상을 없앱니다.

— 몸의 형태가 사라져 텅 빈 허공이 나타나도 허공 역시 상相이므로 5상에 의지하지 않는 기억으로 이理의 무無를 취하여 허공을 제거하고 제거했다는 생각마저 버립니다.

---

[69]　보는 성품은 불변不變하므로 사물이 있을 때도 보고 사물이 없을 때도 봅니다. 大株慧海의『頓悟入道要門』「無所見」爲見性 常故 有物之時 卽見 無物之時 亦見也

- 아무것도 없는 허공 상태에서 딱딱하거나 거칠거나 부드럽거나 가벼운 흙의 현상, 차갑거나 따뜻한 불의 현상, 밀고 당기는 바람의 현상 등이 나타나더라도 이理의 '없다'에 의존하여 5상에 의지하지 않는 기억으로 무無를 취하여 현상을 제거하고 제거했다는 생각마저 버립니다.
- 수행자 본인이 보고(見) 듣고(聞) 느끼고(覺) 알았던(知) 경험에 의지하는 생각이나 현상도 이理의 무無를 취하여 제거하고 제거했다는 생각마저 버립니다.
- 상相을 제거했다는 생각마저 버리므로 전체의식(牛)이 나타나기 시작합니다.

휘영청 달밤에 아득히 들려오는 피리소리

바위에 걸터앉아 감상하다가

번개같이 스쳐가는 찬바람

머릿속 광장 잡다한 쓰레기 쓸어가고

지나가는 바람 흔적 남기지 않아

가끔 텅 빈 허공에 눈이 생겨

저 멀리 콧구멍 없는 소를 바라보네.

별안간 나타난 눈앞의 토끼 얼쩡거리고

원숭이 나무에서 재주부려 마음 홀리니

콧구멍 없는 소를 보고도 잡지 못하네.

가까이 머무는 마음(근주심近住心)은 모든 것은 본래 어떤 모습이 없어 불생불멸不生不滅하므로 마음을 밖으로 움직이지 않게 안으로 향하여 점점 미세하게 하여 불생불멸인 이理의 무無에 머무는데 놓치지 않습니다. 즉, 5상相에 의지하지 않아 텅 빔에 머무는 기억의 힘으로 텅 빔에 머무는 마음인 전체의식이 나타납니다. 이 전체의식은 오직 마음뿐 다른 경계가 없는 마음입니다. 이 마음을 놓치지 않습니다. 하지만 거친 혼침과 들뜸이 있어서 이를 알아차림만으로는 부족하고 정지正知의 대치법으로 다스려야 합니다.

현상의 끝이 실체 없음인데 실체 없음의 '없다'가 공의 표현인 동시에 여如의 표현입니다. 꼬리를 물고 일어나는 잡생각이나 이미지로 나타나는 망상과 망념에 대해 앞서 분석한 찻잔의 실체 없음을 떠올려 상相을 제거하고 제거했다는 생각마저 버리므로 인하여 모든 것은 본래부터 자체 모습이 없음(一切法 本來無相)[70]이 확실히 각인되어 물질적인 형상, 나타나는 다양한 이미지 모두 생겨나는 것도 없고 사라지는 것도 없음을 기억합니다. 생멸하는 현상을 보면서 생멸이 없는 이理의 '없다(無)'에 집중하여 머물러 놓치지 않고 지속시키는 힘이 있는 수행을 합니다.

— 머물지 않음의 자취 없는 상相 없음의 '없음'의 기억으로 생멸하는 현상을 보면서 생멸이 없는 이理의 '없다(無)'에 집중

---

[70]   『대승기신론』「止」편

하여 머물러 지속시키는 수행을 합니다. 그리하여 드러나는 전체의식이 혼침과 들뜸으로 가려지지 않게 합니다.

- 몸의 형태가 사라져 허공의 상태가 되더라도 흙·물·불·바람의 사대四大 현상이 나타납니다. 사대四大 현상은 모두 감각으로 나타납니다. 이와 같은 현상의 일어나고 사라짐을 볼 때는 현상의 발생과 머묾과 사라짐을 관찰합니다. 이와 같이 현상의 생주멸生住滅을 볼 수 있는 것은 집중력이 좋기 때문입니다.

- 그다음은 생길 때도 사라질 때도 순간순간 자취 없음을 보아 자취 없음은 불생불멸임을 관찰하고 이것이 이理의 무無임을 알아차리고 머뭅니다.

- 또 다른 관찰 방법은 생기는 순간순간 소멸이 없고 사라지는 순간순간 생김이 없음을 보면서 생멸이 곧 실체가 없어 불생불멸임을 꿰뚫어 봅니다. 곧 망념본공妄念本空임을 이해합니다.

- 현상이 불생불멸하여 망념이 본래 없음의 '없다'에 집중하여 머물러 지속하다가 '없다'를 인식하는 마음이 드러나면 그 마음이 전체의식이고 이것을 명상의 대상으로 삼습니다. 전체의식으로 드러난 마음에 집중하면 몸에 진동이 일어나거나 밖의 소리가 차단되는 현상이 생길 수 있습니다.

- 없음에 머묾이 익숙해지면 상相이나 생각들이 생기는 즉각 사라집니다. 마치 화로 위에 눈이 떨어지는 순간 바로 사라

지는 것과 같습니다. 이와 같이 자취 없음에 집중하여 머무는 방법으로 전체의식이 유지되도록 합니다.

— 이理의 '없다(無)'에 머물더라도 혼침과 들뜸이 끼어듭니다. 그때는 즉각 알아차리고 직전의 상태인 이理의 무無에 머뭅니다. 직전의 상태로 되돌아가지 못하면 광명이 몸을 비추는 상상을 하여 혼침에서 벗어납니다. 들뜸이 일어나면 들뜨게 하는 밖의 대상이 찻잔같이 실체가 없어 무無임을 관찰하여 머물고 들뜸을 극복합니다.

> 모든 상相은 허망하여
> 煩惱가 本空이라
> 인식하는 마음만
> 존재함을 안다면
> 수행은 일사천리
> 용광로 불꽃 속엔
> 순금만 남으리라.

④ 이理의 무無에 머물러 한마음을 움직이지 않게 하기

● 정지正知의 힘 – ④得牛

정지의 힘 속에 정념인 바른 기억의 힘이 없어진 것이 아닙니다. 정념이 익어져서 선천적으로 가지고 있는 것처럼 작용합니다. 마음이 밖으로 경계를 따라 움직이므로 밖의 경계를 생각해서는 안됩니다(調順心). 밖의 경계를 생각할 때 발생할 허물을 생각하는 마음의 힘으로 움직이는 마음을 제거합니다(寂靜心). 전체의식이 더 이상 움직이지 않는 상태로 소를 얻은 경계(得牛)입니다. 이 득우得牛부터 마음 먹기(作意)만 하면 마음의 움직임을 멈출 수 있는 힘이 생기기 시작합니다. 오직 마음뿐 다른 경계가 없는 상태로 발바닥, 정수리, 손가락 끝에 의식을 두고 걸을 때 온몸이 거울에 비치듯이 다 보이고 고요함 속에 날카로운 알아차림으로 지속되면 마음이 전체의식으로 한덩어리가 되어 움직임이 없는 상태가 됩니다. 행경선과 좌경선을 함께 하면 목우의 경계로 나아가는데 도움이 됩니다. 앞으로 마음먹음이 지止가 됩니다.

『원효의 해동소』에서는 다음과 같이 설하였습니다.

"무엇을 '조순調順'이라고 하는가? 온갖 모습이 마음을 어지럽게 하니, 말하자면 온갖 색깔·소리·냄새·맛·접촉의 경계와 탐욕·성냄·어리석음의 마음과 남녀와 같은 모습들이다. 그러므로 수행자는 먼저 저 모습들이 모두 근심이라고 생각을 가지고, 근심이라는 생각을 키움으로 말미암아 저 모든 모습에서 마음을 꺾어서 흐트러지지 않게 하므로 '조순'이라고 한다."[71]

— 이제 마음의 영역으로 들어온 것입니다. 자취 없음에 집중하

---

71   「해동소」止편 "云何調順 謂種種相 令心散亂 所謂 五塵三毒 男女等相 故彼先應取 彼諸相爲過患想 由如是想 增上力故 於彼諸相 折挫其心 不令流散 故名調順"

여 머물러 전체의식이 유지되도록 하지만 밖의 대상을 인식하여 보고 듣고 느끼고 아는 마음이 나갔다가 돌아왔다 할 것입니다.

— 그때 밖의 대상에 대해 그 대상이 깨끗하지 못하여 역겨움을 생각하거나 그 형상이 무상하게 변하므로 소유할 수 없고 소유할 수 없으므로 불만족스러운 허물임을 생각하고 그 생각의 힘(正知의 힘)으로 경계를 좇는 마음을 꺾어서 밖으로 산란하지 않게 합니다.

— 삼매가 가져올 이익을 생각함으로써 밖의 대상을 향해 움직이는 들뜨는 마음을 안으로 돌릴 수 있습니다.

— 마음을 안으로 돌릴 때는 의식의 공간을 자각하여 들뜸을 해소할 수 있습니다. 즉, 텅 빈 몸의 앞뒤 좌우 아래위 전체를 보면서 전체의식을 자각하고 집중하면서 머뭅니다.

— 이제 전체의식이 곧 오직 마음뿐으로 다른 경계가 없는 상태임을 기억합니다.

공성의 텅 빔 기억의 밧줄로
콧구멍 없는 소 코뚜레 꿰었네.

몸부림치는 소
원숭이들 춤으로 유혹하나
무상 무소유의 화살로 쫓아버리고

오직 마음뿐 다른 경계 없음을 지키네.

━ 적정寂靜한 마음(寂靜心)에 이르는 방법은 허물을 생각하는 마음의 힘으로 움직이는 마음을 제거하여 움직이지 않게 하는 것입니다. 마치 도망가는 소를 밧줄로 묶어서 도망가지 못하도록 붙들고 움직이지 못하게 하는 것과 같습니다. 적정의 마음은 전체를 보는 심왕心王만 있는 상태입니다.

마음을 안으로 돌려 전체의식에 집중하는 힘 때문에 마음이 미세하게 가라앉을 수 있습니다. 사람이 어둠 속에 들어간 것 같거나, 혹은 눈을 감은 것처럼 마음이 대상을 똑똑하게 볼 수 없는 그때는 이미 마음이 침몰이 되었음을 알아차려야 합니다. 이 알아차림이 혼침을 대치할 수 있는 정지正知를 일으킵니다. 그것은 곧 태양 빛이나 달빛, 전등 빛이 자신을 비추는 상상을 하여 혼침을 없애고 깨어있게 합니다. 물론 잠이 쏟아지면 걷거나 찬물로 얼굴을 씻을 수도 있습니다. 만일 혼침이 제거되었다면 그 즉시 전체의식을 인식하여 놓치지 않습니다.

━ 전체를 보고 있는 마음(전체의식)을 봅니다.

━ 이제 마음이 밖의 대상으로 나가려고 하면 대상의 허물을 생각하고 마음의 움직임을 제거합니다. 마음이 멈출 때의 고요한 상태를 기억합니다.

━ 만일 대상의 허물을 생각하고 마음의 움직임을 제거함을 놓

쳐서 또다시 마음이 밖의 대상을 향해 나가면 주변 대상을 보는 시선(마음)을 보면서 마음을 안으로 돌립니다.

— 보이는 마음은 모양과 색깔이 없으므로 그 마음을 인식할 때 인식하는 마음이 미세해지고 텅 비면서 깨어있고 고요한 상태가 됩니다.

— 마음이 미세하고 텅 비면서 깨어있고 고요한 상태를 유지합니다.

슬그머니 찾아오는 원숭이
깨어있음의 여물을 빼앗으려
되새김질 소를 방해하네.

허공을 가르는
빛의 그물로 포획하여
흔적 남기지 않으니
깨어나는 그대로
고요함 즐기는 소
또록또록 하구나.

⑤ 한마음을 기억하는 그 기억에 머물기

● 정진의 힘 – ⑤ 牧牛

미세한 혼침과 들뜸이 생겨도 정진할 마음을 내면 곧 없어집니다. 그래서 오직 마음뿐인 경계를 기억하는 그 기억에 머묾에 방해가 되지 않습니다. 하지만 오직 마음뿐임을 기억하더라도 오직 마음뿐임과 기억함은 서로 상대하고 있습니다. 오직 마음뿐인 삼매인 심일경성心—境性이 아닙니다. 사물은 자성이 없어서 대상으로 관찰할 수 없기에 오로지 마음뿐임에 집중하고 머무는 것입니다. 혼침과 들뜸이 일어나더라도 장애가 되지 않으므로 끊어지지 않는 삼매에 들어갑니다. 마치 소를 길들이듯 마음을 마음뿐임으로 길들이는 것입니다.

- 마음이 바깥 경계를 따라 움직이면 밖의 대상을 인식하는 마음을 알아차리고 오직 마음뿐임을 기억하고 있는 그 기억에 머뭅니다. 안의 마음이 모습이 포착될 때마다 공의 '없다'에 머물러 마음의 모습이 없어 텅 빈 마음으로 깨어있으면서 고요한 상태(最極寂靜)를 유지합니다.
- 탐심·번민·혼미·수면 등이 일어날 때는 곧바로 끊고 제거합니다.
- 번뇌를 따라 일어나는 미세한 생각들이나 산란한 감정들이 일어나더라도 정진의 힘으로 그것을 알아차리고 역겨운 것을 토하듯이 받아들이지 않습니다.

  텅 빔에 깨어있어 방해꾼들 놀라 도망가고
  고요한 마음에 머물러 물러나지 않아

뀔 콧구멍이 사라졌네.

밖의 경계도 본래 없는 모습이라

구속하던 마음도 본래 없음 알았네.

두 날개 활짝 펴고 창공을 날도다

날개를 움직여 날려고 하지 마라

그냥 텅 빈 눈을 뜨고 편 날갤랑 허공에 맡겨두게.

끊어짐 없이 집중을 이어가기

— 가고 서고 앉고 눕는 일상생활의 모든 행위에서 오직 마음뿐임을 기억하고 그 기억에 머무름을 놓치지 않고 관찰합니다. 좌경선 때는 오직 마음뿐인 그 기억에 머물러 오직 마음뿐인 상태로 마음이 움직이지 않는 상태입니다.

하지만 끊어짐 없이 집중을 이어가면서 자연스럽게 머물 수 있기 위해 노력합니다. 삼매의 완전한 흐름이 생긴 상태로 바른 기억과 바른 앎(正知)으로 마음을 쓰면 바로 삼매에 들 정도입니다.

이와 같이 전주일취專住一趣는 오직 마음뿐임에 머무는 이 한곳에 몰입하여 빈틈 없이 심일경성心一境性인 삼매의 힘이 이어지므로 오래도록 익숙하게 익어서 오직 마음뿐임인 기억에 머무는 상태를 얻습니다.

가도 가는 줄 모르고

먹어도 먹는 줄 모르니

그냥 습관에 따를 뿐

마음에 눈이 없고

귀가 없고 코가 없고

혀가 없고 몸이 없고

감정 없고 생각 없어

오직 마음뿐

가도 가도

다른 경계가 없어라

그 모습 삼매 심일경心一境

도낏자루 썩는 줄 몰라.

힘들이지 않고도 집중이 이어지기

● **관습의 힘 –** ⑥騎牛歸家

― 마음이 상相 없는 이理의 무無에 머물러 마음뿐인 심일경 삼매에 들어갔다면, 애쓰지 않아도 마음은 한마음 경계(심일경)에 머뭅니다. 심일경心一境 명상은 마음먹음(作意)이 자발적이며 명상하는 동안에 시각·청각·후각·미각·촉각·의식들은

한마음이 되어 완전히 몰입되고, 더 이상 외부의 자극에 반응하지 않습니다. 실제로 행함이 없고 저절로 성취되는 그 자체로써 그 마음이 흐트러지지 않는 삼매의 연속에 들어가게 됩니다. 그래서 그 이름을 등지等持라고 합니다.

명상의 힘에 상응하여 명확성과 안정성도 증가하고, 평화와 행복을 가져옵니다. 안색은 생기가 넘치고 환하게 빛나며, 몸이 가볍고 힘차게 느껴지고, 거칠고 큼직한 음식에 대한 의존이 감소합니다.

이 등지의 마음이 이理의 무無인 텅 비어 안과 밖이 없고 높고 낮음이 없는 여여如如함에 머물러 있는 고요한 모습입니다. 이 때문에 마음이 한마음인 소를 타고 진여삼매의 집으로 들어갑니다. 이와 같이 '등지'의 마음이 진여에 머물러 있는 모습이기에 '진여삼매에 들어간다'고 말합니다.[72]

물속으로 떠밀어도 가라앉지 않고
날개로 허공에 머물러도 뜨지 않네.
한마음은 여여함의 말을 타고
여여님의 고향으로 시간차時間差 없어라.

---

72   『대승기신론』「해동소」止편 "次言 以心住故 漸漸猛利 隨順得入眞如三昧者 是明第九等持之心 由前淳熟修習力故 得無加行無功用心 遠離沈浮 任運而住 故名等持 等持之心 住眞如相 故로 言得入眞如三昧"

(2) 마음을 공으로 빼앗고 경계는 공 그대로 두기 – 진여삼매와 깨달음

망우존인忘牛存人과 인우구망人牛俱忘이 마음을 공으로 빼앗고 경계도 공으로 빼앗는 단계입니다. 전체의식이 대상을 따라가는 움직임이 없는 상태인 오직 마음뿐인 경지에서 오직 마음뿐인 기억에 머물고 일상생활에서 이 방편을 잊지 않고 좌선 중에 오직 마음뿐인 심일경성의 등지가 되면 이理의 무無의 영향으로 등지의 마음이 자성이 없는 여여如如로 바뀌므로 이理의 무無가 진여가 되며 이 진여를 타고 진여삼매로 들어가는 것입니다. 이와 같은 경지는 마음도 경계도 같은 진여삼매로 들어가고 곧 주객이 없는 근본지根本智의 깨달음이 일어납니다.

경계가 공하니
경계의 바람 사라지고

마음의 파도 잠잠해지니
마음 자체의 고정된 실체가 없음 드러나네.

모를 때는 번뇌지만
알고 보니 공이로다
공의 뜻이 깨달음이라
일체 모든 것이 깨달음 아님이 없네.

진여삼매와 주객이 없는 지혜

● **진여삼매 -** ⑦忘牛存人

『대승기신론大乘起信論』에 다음과 같이 이르고 있습니다.

"다시 이 삼매에 의지하기에 곧 법계法界가 하나의 모습인 줄 안다. 이는 모든 붓다의 법신이 중생의 몸과 평등하여 다를 게 없음을 말하니, 이를 일행삼매一行三昧라고 한다. 마땅히 알아야 한다. 진여가 삼매의 근본이니 사람들이 이를 수행하면 점차 헤아릴 수 없이 많은 삼매를 능히 낼 수 있다.[73]"

━ 상相 없음의 무주無住에 머물러 한마음이 삼매에 들면 이 '없다'를 인식하여 한 생각도 일어나지 않고 주객이 없어 '모름의 고요함'이 지속되며 명료하게 깨어있습니다. 모름의 지속은 오직 모름뿐인 텅 빈 공空의 깨어있는 마음 상태입니다. 즉, 한마음이 되어 자성이 공하고 여여如如하므로 미세한 생각이 고요해지면서 진여삼매가 됩니다.

━ 텅 비고 깨어있는 한마음은 허공계와 같이 무한하여 법계가 하나의 모습인 줄 압니다.

73 　止편 "復次 依是三昧故로 則知法界一相 謂 一切諸佛法身 與衆生身 平等無二 卽名 一行三昧 當知眞如 是三昧根本 若人修行 漸漸 能生無量三昧."

- 법계가 하나인 모습은 곧 일체 모든 현상이 공 하나의 모습 이며 그 모습은 하나의 몸이므로 법공신法空身입니다. 즉, 법 공신法空身은 법신法身이며 중생과 부처가 평등합니다.
- 이제 근본도 없고 현상을 일으킬 종자도 없는 여여한 본래면 목의 자리로 들어갑니다.

콧구멍 없는 소를 타고
고향본각에 돌아오니
주객 평등, 아법我法 평등,
중생 부처 평등함에 사무치네.

그 놈의 소 홀연히 사라지니
쓸쓸한 집, 텅빈 방안

달빛을 벗 삼아 평등 차를 마시니
우주법계 하나로 꿰뚫는 일미一味 차 맛
시간 가는 줄 모르고 취하기만 하네.

● **주객이 없는 지혜 – ⑧ 人牛俱妄 – 깨달음**

- 텅 비고 깨어있는 마음이 무주無住를 취하여 일어났으나 무無 에도 머물지 않고, 스스로 머물 것이 없다는 마음도 취하지 아니하여 마음과 공이 물에 물 타듯이 동화되어 주객이 영구

히 끊어져 아공我空과 법공法空이 함께 공함을 깨닫습니다.[74]

(3) 마음도 경계도 그대로 두기 – ⑨반본환원返本還源

⑨반본환원返本還源은 마음도 경계도 그대로 두는 단계입니다. 궁극적인 차원에서 공심안空心眼의 혜안으로 보면 마음과 경계가 공하지만 세속적인 차원에서 상호의존의 혜안으로 보면 현상은 상호의존한 상相의 모습을 취합니다. 결국 궁극적 차원의 공성空性이나 세속적 차원의 상相이나 모두 마음의 표현이라는 점에서는 동일합니다.

『마하반야바라밀경摩訶般若波羅蜜經』 문상품제사십구問相品第四十九에 다음과 같이 이르고 있습니다.

"부처佛가 있든 부처佛가 없든
상相과 성性은 상주常住한다.

74　방편관에서는 그치게 하는 마음이 일어나기 때문이다. 또한 세제일법일 때인 경우에는 비록 식의 일어남을 그치게 하여 식을 취하지 않으나, 그치게 하는 마음은 무를 취하여 일어나니(而能止心 取無而生), 이 그치는 때를 당해서는 곧 일어난다는 것을 인정해야 한다. 이 때문에 '그치게 함을 당해서는 일어남이 있다'고 말한 것이다. 이 한 생각을 지나면 무를 취하지 않으니, 무를 취하지 않기 때문에 취하는 마음이 일어나지 않는다. 이 때문에 '그치고 나서는 그치게 함이 없다'고 한 것이다. 이 때문에 모든 분별을 멀리 떠나기 때문에 그치게 함이 없다는 무에도 머물지 않고, 스스로 머물 것이 없다는 마음도 취하지 아니하여 能과 所가 영구히 끊어져 평등하고 평등하니, 무엇이 이 때에 일어나겠는가? 이와 같이 답하였다.

부처님은 여실상如實相과 성性을
얻은 까닭으로 여래如來라고 이름한다."[75]

　분명히 성性과 상相은 상주常住한다고 밝히고 있습니다. 이것이
본원本源으로 되돌아온 반본환원返本還源의 깊은 뜻입니다.

(4) 왜 중생들을 위해서 수행해야 하는가 - ⑩입전수수入塵垂手

　⑩입전수수入塵垂手는 큰 연민의 실천입니다. 반본환원의 이치
를 깨달은 이들은 중생이 스스로 공하다는 진실을 모르고 생사의
괴로움에 빠져있음에 대해 큰 연민을 내어 생사에서 벗어나도록
도움을 주는 수행을 합니다. 이것이 큰 연민의 행인 입전수수入塵
垂手의 단계입니다. 예를 들어 도자기를 모양과 색깔로 보는 것은
육안으로 보는 것이라면 모양도 색깔도 없음을 보는 것은 심안의
혜안으로 보는 것입니다. 혜안慧眼으로 보이는 대상이 모양과 색
깔이 없는 것은 힘으로 없애어서 없음을 보는 것이 아닙니다. 육
안으로 보든 심안으로 보든 대상은 같은데 보이는 것이 다를 뿐
입니다. 같은 세계가 달리 보이는 것은 인식의 문제입니다. 따라
서 이를 모르는 중생에 대해 큰 연민을 일으켜 생사로 겪는 괴로
움에서 벗어나게 하는 수행을 하지 않을 수 없습니다.

75 　〈摩訶般若波羅蜜經〉問相品第四十九『有佛無佛相性常住 佛得如實相性故 名爲如來』
　　大正藏第八卷 p. 325 下

주객 없는 지혜로

내외가 그대로 깨달음이라

산하대지 그대로 마음 자체 성품

우주 법계 그대로 깨달음의 성품

처음부터 무명 번뇌는 존재하지 않았네.

우습구나! 소를 타고 소를 찾았으니

이 사실을 모르는 중생 또한 본래 공인 것을

상相 없음의 마음 공空 깨닫는 길

십우도	四作意와 六力과 진여삼매, 깨달음	구주심
1. 애써서 주의함을 이어가기 勵力運轉作意		
① 심우尋牛	(1) 청문의 힘[聞慧]	첫째, 내주内住하는 마음
② 견적見跡	(2) 사유의 힘[思慧]	둘째, 등주等住하는 마음
2. 끊어짐이 있는 집중을 이어가기 有間缺運轉作		
③ 견우見牛	(3) 정념[憶念]의 힘 · 1	셋째, 안주安住하는 마음
	(3) 정념[憶念]의 힘 · 2	넷째, 근주近住하는 마음
④ 득우得牛	(4) 정지[正知]의 힘 · 1	다섯째, 조순調順하는 마음
	(4) 정지[正知]의 힘 · 2	여섯째, 적정심寂静心
⑤ 목우牧牛	(5) 정진의 힘 · 1	일곱째, 최극적정심最極寂静心
3. 끊어짐 없이 집중을 이어가기 無間缺運轉作意		
	(5) 정진의 힘 · 2	여덟째 전주일취심專住一趣心
4. 힘들이지 않고도 집중 이어지기 無功運轉作意		
⑥ 기우귀가騎牛歸家	(6) 관습의 힘	아홉째 등지等持하는 마음
⑦ 망우존인忘牛存人	(7) 진여삼매	
⑧ 인우구망人牛俱忘	(8) 깨달음	
⑨ 반본환원返本還源	(9) 진공묘유眞空妙有의 세계와 지혜의 몸	
⑩ 입전수수入廛垂手	(10) 큰 연민의 실천	

3) '마음 공에 머물고 깨치기'에 대한 의문 해소하기

문 상 없음의 이理의 무無에 의존해야 하는 이유는 무엇입니까?

답 상相이 있으면 이름을 붙일 수 있고 분별이 일어납니다. 상이 있는 찻잔을 분석해 보면 상에는 실체가 없고, 실체 없음의 관점에서 관찰해 보면 상은 본래 존재하지 않음을 알 수 있습니다. 그래서 상 없음의 이理의 무無에 의지해야 본래 존재하지 않음을 이해하고 이理의 무無가 공임을 알아 수행합니다. 공에 머물고 깨치기는 먼저 공성을 이해하는 것이 중요합니다. 공성을 분석 사유하고 통찰이 이루어져야 경선 鏡禪을 통해 깨달을 수 있습니다. 그리고 상相이 없는 이理에 머물고 있을 때의 이理도 '실체 없음의 상相'임을 이해하는 것이 중요합니다.

문 머묾 없음에 머물 수 있는 이유는 무엇입니까?

답 머묾 없음에 머물 수 있는 것은 현상과 이미지는 계속 변하지만 머묾 없음은 자취 없음이고 상相 없음이고 실체 없음으로서 여여如如하여 바뀌지 않기(不變) 때문입니다. 그러므로 바뀌지 않는 이理에 지속적으로 머물 수 있음을 이해합니다. '없다'에 머물 때는 분석하지 않고 공의 '없다'를 사유思惟하고 '없다'를 기억하여 그 기억에 머뭅니다. 그 머묾이 곧 여여 자체가 되어 진여삼매를 이루고 진여삼매 속에서 깨달음이 일어나게 됩니다.

문 언제 분석하지 않고 직관하여 깨칩니까?

답 앞서 찻잔의 상을 분석하여 보았듯이[76] 상에 대해 분석하여 공에 대한 이해가 확립되면 더 이상 분석할 필요가 없습니다. 비유하자면 집에 들어온 뱀을 퇴치하고 싶을 때 먼저 뱀 잡는 방법을 배워야 합니다. 즉, 끝이 V자 모양으로 갈라진 막대기와 집게를 가지고 뱀 머리를 V자 막대기로 누르고 집게로 뱀을 집어서 자루에 넣고 집 밖 멀리 추방시킵니다. 그런데 다음 날에 다른 뱀이 들어왔다면 어떻게 할까요? 이때는 뱀을 퇴치하는 방법이 미리 학습되었기 때문에 더 이상 학습이 필요 없고 V자 막대기로 즉각 뱀 머리를 누르고 집게로 잡아 자루에 넣고 집 밖으로 추방합니다. 뱀은 번뇌 망상이고 V자 막대기와 집게와 자루는 공성에 대한 이해와 사유와 기억이며 이것으로 뱀이라는 번뇌 망상을 집 밖으로 퇴치하는 것은 공성의 '없다'에 머무름입니다. 집은 곧 마음을 말합니다. 마음에 뱀이라는 번뇌 망상이 없으면 두려움과 위험이 없어 안전합니다. 공의 '없음'에 머물러 뱀은 본래 존재하지 않음을 알면 안전한 집이 필요하지 않습니다. 즉, 마음은 분석을 통한 공의 이해에 집착할 필요가 없습니다. 온전한 자유를 얻었기 때문입니다.

이와 같이 공성에 대한 이해가 확립되었다면 더 이상 분석하

---

76 '걷기경선의 삼단투과三段透過'를 기술한 부분에 나온다.

는 학습을 하지 않고 바로 공성에 머무는 행동으로 넘어갑니다. 눈앞의 대상은 직관으로 알 수 있지만 눈으로 볼 수 없고, 손으로 접촉할 수 없는 것을 아는 방법은 사유하는 것입니다. 사유에는 겨냥의 뜻이 있습니다. 겨냥은 대상을 목표로 정하여 머물 수 있고, 기억이 이를 지속시킵니다. 이러한 사유의 겨냥과 기억에는 수행하여 생사의 괴로움에서 벗어나고자 하는 의지가 들어가 있습니다. 수행하고자 하는 의지가 지속적으로 머무는 힘입니다. 그러므로 공의 '없음'를 이해했다면 그 이해를 사유로써 잡고 겨냥하고 기억하여 그 기억에 지속적으로 머뭅니다.

4) 깨어있음이 지속되는지 자가 점검하기

- 눈을 뜨고 감고 반복하면서 보는 마음이 바뀌는지 안 바뀌는지를 자가 점검합니다.
- 눈을 감고 눈꺼풀은 감겨있는데도 불구하고 눈이 떠 있는지 확인합니다. 눈이 떠 있다면 보고 있는 마음이 깨어있는 것입니다.
- 눈을 뜨고 감고 반복해도 보고 있는 마음이 바뀌지 않는다면 '숨 쉬지 않고 땀 흘리지 않는 본래 깨달음'이 나타난 것입니다.
- 의식이 몸과 주변 사물과 온 우주와 한 공간 상태로 전체의 식이 되어 걸어갈 때 깨어있는 의식이 바뀌지 않는지 자가 점검합니다.

5) 행경선 자가 점검으로 한 공간 알아차리기

● 마음의 한 공간이 이루어지면 의식이 깨어있게 되고, 무분별의 거울같이 비추는 마음이 나타납니다.

● 사방팔방 아래위로 두루 비추는 마음의 본성을 회복시킵니다.

● 마음의 본성에 갖추어진 한량없는 잠재능력을 보고 계발할 수 있습니다.

● 한 공간 속에서 마음의 스위치 *끄기*가 쉬워지고 쉰 마음에서 모든 것들이 연기와 공성을 드러냅니다. 꿰뚫어 보는 지혜가 생깁니다.

● 모든 현상은 마음의 현상이라 오직 마음뿐 다른 경계가 없음을 이해합니다.

● 마음의 한 공간이 이루어지면 마음의 크기가 넓어지므로 마음에 여유가 생겨 불안감이 완화되고 조금만 건드려도 성질이 올라오는 좁고 팍팍한 마음이 없어집니다. 분노심이 완화됩니다. 민감한 문제에 빠르게 반응하면서도 관용이 생기고 대처하는 폭이 넓어집니다. 스트레스에 효과적으로 대응할 수 있습니다.

● 한 공간 속에서 마음이 쉬어지고 편안해집니다. 걸으면서도 피로가 풀리고 몸이 가벼워집니다.

● 의식이 늘 깨어있게 됩니다.

6장

상호의존과 상相 없음의 이理에도
머물지 않아 고정된 틀 깨기 – 지계바라밀

계율의 상에 머물지 않기 때문에 시간과 공간의 제약에서 벗어나는 지계持戒바라밀의 수행으로 상호의존의 연기緣起와 상相 없음의 진공에도 머물지 않아 고정된 틀 깨기 경선입니다.

『금강삼매경론』에 다음과 같이 이르고 있습니다.

"중생을 불쌍히 여기기를 마치 외아들을 보는 것과 같이 생각이 지극하고 견고합니다. 항상 세간에 있으면서 열반에 머물지 않기 때문에 마음이 항상 머무는 바가 없습니다. 즉, 마음을 관찰함이 명철하여 모든 번뇌와 섞이지 않아 청정하여 더러움이 없습니다. 그래서 지옥, 아귀, 축생, 아수라, 인간, 천상의 육도六道를 두루 건너면서도 모두 공적함을 통달하였기 때문에 삼계에 집착하지 않습니다. 이와 같이 육도의 범부와 성인의 열반에 머무는 계율의 상에 머물지 않습니다. 이것이 세간을 벗어난 지계바라밀입니다."[77]

생사에도 불멸에도 머물지 않기

경선鏡禪하는 순간순간
오고 감이 없는
깨어있는 본연의 마음을 인식하네.

과거의 생도 현재
미래의 삶도 현재임을 깨어
앞뒤, 중간이 깸 하나로 걸어가네.

순간순간 생生과 사死에 머물지 않아
그물에 걸림 없는 바람처럼 자유롭다.

생명 있는 모든 존재를 위하여 불멸에도 머물지 않고
지옥, 아귀, 축생, 아수라, 인간, 천상에 이르기까지
피곤함도 싫어함도 없이 큰 연민으로 뚜벅뚜벅 걸어간다네.

77　　상동 『금강삼매경론』上 "愍念衆生 如視一子 故曰至念堅固 恒在世間 不住涅槃 故曰
心常無住 是防二乘之非 觀心明徹 不雜諸漏 故言淸淨無染 遍涉六道 達皆空寂 故言不着三界
是止凡夫之惡 是明不住凡聖戒相 卽是上言 不住戒相 是名出尸波羅密" p. 1621 上. 참조

1. 무자성의 상호의존과 무상의 무자성으로 두 가지 틀 깨는 걷기경선

■ 발바닥과 정수리와 손가락 끝에 의식을 동시에 두어 한 경계로 삼고 주변과의 한 공간이 본연의 마음이자 공임을 자각하면서 걸어갑니다. 지나가는 뒷 풍경까지 한 생각도 일어나지 않는 무념無念의 공인 실체 없음의 '없다'에 의존하면서 걸어갑니다.

■ 한발 더 나아가 한 공간의 보는 마음이 바뀌지 않음을 자각하면서 주변 풍광의 상호의존함을 보면서 걸어가도 한 공간의 마음이 변하지 않으므로 이것은 첫 번째 범부가 보는 상相에 머물지 않아 범부의 틀을 깨트리는 경선입니다.

■ 온 우주와 한 공간 이룬 마음으로 걸어가면서 접촉되는 바람과 햇빛, 보이는 사물과 들리는 소리 등 접촉되는 순간순간 무상無常의 자체 성품 없음(無自性)으로 봄과 함께 자체 성품이 없음(無自性)으로 인하여 사물의 상호의존함을 보면서 걸어갑니다. 이것은 두 번째 공空의 불변不變(열반)에 머물지 않아 성인의 틀을 깨트리기 경선입니다.

2, 디딤돌 경선 – 한 공간의 마음 상태에서 두 가지 틀 깨기

한 공간의 마음이 상호의존하는 연기이며 공입니다. 마음과 상호의존하는 모든 현상의 이치를 공성 하나로 꿰뚫어 볼 때 명백해집니다. 한 공간의 마음이 상호의존이라는 것은 바로 마음의 앎이 그물같이 상호의존하고 있음을 말합니다. 그래서 상호의존하는 모든 현상을 마음이라고 합니다. 마음은 모든 법이 의지하는 주체이기 때문입니다.[78]

여기에는 첫째, 인식하는 마음이 없다면 대상을 알 수 없습니다. 둘째, 공의 자아 없음에 의지하여 공으로 꿰뚫어 볼 때 모든 현상은 허망하다는 것을 알 수 있습니다. 허망하므로 사람과 법이 본래 공한 것임을 깨닫게 되고 이를 꿰뚫어서 아는 마음만이 진실하다는 것입니다. 따라서 모든 사람(人)과 현상(法)이 본래 공한 것임을 깨닫게 되고 앞서 취한 상相은 이때부터 일어나지 않습니다. 그러므로 사람과 법 이 두 가지를 떠남이 한꺼번에 성취되는 것입니다.

1) 두 가지 틀 깨기

상相이라는 틀과 공空이라는 틀이 있습니다. 먼저 상의 틀을 깨기 위해서 상호의존이라는 인식으로 마음이 만든 상相이라는 고정된 틀을 깨고, 공이라는 인식으로 무상과 상호의존이라는 현상적인 상相의 틀을 깹니다. 그다음 공이라는 틀을 깨기 위해서 마음 공으로 현현한 우주의 모습인 상호의존의 인식으로 마음 진공眞空이라는 고정된 틀을 깨어버립니다.

---

78   상동 "人名爲我 法名爲心 心是諸法所依主故" p. 1-611

이와 같이 디딤돌 경선을 통해 공과 상의 틀을 깨트리면 일체 모든 것은 취할 것이 없음(相의 空)을 아는 반야의 지혜로 생사生死에 머물지 않고, 버릴 것이 없음(空의 相)을 아는 방편의 지혜로 큰 연민을 일으켜 열반에도 머물지 않아 중생들을 생사에서 벗어나게 도움을 주는 보리심을 실천합니다.

— 발바닥과 정수리와 손가락 끝에 의식을 동시에 두어 한 경계로 삼고 주변과 한 공간을 이루면서 걸어갑니다. 지나가는 뒷 풍경까지 보면서 걸어갑니다.
— 한발 더 나아가 상호의존함을 보면서 걸어갑니다. 고정되고 분리되고 스스로 존재하는 것으로 보이면 이는 마음이 만든 고정된 상相이며 틀임을 알아차리고, 상은 여러 요소의 결합체이며 결합체는 반드시 해체되므로 실체가 없어 상을 환영과 같이 봄으로써 상호의존이라는 인식으로 마음이 만든 고정된 상相이라는 틀을 깹니다.
— 한 공간 속의 무상과 상호의존이 고정된 '실체 없음'의 공임을 알아차리고 무상과 상호의존의 '없음'을 몸으로 체험하면서 공이라는 인식으로 무상과 상호의존이라는 현상의 틀을 깨면서 걸어갑니다.

— 온 우주와 한 공간을 이루고 걸어가면서 한 공간 속에서 바람과 햇빛, 보이는 사물과 들리는 소리 등 접촉되는 순간순

간 무상과 상호의존함을 체험하면서 걸어갑니다.

— 우주와 한 공간 속의 무상과 상호의존이 실체가 없어 마음임을 알아차리고 몸으로 체험하면서 걸어갑니다.

— 우주와 한 공간을 이루는 마음 자체는 물 같아서 네모난 환경에는 네모나게 바뀌고 둥근 환경에는 둥근 모습을 띱니다. 마음은 본래부터 고정된 틀이 없어 공함을 알아차리고, 상호의존으로 이루어진 상相도 실체가 없어 공함을 인식하면서 마음 공만이 진실임을 알아차리고 걷습니다.

心隨萬境轉 轉處悉能幽

심수만경전 전처실능유

隨流認得性 無喜亦無憂

수류인득성 무희역무우

마음은 온갖 경계를 따라 굴러가나

구르는 그 자리마다 모두 다 그윽하니

인연의 흐름을 따르는 그 성품을 알면

기쁨도 없고 슬픔도 없다.

— 마나라 존자[79]

---

79   『景德傳燈錄』의 제22조 마나라 존자 게송

━ 우주와 한 공간을 이루고 걸어가면서 보이는 모든 것은 상호 의존으로 공하여 존재하지 않는 환영임을 알고 마음 공만이 진실임을 알았으므로 역설적으로 실체 없는 사물의 상호의 존의 모습이 모두 마음 공의 현현임을 알아차립니다. 마음 공으로 현현한 우주의 모습인 상호의존의 인식으로 마음 진공眞空이라는 고정된 틀을 깨면서 걸어갑니다.

━ 중생을 돕는 큰 연민심을 실천하기 위해 이와 같은 마음이 필요함을 이해하면서 걸어갑니다.

2) 자가 점검하기

자가 점검의 내용은 처음 수행하는 이들도 '공단계 체험'을 할 수 있음을 전제로 합니다.

━ 머리부터 발끝까지 온몸을 한눈에 볼 수 있을 만큼 의식의 공간이 넓어집니다.

━ 의식의 공간과 함께 수용하는 마음의 공간도 넓어져서 불안 과 공포, 스트레스가 줄어듭니다.

━ 의식의 공간이 넓어짐은 전체를 보는 마음(心王)이 좋아졌다 는 것입니다. 대상을 인식할 때 대상 전체를 보면서 대상의 부분(心所)도 함께 봅니다.

━ 의식의 공간이 넓어짐은 곧 마음에 눈이 생김을 뜻합니다. 마음의 눈으로 감정, 생각을 객관적으로 볼 수 있게 되고 자

신의 감정과 생각으로부터 그만큼 자유로워집니다.

━ 집중력이 높아집니다.

━ 의식의 공간이 넓어짐은 곧 사물을 있는 그대로 거울같이 보는 힘이 생김을 뜻합니다.

━ 그러므로 지혜가 계발되고

━ 마음의 고요함 즉, 삼매가 생기고 기쁨이 생깁니다.

━ 몸의 기운이 왕성하게 일어나 몸이 가벼워지고 건강해집니다.

━ 의식이 늘 명료하게 깨어있습니다.

━ 상황에 민첩하게 대응하는 지혜를 발휘합니다.

━ 결단력이 생깁니다.

━ 원인과 결과의 관계에 대한 통찰력이 생겨 문제해결 능력이 향상됩니다.

━ 대인관계가 원만해지고 공감 능력이 생깁니다.

━ 과거에 대한 후회와 미래에 대한 불안으로 분주히 움직이던 마음이 쉬어지고 쉰 마음에 연기실상이 거울 보듯 분명하게 드러납니다.

━ 자비심이 풍부해집니다. 즉, 남을 존중하고 배려하는 마음이 일어납니다.

3) 깨어있음을 자가 점검하기

걸어갈 때 마음이 흔들리는지 안 흔들리는지를 자가 점검합니다.

━ 한 공간을 이루고 걸어가면서 접촉되는 바람과 햇빛, 보이는

사물과 들리는 소리 등 접촉되는 순간순간 모든 것이 서로 의존하여 연기緣起함을 체험할 때 깨어있는 의식은 바뀌지 않는지 살펴봅니다.

- 연기가 마음임을 알아차리고 몸으로 체험하면서 걸어갈 때 깨어있는 의식은 바뀌지 않는지 살펴봅니다.
- 마음 연기가 공성임을 자각하면서 걸어갈 때 깨어있는 의식은 흔들리지 않는지 살펴봅니다.
- 늘 거울처럼 자신의 몸과 마음, 주변을 비춰 보는 전체의식 상태에서 자신의 모든 것을 자각하는지 살펴봅니다.

7장

거짓기억 없이 무생법을 알면서
걸어가기 – 인욕바라밀

『금강삼매경론』에 다음과 같이 이르고 있습니다.

"청정하여 망념이 없기 때문에 인욕忍辱바라밀입니다. 즉, 공의 이치에 안정(安空理)하여 유有의 영원주의 견해와 번뇌를 떠나고 몸과 입과 뜻(三業)을 고요하게 하여 몸과 마음을 없애버리면 청정하여 망념이 없는 이것이 모두 무생법無生法을 아는 무생법인無生法忍의 뜻입니다."[80]

무생無生은 곧 무멸無滅로 공空인 동시에 불변不變의 뜻입니다.

1. 몸, 입, 뜻의 적정에 머물러 무념으로 닦기

공을 닦아서 번뇌를 끊어버리면 몸, 입, 생각이 고요해지고 번

---

80   상동 "修空斷結, 不依諸有, 寂靜三業, 不住身心, 是羼提波羅密. 上二句者理, 安空理, 離有結. 下二句者, 靜三業, 泯身心. 皆是無生法忍之義, 即是上言'淸淨無念'" 참조

뇌가 일어날 장소로서 몸과 마음이 없어지게 되어 무념 상태로 수행합니다. 몸, 입, 뜻을 공의 무생으로 인식하는 경선鏡禪을 합니다.

1) 움직이는 몸의 자취에 머물지 않기

— 몸과 한 공간의 마음으로 걸어갑니다.

— 몸의 근육 등의 모든 움직임을 알아차립니다.

— 몸의 근육 등의 움직이는 모든 모양의 자취 없음의 무생無生을 알아차리고 자취 없는 공의 무생의 자리에 머물면서 걸어갑니다.

— 몸의 자취 없음의 무생無生에 머물러 입과 뜻이 고요해지고 망념이 고요함(寂靜)을 유지하면서 걸어갑니다.

— 생生하는 것이 없는 무생의 '없다'에 의존하여 고요함을 유지하면서 걸어갑니다.

— 한눈에 보이는 온몸의 세세한 움직임이 순간순간 모양 없고 실체 '없음'의 무생으로 꿰뚫어 보면서 동시에 보는 마음의 깨어있는 무생으로 고요함(寂靜)을 유지하면서 걸어갑니다.

2) 소리의 자취 없음에 머물러 망념이 텅 빈 고요함을 체험하기

입을 통해 소리를 냅니다. 입이 고요하면 소리도 고요해집니다. 반면 소리가 실체 없음을 체험하면 입에서 나오는 유혹적인 언어나 폭력적인 언어, 층간소음 등에 대해 효과적으로 대처할 수 있습니다. 물론 소리의 실체 없음은 소리 자체를 없애는 것이 아닙니다.

소리를 듣는 귀라는 감각기관은 막힘없이 동서남북 상하 전체로 열려 있습니다. 그래서 소리의 본질을 관찰하는 것은 곧 마음의 크기도 무한하게 확장됩니다. 마음이 허공계와 같이 두루 할 때 유정 중생들의 고뇌의 소리를 알아차리고 그들을 도울 수 있습니다. 유정 중생이 본래 空空하여 중생이란 존재가 본래 없음을 모르는 중생을 대할 때는 참으로 안타깝습니다. 이를 아는 수행자는 큰 연민이 일어나지 않을 수 없습니다.

- 바람 소리, 새소리, 낙엽 소리 등의 모든 소리가 지나가면서 자취를 남기지 않음에 초점을 맞추고 걸어갑니다.
- '자취 없음'이라는 이치를 통해 소리와 뜻이 결합된 언어가 생기지 않고 의미 부여도 하지 않고 생각도 절로 끊어져(無念) 고요함을 자각하면서 그 상태를 유지하며 걸어갑니다.
- 소리를 흐르는 물처럼 흘러가도록 놔두면서 뜻과 소리가 함께 자취 없음의 무생에 초점 맞추어서 고요함을 유지하며 걸어갑니다.
- 걸어갈 때 소리를 들으면서 소리의 자취 없음의 무생의 '없다'에 의지하면서 소리와 함께하는 뜻도 자취 없음의 무생으로 걸어갑니다.
- 갑자기 소리에 초점이 맞춰지면 즉각 소리의 자취 없는 무생

無生으로 돌아갑니다.

- 소리가 들리거나 안 들리거나 듣는 마음은 늘 무념의 무생
(不變) 상태로 걸어갑니다.

- 몸의 자취에 머물지 않음과 함께 소리의 자취 없음의 무생으
로 통합하여 적정寂靜 상태로 걸어갑니다.

- 몸의 무생과 소리의 무생을 보고 듣는 마음 무생(不變)의 적
정으로 걸어갑니다.

- 상대와 대화할 때 말하고 듣는 순간순간 깨어있어 보고 들음
에도 무생의 인식상태로 앉아 있거나 걸어갑니다.

3) 무념으로 뜻의 망념을 깨트리고 무생으로 깨어있는 상태에서 걸어가기

- 주변 풍광과 한 공간 그대로 무념의 고요함을 유지하면서 걸
어갈 때 한 생각(뜻)도 일어나지 않는 무생의 텅 빔 상태로
걸어갑니다.

- 온 우주와 한 공간 상태로 텅 빈 무생 그대로 깨어있는 상태
로 걸어갑니다.

- 아래위 앞뒤 좌우로 불변하는 마음 그대로 무념의 고요함으
로 무생 그대로 깨어있는 상태로 걸어갑니다.

4) 몸과 소리와 뜻의 모양과 틀이 없어 무생의 깨어있는 상태로 걸어가기

- 몸의 자취 없음과 마음 무생의 깨어있는 상태로 걸어갑니다.
- 소리가 들릴 때는 소리의 자취 없음을 듣고, 소리가 안 들릴 때는 소리를 듣는 마음 무생의 상태로 걸어갑니다.
- 몸의 자취 없음과 소리의 자취 없음과 뜻의 자취 없음을 통합한 무생의 깨어있는 상태로 걸어갑니다.

2. 디딤돌 경선 – 본래면목에 들어가기 행경선

마음의 본래면목은 수행을 통해 새롭게 얻은 마음이 아니고 중생이 본래부터 가지고 있는 깨달은 마음이고 '숨 쉬지 않고 땀 흘리지 않는 그 무엇'입니다. 특히 여기서는 소리를 통해 '숨 쉬지 않고 땀 흘리지 않는 그 무엇'인 본래면목으로 들어가는 경선을 소개합니다.

『대승기신론大乘起信論』에서 설합니다.

"깨달음'과 '깨닫지 못한 것'이 같다는 것은 무슨 뜻인가? 비유하자면, '가지가지 그릇이 모양은 다를지라도 모두 흙으로 빚어졌다'는 것과 같다. 곧 번뇌가 원래 없는 무루無漏[81]와 '무명無明', 그리고 무명에 의해서 분별된 모든 '환幻의 활동業幻'이 그 바탕에서 보면 똑같이 진여의 각성과 각성의 활동이라는 것이다."[82]

진여는 마음의 본성으로서 허망하지 않아서 진眞이고 바뀌지 않기 때문에 여如라고 합니다. 이를 본래면목이라 하며 생멸이 없어 불변不變이면서 인연을 만나면 형상을 이루므로 수연隨緣입니다. 우리 마음의 본성은 불변과 수연의 이중성을 가지고 있습니다. 하지만 불변도 자체 성품이 없고 수연도 고정된 자성이 없습니다.

자성이 없다는 것은 허공과 같이 두루 하면서도 텅 비어 있다는 것입니다. 텅 비어 있어서 어떤 것으로도 결정되어 있지 않고 결정되어 있지 않기 때문에 무엇이든 될 수 있습니다. 무한 잠재력과 무한 가능성을 갖추고 있습니다. 그래서 중생이 완전한 깨달음을 얻어 눈뜬 님이 될 수 있는 것입니다. 그러면서도 한마음(一心)으로서 무자성無自性입니다.

1) 소리를 들으면서 소리의 자취 없음에 머물러 걸어가기

소리의 무상을 통해 공성으로 들어가는 길을 알아차리고 마음

---

81   무루無漏 : 새어 나오는 것, 즉 부정不淨한 것, 불결한 것이 없음. *번뇌가 없게 된 경지.

82   『대승기신론』 「覺과 不覺의 같고 다름 점」 "復次覺與不覺有二種相. 云何爲二. 一者同相. 二者異相. 言同相者. 譬如種種瓦器 皆同微塵性相. 如是無漏無明種種業幻 皆同眞如性相."

의 무조작의 본연성本然性에 머물기를 시도하는 명상입니다. 걸을 때 의식을 발바닥에 두고 감각 알아차리기는 기본입니다. 그다음 몸과 한 공간을 이루고 그 후 사물과 온 우주와 한 공간을 이루면서 걷습니다.

그 무엇인 본래면목의 한 맛[一味]으로 들어가기 위해 주변과 한 공간을 이루면서 걸을 때 다음과 같이 그 과정을 살핍니다.

① 똑같은 소리가 있는지 살핍니다. 다양한 소리는 무상을 나타내므로 소리의 무상을 이해합니다. 지나가는(과거) 소리가 되돌아오는지 관찰합니다. 미래의 소리는 오지 않음을 알아차립니다.

② 과거와 미래의 소리가 없는 줄 알고 현재 지금의 소리를 잡을 수 있는지 관찰합니다. 잡을 수 없음은 곧 자기 뜻대로 되지 않음을 알아차립니다.(無我) 잡을 수 없고 머물지 않는 소리에 머뭅니다. 소리에 초점을 맞추는 것이 아니라 소리의 흔적 없음에 초점을 맞춥니다.

③ 머물지 않는 소리에 머물러 소리의 흔적 없음에 머뭅니다. 즉, 소리가 지나가면서 흔적을 남기지 않음을 알아차리고 흔적을 남기지 않는 그 자리에 머뭅니다. 이때 텅 빔이 일어납니다. 텅 빔이 일어나지 않으면 흔적 없는 자리에 머묾이 익숙해져야 합니다.

소리는 강약이 있고 일어남과 사라짐이 있습니다. 그러나 자취 없음은 강약과 생멸이 없어 한결같습니다. 그러므로 자취 없음에 한결같이 머물 수 있습니다.

④ 텅 빔이 생길 때 그 텅 빔 상태로 지속시킵니다. 익숙할 때까지 명상합니다.

⑤ 잡생각이 일어나면 그 생각의 흔적 없음을 알아차립니다. 이와 같이 잡생각을 알아차리면 사라집니다(念起卽覺-覺破). 그때 다시 텅 빔에 머뭅니다. 텅 빔이 공성은 아닙니다. 그리고 생각에 초점을 맞추는 것이 아니라 생각이 지나가면서 순간순간 흔적 남기지 않는 곳(空)에 초점을 맞춥니다.

2) 텅 빈 마음에 머물러 마음의 무상즉공無常卽空 관찰하기

⑥ 텅 빌 때, 텅 빔을 지켜보고 있는 마음이 있는지 살피고 텅 빔, 그 체험이 자기의 마음임을 확인합니다.

⑦ 그 텅 빔의 마음이 명상의 대상이 됩니다. 그 텅 빈 마음이 찰나지간에 사라짐(空)을 살핍니다. 그리고 지속되고 있는 마음을 알아차립니다. 이 마음이 불연속의 연속인 마음임을 알아차립니다.

⑧ 그다음 과정은 '좌경선'에서 이룹니다. '행경선'에서는 마음의 본성을 힐끗 볼 수 있을 뿐 지속적으로 볼 수 없고 머물 수 없고 주객을 떠나 근원으로 들어갈 수 없습니다.

3) 일상생활에서 염기즉각念起卽覺 하기

일상생활에서 느낌으로부터 일어나는 탐진치를 가진 마음들이 (망념) 일어나자마자 그것을 알아차려 없앱니다.『선가귀감』에서는 염기즉각念起卽覺이라 하여 생각이 일어나도 일어난 자취가 없음을 알아차리게 합니다. 보조국사께서는 염기즉각念起卽覺을 염기즉각파念起卽覺破라고 합니다.

- 걸으면서 생각이 일어남을 즉각 알아차립니다.
- 생각이 일어나는 순간 일어난 자취가 없음을 알아차립니다.
- 상대방과 대화 중에 일어나는 생각이 자취가 없음을 알아차립니다.
- 사람을 보거나 사물을 볼 때 생각이 일어나는 순간 일어난 자취가 없음을 알아차리고 자취 없음에 초점 맞추고 적정을 유지하면서 걸어갑니다.
- 몸의 자취 없음과 소리의 자취 없음과 생각의 자취 없음을 통합하여 자취 없음에 초점을 맞추고 적정을 유지합니다.

4) 텅 빈 항아리 같은 마음에 머물러 무심의 깨어있는 상태로 걸어가기

- 고요함을 유지하면서 걸어갈 때 한 생각도 일어나지 않아 항아리 속에 아무것도 없듯이 텅 빈 마음 상태로 걸어갑니다.
- 항아리 속에 아무것도 없듯이 텅 비어 무심無心하면서 깨어

있는 상태로 걸어갑니다.

— 아래위 앞뒤 좌우로 텅 비어 무심無心하면서 깨어있는 상태로 걸어갑니다.

5) 자가 점검하기

(1) 본래면목에 들어가기, 행경선과 염기즉각念起卽覺 하기

첫째, 한순간의 마음이 다음 순간에 남아있지 않아 찰나임을 경험합니다. 하지만 마음의 연속성은 없어지지 않아서 불연속의 연속이라는 마음의 특성을 알게 됩니다.

둘째는 '나'라는 것은 마음에 의존해서 명칭이 붙여진 것임을 알게 됩니다. 이와 함께 불연속의 연속하는 진실을 알게 되면 죽을 때 우리의 존재가 완전히 사라지게 될 것이라는 죽음에 대한 공포가 줄어듭니다.

셋째, 불연속의 연속인 마음은 유도 아니고 무도 아닌 중도이며 무자성입니다. 그래서 무조작無造作의 본래적인 마음 상태는 청정하여 탐욕 등 부정적인 감정과 긍정적인 감정이 모두 없습니다. 감정은 원인과 조건에 의해서 일어나고 사라지는 것으로 생멸하지만 자성이 공한 마음의 본성에는 존재하지 않음을 경험할 것입니다.

넷째, 마음은 순간적이므로 생각도 일시적임을 알게 되어 번뇌를 없애고 마음의 본성인 열반을 실현할 수 있음을 알게 됩니다.

다섯째, 마음의 본성은 자아가 없어 무아이며 자성이 없어 공함을 알게 됩니다.

(2) 깨어 있음 확인하기

━ 눈을 감고 눈꺼풀은 감겨있는데도 불구하고 눈이 떠 있는지 확인합니다. 눈이 떠 있다면 마음이 보고 있는 현상입니다.

━ 눈을 뜨고 감고 반복하면서도 보고 있는 마음이 바뀌지 않는 다면 의식이 깨어있는 것입니다.

━ 특히 소리의 과거(뒤)와 미래(앞)가 끊어지고 현재도 없어 무 아無我임을 알아차리면 마음이 현재 순간에 늘 깨어있습니다.

━ 텅 빈 마음에 머물러 있을 때도 의식이 깨어있는지 자가 점 검합니다.

8장

유무의 견해를 끊어
공성에 깊이 들어가기 – 정진바라밀

『금강삼매경론』에 다음과 같이 이르고 있습니다.

"거두어들임도 없고 놓아버림도 없기 때문에 정진精進바라밀
입니다. 즉, 거친 것을 벗어나는 것이 정진의 정精이고 공空에
들어가는 것은 정진의 진進의 뜻입니다. 그래서 허공의 허무주
의와 유有의 영원주의 견해를 끊어서 몸과 마음의 결합체 오온
(五蘊)의 공空에 깊이 들어가는 이것이 정진바라밀입니다."[83]

유무의 견해는 말소리와 의미가 결합하여 존재하는 언어의 영
역에서 일어납니다. 언어 속에 유와 무를 근거로 하는 것이 영원
주의와 허무주의 견해입니다. 그래서 소리의 실체를 알아 버리면

---

[83]   상동 "遠離名數, 斷空有見, 深入陰空, 是毗梨耶波羅密." '上二句, 離麤精義, 入空者, 是
進義, 即是上言'無攝無放', 此是出世精進度也.' 참조

소리에 담겨있는 의미도 사라집니다. 그때 유무를 근거로 하는 견해가 소멸합니다.

걸으면서 소리의 무상 속에서 공성을 알아차리는 것이 중요합니다. 소리의 무상을 통해 소리의 자취 없음에 머물 때 듣는 마음은 깨어있어 불변의 공성으로 드러납니다.

소리의 흔적이 없음에 머무는 것은 소리를 없애는 것이 아닙니다. 소리를 없애려고 하면 귀를 막으면 소리가 없어집니다. 들리지 않기 때문입니다. 이것은 지혜가 아닙니다. 즉, 수행자가 생각이 수행을 방해한다고 여기고 생각을 없애는 것은 없애는 쪽으로 가기 때문에 허무주의로 가는 것과 같습니다. 소리를 없애려고 하지 말고 소리 자체가 머물지 않아 머묾이 없는 그 자리가 소리가 생김도 없고 사라짐도 없음을 알아차려 아는 것이 지혜입니다. 그 자리는 힘으로 또는 의도적으로 소리를 없애는 것이 아니라 처음부터 소리가 없는 것입니다. 즉, 소리가 생멸하면서 흐르는 가운데서 소리의 생멸이 없는 이치를 아는 것이 지혜입니다. 즉, 소리는 유有로서 존재하지 않습니다. 잡아 소유할 수 없는 것입니다. 또한 무無가 아닙니다. 소리를 귀로 듣기 때문입니다. 모든 사물도 마찬가지입니다.

이와 같이 안다면 있음과 없음을 근거한 갖가지 견해와 그 견해로 인하여 발생하는 번뇌 망상과 괴로움은 사라지고 생각과 감정으로부터 해방됩니다. 더 나아가서 생사生死가 없는 진실을 알고 모든 속박으로부터 대자유를 얻습니다.

1. 몸과 마음의 결합체(五蘊)의 공空에 깊이 들어가기

공은 시간 없음의 경계입니다. 인식을 미세하게 하면 흐르는 무상의 시간을 시간 없음으로 관찰할 수 있습니다. 현상이 있을 때 시간의 흐름이 있지만 현상의 상相 없음을 보면 무시간의 공으로 들어갈 수 있습니다.

1) 시간에 대해 이해하기

『中論』「觀時品」에 다음과 같이 이르고 있습니다.

> 한문본 5) "시간이 머무르는 것은 얻을 수 없고 시간이 흘러가는 것도 역시 얻을 수 없다. 만일 시간을 얻을 수 없다면 어떻게 시간의 상相을 설하겠는가?"
>
> 범본 5) "머물러 있지 않은 시간은 포착되지 않는다. 또 이미 머물러 있는 시간이 포착됨은 존재하지 않는다. 그런데 포착되지 않는 시간이 어떻게 파악되겠는가?"
>
> 6) "사물을 인因하여 시간이 존재하니 사물을 떠나서 어떻게 시간이 존재하겠는가? 사물도 오히려 존재하지 않는데 하물며 시간이 존재하겠는가?"

『청목논사』 해설은 다음과 같습니다.

> "시간이 만일 머무르지 않는다면 시간을 얻을 수가 없고 시

간의 머무름도 역시 없다. 만일 시간을 얻을 수가 없다면 어떻게 시간의 상相을 설하겠는가? 만일 시간의 상이 존재하지 않는다면 시간은 없는 것이다. 사물을 원인으로 하여 생기므로 시간이라고 부른다. 만일 사물을 떠난다면 시간도 없다. 지금까지 앞에서 갖가지 이유를 들어 모든 사물을 논파하였다. 그래서 사물도 존재하지 않는데 어떻게 시간이 존재하겠는가?"

2) 움직이는 몸의 자취 없음에 머물러 있음과 없음을 버리기 행경선 − 精(몸의 공함)

━ 몸과 한 공간 상태에서 몸의 움직임의 머물지 않아 자취 없음에 초점을 맞추고 걷습니다.

━ 몸 움직임의 머물지 않는 자리에 초점을 맞추고 걷는 순간순간 몸이 텅 비어집니다.

━ 텅 빈 몸 상태를 유지하면서 보이는 사물들이 움직이지만 인식하는 마음이 움직이지 않음을 지각하면서 걸어갑니다.

━ 몸 움직임의 머물지 않음에 초점을 맞추고 걸으면서 빈 몸이 있다는 생각을 버립니다.

━ 마음의 형태와 색깔이 없지만 걸어가면서 보는 마음이 바뀌지 않으므로 없다는 생각을 버립니다.

3) 불변하는 텅 빔의 인식상태로 유무의 견해 깨트리기-進

━ 좌경선합니다.

━ 텅 비면서 동시에 앎(인식)이 있고 깨어있는 마음 상태로 머
   뭅니다. 그리하여 앎 없음과 생명 없음인 허공의 허무주의
   견해(무지)를 끊어버립니다.

━ 인식상태의 깨어있음 그대로 텅 빈 마음으로 머뭅니다. 그리
   하여 유有의 영원주의 견해를 끊어버립니다.

4) 몸과 마음의 결합체(五蘊)의 공空에 깊이 들어가기

━ 몸과 마음의 결합체(五蘊)의 공空을 인식하면서 텅 빈 마음
   으로 공에 깊이 들어갑니다.

　　　들어갈 줄 알고

　　　나올 줄 알아야

　　　진정한 경선鏡禪 수행자

　　　공에 들어가고 나옴의 자재함이여

　　　이것이 여여如如함의 모습이라네.

2, 디딤돌 경선 – 주객이 사라진 불멸로 들어가는 좌경선

좌경선에 들어가기 전에 10분 정도 행선을 합니다. 행선은 발
바닥 감각 알아차리기입니다. 그다음 좌경선을 합니다. 좌선 자세

는 비로자나좌법 또는 연꽃 좌법이라고 합니다.

1) 감각의 자취 없음에 머물러 텅 빔을 체험하기

- 다리는 양반다리,[84] 평좌, 반가부좌, 결가부좌 중 본인이 편안한 자세를 한 후
- 온몸에 힘을 풀고 허리와 머리를 곧게 세우고
- 왼손바닥 위에 오른 손바닥을 올리고 엄지손가락 끝을 맞대고 배꼽 아래에 둡니다.
- 혀는 가볍게 말아 입천장에 붙입니다.
- 그다음은 온몸 전체를 보면서 강하게 반응하는 감각부터 직관하여 알아차립니다.

① 감각의 일어남과 사라짐이 관찰될 때는 한발 더 나아가서 감각을 과거·현재·미래로 관찰하여 무상無常·고苦·무아無我의 지혜가 생기면 이 지혜로 감각이 현재 순간의 머물지 않음에 초점을 맞추고 감각의 흔적이 없음에 머뭅니다. 즉, 감각은 변하면서 흔적을 남기지 않음을 알아차리고 흔적이 남지 않는 그 자리에 머뭅니다. 무주無住에 머묾이 익숙해지면 이때 텅 빔이 일어납니다.
② 잡생각이 일어나면 일어나는 곳이 있는지 살핍니다. 사라지

---

84   양반다리는 가부좌 비슷한 자세로 양다리를 팔짱을 끼듯 한 자세를 말한다.

면 사라지는 곳이 있는지 살핍니다. 일어나고 사라짐이 머물지 않고 일어나고 사라지는 곳이 없다는 공통점을 알아차립니다.(念起卽覺-覺破) 그 때 다시 텅 빔에 머뭅니다.

2) 텅 빈 마음에 머물러 마음의 무상無常 관찰하기

③ 망념과 알아차림이 함께 사라지면 마음은 빈 항아리와 같이 되어 마음도 허공과 같음을 관찰합니다. 일어나도 일어난 곳이 없고 사라져도 사라진 곳이 없어 늘 자취 없음이 빈 항아리와 같이 무심상태로 들어갑니다. 번뇌의 껍질을 벗어버리는 것입니다.

④ 망념이 없어져 텅 비어 있는 현재만 경험하는데 이 텅 빔을 유지시키고 이 텅 빔에 익숙해질 때 텅 빔을 지켜보고 있는 마음이 있는지 살피고 텅 빔, 그 체험이 자기의 마음임을 확인합니다. 이 마음은 명료한 마음이며 바로 명상의 대상이 됩니다. 이제 마음의 영역으로 들어온 것입니다.

⑤ 그 텅 빈 마음이 찰나지간에 사라지면서 지속됨을 알아차립니다. 즉, 이 마음이 불연속의 연속임을 알아차립니다. 이때 마음의 본성을 알게 됩니다. 무아와 공성이 드러나면서 공성을 아는 지혜가 번뇌의 뿌리를 잘라냅니다.

⑥ 불연속의 연속인 마음을 다시 과거는 지나가서 없고 미래는 오지 않아 없으며 현재도 머물지 않음에 머물면 즉, 마음이 일어나도 지나가는 곳에 흔적이 남지 않아 생김도 없고 사

라짐도 없는 텅 빔인지 살핍니다. 텅 빔은 무분별이며 마음의 움직임이 멈춘 상태입니다.

⑦ 마음의 움직임이 없는 불멸로 들어갑니다.

3) 곧바로 유무의 자취 없는 공성에 머물고 들어가기

'곧바로 있음有과 없음無의 자취 없는 공성에 머물기'는 4단계가 익숙해지면 2단계로 줄이고 2단계가 익숙해지면 1단계인 공성에 바로 머물고 들어갈 수 있습니다. 머무는 것에는 집중의 뜻이 들어가 있습니다. 그러나 움직이고 있는 대상에는 집중하기 어렵습니다. 그래서 움직이는 대상에 머물기는 상대적으로 쉽습니다.

형상과 색깔처럼 인식할 수 있는 대상은 시간의 흐름이 있습니다. 소리도 인식할 수 있으므로 인식의 대상이 될 수 있습니다. 그런데 아무 것도 없는 무無도 인식할 수 있는 것이 의식입니다. 그래서 있음도 아니고 없음도 아닌 공성을 대상으로 깨달을 수 있습니다. 머물러야 하는 대상은 공성이며 자취가 없어서 시간의 흐름이 없습니다. 소리를 들으면서 과거와 미래가 끊어진 머물지 않는 현재 순간의 자취 없음에 머무는 수행입니다. 흔적이 없는 공성에 머물 때 머무는 마음을 볼 수 있고 그 마음에 초점을 맞추어서 안과 밖이 없고 모든 차별을 떠나고 생로병사에도 자유로운 마음 공성으로 들어갈 수 있습니다.

공空

모든 것 마음의 투영이며 환幻과 같음이라
환과 같이 보는 것은 마음을 보는 것
안과 밖이 없는 마음이 공空이로다.

공을 아는 지혜여
공과 짝을 이루어 물에 물 탄 듯하니
무경계無境界 무분별無分別이라
공 또한 공하도다.

허공에 햇빛 가득함이여
언어문자 따라 생각 따라
세상과 삼라만상 우주 나타나니
마음 공 관觀하여 대자유인 되리.

(1) 걸으면서 움직이는 몸의 자취 없음에 머물기 행경선 ─ 精

■ 바람 소리, 바스락거리는 낙엽 소리 등 소리를 들으면서 소
  리의 머물지 않아 자취 없음에 초점을 맞추고 걷습니다.

■ 소리의 머물지 않는 자리에 초점을 맞추고 있으면 감정과 잡
  생각이 텅 비어집니다.

■ 텅 비어지는 상태를 유지하면 그다음에 텅 빈 마음이 보입니다.

- 텅 빈 마음이 보이면 텅 빈 마음에 초점을 맞추고 걸어갑니다.
- 텅 빈 마음이 분명해지면 마음이 움직이면 갖가지 현상이 생기고 텅 빈 마음에 머물게 되면 갖가지 현상이 사라지고 고요해짐을 경험합니다.
- 이와 같은 경험을 통해 마음은 자성이 없어 공함을 이해합니다.
- 지속적으로 일어나는 현상들이 더 이상 일어나지 않고 공하다면 불사不死에 들어갑니다.

(2) 무주無住를 체득하기 좌경선 – 進

- 좌경선하여 텅 빈 마음에 머뭅니다.
- 머물고 있는 마음이 소멸하면서 유지하고 있음을 봅니다. 마음은 물질도 비물질도 아님을 이해하거나 죽지 않음을 이해합니다.
- 지나간 마음은 얻을 수 없고 오지 않은 마음도 얻을 수 없고 머물지 않는 마음도 얻을 수 없음을 살핍니다.
- 현재 순간에 머물지 않는 마음도 얻을 수 없는 그 자리에 머뭅니다.
- 그 순간 얻을 수 없는 그 자리에 머물고 있는 유주有住의 마음이 무주無住가 됩니다.
- 이때 '마음은 근본도 없고 현상을 나타낼 종자도 없다'고『금강삼매경』에서 설합니다. 즉, 이환즉각離幻卽覺으로서 마음의 근본 자리이며 본래면목, 진여, 법계 등 다양한 이름으로

불리는 그 무엇입니다.

허공은 깨달음의 뜻인 공성空性의 비유입니다. 환을 관하여 공을 체득하는 것입니다. 우리가 살고 있는 세계가 환인데 환을 통해 깊이 들어가면 안과 밖이 없습니다.

그리하여 환의 단계에서 체험한 무상·고·무아의 삼법인三法印이 곧 자신의 마음이며, 이 마음은 곧 공이고 이 마음 공의 지혜로 모든 현상도 곧 처음과 끝이 없는 공임을 깨쳐가는 단계입니다. 즉, 경鏡의 안과 환幻의 밖이 모두 공임을 깨치는 단계입니다. 모든 현상은 마음의 투사이기 때문에 곧 마음의 현상임을 거울 같은 관을 통해 이해합니다.

예를 들어, 거울 또는 바람 한 점 없이 고요한 호수에 나타난 사물은 선명하며 그것이 가고 옴이 없고 실체가 없어 환이자 공임을 깨달아 너와 나, 이것과 저것의 경계선이 사라진 무경계無境界, 무분별無分別, 무상無相, 무조작無造作, 무인무중생無人無衆生의 각성이니 이를 아는 것이 지혜이며 곧 깨달음의 경계입니다.

허공이 무한하듯
마음도 허공과 같이 두루 하네.
허공은 생멸하지 않고 아는 성품도 없으나
마음은 생멸이 없으면서도

청정하든 오염되든 아는 성품은 불변不變이라

허공도 본래 깨달음의 산물이라네.

9장

큰 연민으로 중생을 도우면서도
이무理無로 걸어가기 – 선정바라밀

『금강삼매경론』에 이르고 있습니다.

"마음 자체 성품이 금강과 같이 견고하기 때문에 선정禪定바라밀입니다. 즉, 공적함을 모두 떠나 모든 공空에 머물지 않습니다. 하지만 마음이 없음에 처(心處無)하여 대공大空에 있습니다. 때문에 수행의 경계가 있는 수행자에게 응應하고 범부 중생에게 화化하기 위하여 생生을 받아 욕계欲界와 색계色界와 무색계無色界의 세 가지 생존(三有)에 두루하기 때문에 공적함을 모두 떠났습니다. 공적함을 떠났으므로 모든 공에 머물지 않고 온 우주법계를 다니면서 항상 화신化身으로 중생들을 생사의 괴로움에서 벗어나게 하기 때문입니다. 왜냐하면 몸은 지하와 지상과 천상의 삼계三界를 건너 다니지만 마음은 항상 이무理無에 처합니다. 이理가 삼유三有의 상을 끊기 때문입니다. 그래서 선정바라밀을 실천하는 수행자는 온 우주법계를 다니면서 생사의 괴로움에서 벗어나게 하지만 마음이 대공大空에 있습니다. 대공이라는 것은 시방十方이라는 큰 상相의 공空함입니다.

몸이 비록 작용을 일으키나 마음은 고요하여 움직이지 아니합니다. 그래서 자성이 금강과 같은 것입니다. 이것이 선정 바라밀입니다."[85]

아래와 같이 원을 발하면서
보리심으로 자비경선慈悲鏡禪을 실천함을 다짐합니다.

강물이 흘러 바다에 이르듯
초승달이 보름달이 되듯이
지각 있는 생명들이
건강하고 행복하길 바랍니다.

1. 공의 무無 상태로 걸어가기

— 걸으면서 보이는 사물들은 움직이지만 보는 인식이 바뀌지

---

85   상동 中, "具離空寂, 不住諸空, 心處無, 在大空, 是禪波羅蜜." '具離空寂'者, 應化受生, 遍三有故, '不住諸空'者, 不滯五空, 恒化十方故, 此明教化衆生禪也. '心處無'者, 雖身涉於三有, 心常處於理無, 理無者, 理絶三有之相也. '在大空'者, 雖恒化於十方, 而心在於大空, 大空者, 十方大相之空也. 此顯成就佛法禪也. 身雖起作, 心寂不動, 卽是上言'性等金剛'. 참조

않는 무생無生임을 자각하면서 걸어갑니다.

▬ 걸으면서 보고 있는 마음의 움직이지 않음은 거울과 같음을 알아차립니다. 즉, 마음거울에 비친 영상은 가고 옴이 없어 벗어나는 것도 아니고 부동의 마음 안으로 들어오는 것도 아니며, 없어지는 것도 아니고 파괴되는 것도 아님을 알아차립니다. 즉, '항상 변함없는 한마음(一心)으로 있음'을 알면서 걸어갑니다.

▬ 변하지 않는 인식의 영역에서 보이는 사물 자체는 이무理無 상태임을 자각하면서 걸어갑니다. 즉,

● 형태와 색깔을 가지고 있으므로 결합체이고 결합체는 반드시 해체되고 해체는 실체가 없음의 무無임을 자각하면서 걸어갑니다.

● 상호의존하여 형상이 있으며 그 형상도 무상하게 변하므로 고정된 형상이 없어 무형의 무無로서 걸어갑니다.

● 이와 같이 나무, 돌, 흙 등이 바람에 움직이고, 무상하게 변하는 소리, 냄새, 맛 등 모든 것이 환영과 같이 내재하는 실체가 없어 없음(空)의 무無로 걸어갑니다.

▬ 이처럼 환幻과 같음을 보면서 허공 같은 무無로서 걸어갑니다.

2. '없다'에 머무는 마음이 대공大空에 있기

▬ 마치 종이의 바탕이 비어 있기 때문에 온갖 그림을 그릴 수

있듯이 보이고 들리는 등의 모든 형상이 바뀌지 않는 인식하
는 마음거울의 바탕인 무無에 비치는 것임을 알아차리고 걸
어갑니다.

— 환영과 같은 대상에 대응하는 마음도 텅 빈, '없음' 그대로 걸
어갑니다.

— 걸으면서 한 마을과 한 공간을 이루면서 변함없는 인식의 거
울로 마을을 비추면서 걷습니다. 그리고 대인관계에서 발생
하는 사랑하는 것과 헤어지는 고통, 싫어하는 것과 만나는
고통, 구하여도 얻지 못하는 고통과 자기 자신에게서 발생하
는 몸과 마음에 대한 집착에서 생기는 고통 등 인간세계의
다양한 고통을 받는 유정들을 생각하면서 유정들에 대한 큰
연민이 허공 같은 한 공간에 충만함을 이루면서 텅 빈 '없음'
그대로 항상 아는 상태로 걸어갑니다.

— 걸으면서 한 도시와 한 공간을 이루면서 맑은 마음거울로 한
도시를 비추면서 걷습니다. 그리고 한 도시에서 발생하는 다
양한 고통을 받고 있는 수많은 사람을 생각하면서 수많은 사
람들에 대한 큰 연민이 허공 같은 한 공간에 충만함을 이루
면서 텅 빈 '없음' 그대로 항상 아는 상태로 걸어갑니다.

— 걸으면서 한 나라와 한 공간을 이루면서 맑은 마음거울로 한
나라를 비추면서 걷습니다. 그리고 한 나라에서 발생하는 다
양한 고통을 받고 있는 사람들을 생각하면서 고통 받고 있는
사람들에 대한 큰 연민이 허공 같은 한 공간에 충만함을 이

루면서 텅 빈 '없음' 그대로 항상 아는 상태로 걸어갑니다.

— 걸으면서 전 세계와 한 공간을 이루면서 맑은 마음거울로 전 세계를 비추면서 걷습니다. 그리고 전 세계에서 발생하는 다양한 고통을 받고 있는 사람들을 생각하면서 고통 받고 있는 사람들에 대한 큰 연민이 허공 같은 한 공간에 충만함을 이루면서 텅 빈 '없음' 그대로 항상 아는 상태로 걸어갑니다.

— 걸으면서 온 우주와 한 공간을 이루면서 맑은 마음거울로 온 우주를 비추면서 걷습니다. 그리고 온 우주에서 발생하는 다양한 고통을 받고 있는 유정들을 생각하면서 일체 모든 유정에 대한 큰 연민이 허공 같은 한 공간에 충만함을 이루면서 텅 빈 '없음' 그대로 항상 아는 상태로 걸어갑니다.

3. 디딤돌 경선 – 연민의 이타심 관상觀想 하기

작고 귀여운 어린아이가 고통을 겪을 때 괴로워하는 어머니의 마음처럼 내가 아끼는 이들이 괴로움에서 벗어나기를 바랄 때 저절로 연민이 일어납니다. 이 연민이 모든 중생에 대해 동등하다면 큰 연민을 성취할 수 있습니다.

큰 연민을 실천하는 경선 명상은 처음에는 의도적인 경험으로 하지만 점차 의도하지 않고 저절로 우러난 경험으로서 큰 연민을 계발하는 것입니다.

큰 연민이 자연스럽게 일어나도록 서원을 세우고 연민의 이타심을 관상觀想합니다.

— 유정 중생을 구하려는 마음으로
  허공이 다할 때까지
  중생이 있는 한
  저도 함께 이곳에 머물며
  이 세상의 괴로움 없애는 자로 남겠습니다.

— 공성의 마당 가운데서 깨달음의 길이 경각다실에 이어져 있음을 상상합니다.
— 불특정 다수를 위해 자비심을 발하는 관상觀想을 합니다.
— 수행자 본인의 오른쪽 앞에 이기적인 자기중심주의로 똘똘 뭉친 분신, 즉 충동적인 욕망을 만족시키기 위해서라면 못할 짓이 없는 자신이 있다고 상상합니다.
— 자신의 왼쪽 앞에 자기와 아무런 관련이 없는 딱하고 궁핍하고 병든 한 무리의 가난한 사람들이 있다고 상상합니다.
— 차분한 마음가짐으로 편견 없이 양쪽을 살펴봅니다.
— 그리고 다음과 같이 생각합니다.
  "양쪽 다 행복을 원한다.
  양쪽 다 고통을 떨쳐버리기를 바란다.
  양쪽 다 이러한 소망을 이룰 권리를 가지고 있다"

— 그리고 다음과 같은 점을 생각해 봅니다. 수많은 사람들의 행복을 무시한 채, 그들이 얼마나 끔찍한 고통을 당하는지 상관하지 않고 오른쪽에 있는 자신의 이기적인 분신에 주의를 기울여 봅니다. 이렇게 해보면 결코 마음이 편치 못할 것입니다. 우리가 지금 관상觀想하고 있는 양쪽은 모두 행복을 누릴 똑같은 권리를 가지고 있습니다. 더 많은 사람들의 압도적인 요구를 피할 도리는 전혀 없습니다. 우리 자신이 다른 존재를 도와주고 봉사해야 할 연민의 이타심을 일으킵니다.

모든 존재들의 악행, 장애 그리고 고통이
지금 이 순간 하나도 빠짐없이 제게 옮겨지고
제 행복과 공덕이 그들에게 전해지게 하소서.
모든 중생들이 행복을 누리게 하소서.[86]

4. 깨어있음을 자가 점검하기

걸어갈 때 깨어있는 의식이 지속되는지를 자가 점검합니다.

— 도시-국가-세계-지구-온 우주와 한 공간을 이루며 맑은 마음거울로 온 우주를 비추면서 걸을 때, 깨어있는 의식이 흔

---

86 달라이라마 지음/제프리 홉킨스 편저/진현종 옮김 『달라이라마, 삶을 이야기 하다』 p.p. 96~104 참조, 북로드

들리지 않는지 살펴봅니다.

— 온 우주에서 발생하는 다양한 고통을 받고 있는 유정들을 생각하며 일체 모든 유정에 대한 연민이 허공 같은 한 공간에 충만함을 이루면서 맑은 마음거울 상태를 유지하며 걸어갈 때 의식이 흔들림 없이 깨어있는지 살펴봅니다.

10장

움직이면서 항상 고요하고,
고요하면서 항상 움직이기 – 반야바라밀

『금강삼매경론』에 다음과 같이 이르고 있습니다.

"삼보三寶를 무너뜨리지 않기 때문에 반야바라밀입니다. 즉,
마음에는 마음이라는 상相이 없습니다. 자신의 안에 마음을
관하는 상을 두지 않습니다. 심지어 마음이 비어 있다고 하
는 공의 성질을 취하지도 않습니다. 이것은 증도證道의 지혜
입니다. 또한 일체의 행위가 본래 일어나지 않음을 깨달은
것입니다. 이 깨달음은 무생에 집착하지 않으면서 항상 밖으
로 교화하는 것입니다. 이것은 교도敎道의 지혜입니다.
이와 같이 증도와 교도가 항상 서로 떠나지 않습니다. 움직
이면서 항상 고요하고, 고요하면서 항상 움직이기 때문에 출
입함이 없고 움직임과 고요함이 항상 병행하여 한쪽에 막히
지 않기 때문에 자성이 항상 평등합니다.
또한 증득하는 도(證道)의 항상 고요한 상은 진제眞際와 동일

하고 법성法性과 같기 때문에 결정성決定性이라고 합니다. 또한 가르치는 도(教道)가 항상 움직이는 이유는 모든 지위에도 의지하지 않고 지혜에도 머물지 않기 때문입니다.

말하자면 십중법계十重法界[87]에 의지하여 집착하지 않고 적조혜寂照慧에 머물러 있지 않기 때문입니다. 이것은 오직 하나의 관찰하는 마음이 법으로 삼을 만한 것을 두루 비추어 모든 쟁론을 끊었기 때문입니다. 즉, '깨달아 비춤(佛)'과 '본받을 만함(法)'과 '쟁론을 끊었음(僧)'은 삼보를 무너뜨리지 않기 때문입니다. 이것을 출세간의 반야바라밀이라고 합니다."[88]

걷는 것은 움직임이며 움직이면서 자아와 자성이 고요합니다. 움직임과 고요가 함께 합니다. 보여지는 주변 풍광과 우주의 형상은 시간적으로 매 찰나 변하므로 상相은 허망하고 허망한 상은 본래 존재하지 않으므로 일체 행위가 본래 일어나지 않습니다. 하지만 거울같이 비춰보는 깨어있는 마음은 허망하지 않아 허공과 같

---

87   지옥, 아귀, 축생, 아수라, 인간, 천상, 성문, 연각, 보살, 부처의 열 가지 세계가 중첩되는 법계

88   상동 中~下 "心無心相'者, 不存自內觀心相故, '不取處空'者, 不取心處之空性故, 此是證道慧也. '諸行不生'者, 達一切行本來不生故, '不證寂滅'者, 下着無生, 而恒外化故, 此是教道慧 也. '心無出入, 性常平等'者, 前之二道, 恒不相離, 動而常寂, 寂而恒動, 故無出入, 動寂恒並, 不滯一邊, 故性常平等. '諸法實際, 皆決定性'者, 演證道之常寂之相, 相同眞際, 等法性故. '不依諸地, 不住智慧'者, 演教道之恒動之由, 不依着於十重法界, 不住滯於寂照慧故. 此中卽具覺照可軌絶諍之義, 卽是上言'不壞三寶', 是名出世般若波羅蜜也." 참조

이 불생불멸합니다. 즉, 불생불멸이 허망하지 않아 진실이므로 일체의 행위가 본래 일어나지 않는 무생無生임을 깨달은 것입니다.

이 깨달음은 무생에 집착하지 않으면서 항상 밖으로 교화합니다(教道의 지혜). 그래서 인식하는 마음만이 존재합니다. 하지만 마음이라는 상相이 없고 마음이 공하다는 공의 성질도 취하지 않습니다(證道의 지혜). 이와 같음을 실천하는 경선鏡禪은 다음과 같습니다.

1, 자아 없음도 무생도 놓아버림

— 몸과 한 공간 상태로 걸으면서 지나온 '나'는 지나가서 뒤가 없어 '나 없음'의 무생으로 걸어갑니다.

— 미래의 '나'는 오지 않아서 앞이 없어 '나 없음'의 고요한 상태로 걸어갑니다.

— 현재 순간의 '나'는 길 위에서 머물지 않아 중간도 없어 '나 없음'의 고요한 상태로 걸어갑니다.

— 이와 같이 한 공간의 '나 없음'의 고요함과 함께하는 머묾 없는 무생으로 걸어갑니다.

2. 자성 없음도 무생도 놓아버림

— 주변 풍광과 한 공간의 마음으로 걸으면서 지나가는 주변 풍

광은 돌아오지 않아 뒤가 없어 텅 비어 한 공간인 마음 공의 성질을 취하지 않고 걸어갑니다.

— 이제 주변 풍광과 한 공간을 이루고 걸어가면서 머묾 없음의 공을 통해 걸음의 행위가 본래 일어남이 없는 무생에도 고집하지 않고 걸어갑니다.

— 앞으로 오는 미래의 풍광은 오지 않아 앞이 텅 비어 한 공간인 마음공의 성질을 취하지 않고 걸어갑니다.

— 주변 풍광과 한 공간을 이루고 걸어가면서 머묾 없음의 공을 통해 걸음의 행위가 본래 일어남이 없는 무생에도 고집하지 않고 걸어갑니다.

— 현재 순간의 '풍광'은 길 위에서 머물지 않아 중간도 텅 비어 한 공간인 마음공의 성질을 취하지 않고 걸어갑니다.

— 주변 풍광과 한 공간을 이루고 걸어가면서 머묾 없음의 공을 통해 걸음의 행위가 본래 일어남이 없는 무생에도 고집하지 않고 걸어갑니다.

— 이와 같이 한 공간인 마음공의 성질을 취하지도 않고 무생을 고집함도 없이 걸어갑니다.

3. 대공도 무생도 놓아버림

— 우주와 한 공간의 마음으로 걸으면서 지나가는 온 우주는 돌아오지 않아 뒤 없음의 한 공간인 마음공의 성질을 취하지

않는 상태로 걸어갑니다.

— 우주와 한 공간을 이루고 걸어가면서 머묾 없음의 공을 통해 걸음의 행위가 본래 일어남이 없는 무생에도 고집하지 않고 걸어갑니다.

— 걸으면서 앞으로 오는 미래의 온 우주는 오지 않아서 앞 없음의 한 공간인 마음공의 성질도 취하지 않는 상태로 걸어갑니다.

— 우주와 한 공간을 이루고 걸어가면서 머묾 없음의 공을 통해 걸음의 행위가 본래 일어남이 없는 무생에도 고집하지 않고 걸어갑니다.

— 현재 순간의 '우주'는 길 위에서 머물지 않아 중간도 없음의 한 공간인 마음공의 성질도 취하지 않는 상태로 걸어갑니다.

— 우주와 한 공간을 이루고 걸어가면서 머묾 없음의 공을 통해 걸음의 행위가 본래 일어남이 없는 무생에도 고집하지 않고 걸어갑니다.

— 이와 같이 한 공간인 마음공의 성질을 취하지도 않고 무생을 고집함도 없이 걸어갑니다.

한 공간인 마음공을 취하지 않고, 거울같이 비추는 무생의 마음 이라는 상 없이 걸어가기

— 걸으면서 온몸이 매 순간 같은 움직임이 없고 움직임이 머물지 않아 머묾이 없는 그 자리는 생기고 사라짐이 없어 무생

無生임을 알면서 걸어갑니다.

— 걸을 때 보이는 것은 움직이지만 거울같이 보는 마음은 바뀌지 않습니다. 바뀌지 않아 무생임을 알면서 걸어갑니다.

— 보는 마음이 허공같이 텅 비어 있다고 하는 공의 성질을 취하지도 않고 걸어갑니다.

— 바뀌지 않는 무생의 거울같이 보는 마음에는 보는 마음이라는 상相이 없이 걸어갑니다.

4. 디딤돌 경선 – 수행의 발자취를 되돌아보고 사유 통찰하기 좌경선

과거와 미래와 현재를 되돌아보는 사유 관찰로써 자아와 삶의 진실을 아는 지혜를 얻을 수 있습니다.

과거는 뒤가 끊어진 것이요
미래는 앞이 끊어진 것이요
현재는 앞뒤가 없어 환영이라오.

과거는 뒤의 삶이 끊어진 것이요
미래는 앞의 삶이 끊어진 것이요
현재는 앞뒤의 삶이 없어
지금의 삶도 있다고 집착함은 물에 뜬 달을 보는 환영이요
과거와 미래와 현재를 생각하는 그 삶도 지금 이 순간의 삶일 뿐

이라오.

지금 순간에 머물러 의식을 깨워야 하리.

— 나무 아래에 앉아서, 지나온 길과 나를 떠올리고 명상했던 것을 회상(시각화)합니다.
— 걸으면서 지나온 길과 '나'는 지나가서 뒤가 없고,
— 미래의 길과 '나'는 오지 않아서 앞이 없으며
— 현재 순간의 '나'는 길 위에서 머물지 않아 중간도 없음을 알아차리고 자각합니다.
— 현재 회상하고 있는 이 순간만이 진실임을 알아차리고 사유합니다.

5. 자신의 전체 삶을 되돌아보고 지혜 얻기
— 현재 순간에 머물면서 과거의 삶이 지나가서 없어서 뒤가 없고,
— 앞으로 살아갈 미래의 삶도 오지 않아 없어서 앞이 없으며,
— 현재 순간의 지금이 진실한 삶이며 이 삶도 머물지 않아 중간도 없음을 관찰합니다.
— 과거의 삶을 회상하는 그 회상도 지금 이 순간이며 미래의 삶을 추상하는 그 추상도 지금 이 순간임을 사유 관찰합니다.
— 과거와 미래와 현재를 생각하더라도 모두 지금 이 순간임을

사유 관찰합니다.

— 이제 나무 아래에 앉아 있는 현재 이 순간에 머물러 의식을 깨웁니다.

6. 자가 점검하기

— 과거, 현재, 미래를 아우르는 지금 순간에 깨어있는 하나의 의식이라는 한 공간을 이해하고 체득합니다.

— 온 삶의 진실을 알아차리고 과거의 삶에 대한 집착과 미래의 삶에 대한 불안에서 벗어나 지금 이 순간의 삶에 머물러 자유로운 삶을 이해합니다.

11장
대중과 함께 경선鏡禪 수행할 때
끝마무리 하기

자비경선慈悲鏡禪의 끝마무리는 첫째, '마지막 도착지를 앞두고 아무것도 하지 않고 그냥 걸어가기' 둘째, '미소 짓기를 통해 자연과 사람 모두와 소통하기' 셋째, '모든 이웃에게 행복과 평안을 기원하기' 넷째, '체험정보 공유하고 소통하는 소감 나누기'를 합니다.

1. 마지막 도착지를 앞두고 아무것도 하지 않고 그냥 걸어가기

'아무것도 하지 않고 그냥 걸어가기'의 '아무것도 하지 않는다'는 것은 '깨달음의 경선정원'에서 수행하는 다양한 명상 방법을 통해 명상 체험할 때 어떠한 명상 방법도 쓰지 않는다는 것입니다. 자비경선慈悲鏡禪 걷기선 명상 할 때는 의도적으로 합니다. '그냥 걸어가기'는 어떠한 경선 방법을 익혔더라도 걸어갈 때는 의도를 내어 경선 방법을 쓰려고 하지 않습니다. 그냥 걸어갈 뿐입니다. 이때, 수행자가 익히 경선鏡禪의 의도적인 경험이 의도 없이 몸에 저절로 익혀져 우러난 체험이 되는지를 확인합니다.

즉, 자가 점검입니다. 아무것도 하지 않고 걸어가는데 저절로 의식이 깨어있으면서 전체의식으로 걸어간다든지 온몸의 감각과 감정과 잡생각 등을 알면서 걸어간다든지 하는 것을 말합니다.

수행한 그 날의 명상 방법에 대해 마지막 도착지를 앞두고 '그냥 걸어가기'를 하면서 자가 점검합니다.

— 아무것도 하지 않고 그냥 걷습니다. 의식을 발에 두지도 발의 감각을 알아차리지도 않습니다.
— 그러나 새로운 것이 보이면 마음의 동요 즉, 생각이나 감정이 올라옵니다. 그때 보이는 것에 보려고 하지 않고 쉽니다. 의미부여 하거나 감정과 생각을 덧붙이려고 하면 물 흘려보내듯 흘려보내면서 그냥 보며, 감정이나 생각의 여운이 있으면 바람같이 지나간 것은 오지 않음을 알아차리고 그냥 흘려보내면서 걷습니다. 들리는 것도, 후각을 자극하는 향기나 냄새도, 몸의 감각도 이와 같이 흘려보내면서 아무것도 하지 않고 걷습니다.
— 저절로 알아차림이 되면 명상의 효과가 있는 것이며 몸과 의식이 가벼우면 더 좋습니다. 의식이 확장되어 보이고 들이는 것이 전체적으로 보이고 들린다면 참으로 좋습니다. 지나간 것은 돌아오지 않아 없음을 깊이 알고(지혜), 보이고 들리는 것 등에 자유로우면 더욱 좋습니다.

이와 같이 마지막 도착지를 앞두고 아무것도 하지 않고 그냥 걸어가기를 합니다. 그래서 '깨달음의 경선정원'에서 경선하는 여러 수행법을 익히고 체험할 때마다 그 경선 수행이 되는지 안되는지를 점검하는 차원에서 '아무것도 하지 않고 그냥 걸어가기'를 통해 자가 점검을 해야 합니다.

2. 미소 짓기를 통해 자연과 사람 모두와 소통하기

미소 짓기를 통해 땅, 물, 나무, 산, 하늘, 햇빛 등을 보고 미소 지어 자연과 사람 모두와 소통합니다. 미소는 먼저 얼굴 근육이 이완되고 몸도 이완이 되며 자연스럽게 마음도 이완됩니다. 이 미소가 자연과 사람들과 소통하게 합니다. 소통은 모든 존재가 상호 의존하고 있으며 무아, 무자성임을 깨우치고 일상에서 늘 의식을 각성시킵니다. 또한 소통은 함께 함의 뜻이며 평등의 뜻이며 딱딱한 관계를 부드럽게 만듭니다.

끝에는 참가한 사람들과 미소 지으며 소통합니다. 일상생활에서도 삶이 힘들고 각박하게 느껴지면 이렇게 미소로써 소통합니다.

3. 모든 이웃에게 행복과 평안을 기원하기

우리를 둘러싼 모든 환경과 존재는 상호의존하여 분리되어 있지 않습니다. 따라서 이웃들의 행복과 평안을 기원하는 것은 나 자신을 위해서도 당연히 해야 할 일입니다. 이러한 기원은 사랑과 연민을 키워줍니다. 또한 모든 이웃을 대상으로 함으로써 마음의 크기가 무한히 커집니다.

사랑은 이웃에게 이익을 주는 능력이며, 연민은 이웃들이 겪는 고통을 없애주는 능력입니다. 이와 같은 이타심은 다른 이들의 행복과 평안을 기원해 주는 축원을 통해 증장됩니다.

이제 자비경선을 마치면서 다 같이 축원합니다.

"강물이 흘러 바다에 이르듯,
초승달이 둥근달을 이루듯,
'지각 있는 모든 존재'가
행복하고 평안하기를 기원합니다!"

4. 체험정보를 공유하고 소통하는 소감 나누기

경선을 마친 후 모여서 각자 체험한 바를 서로 공유하고 소감 나누기를 합니다. 길잡이는 간단하게 피드백을 통해 코칭을 해주면서 깨달음의 길을 안내합니다. 수행을 함께하고 체험을 공유할 때 의식이 깨어나는 상승효과가 나타납니다. 서로 몰랐던 수행 경계가 명확하게 되며 아무것도 아닌 현상이라고 착각했던 것도 바르게 알게 됩니다. 또한 수행의 바른 길을 알게 되고 분명한 앎과 바르게 아는 지혜가 생기며 불사不死의 길을 스스로 찾아갈 수 있는 능력을 얻을 수 있습니다. 다만, 무상無常 · 고苦 · 무아無我를 이해하는 지혜가 생기고 '몸 사라지는 지혜를 얻는 경지'까지만 '체험정보를 공유하고 소통하는 소감 나누기'를 합니다. 그 이후의 체험은 명상 코칭 시간에 합니다.

3부 —— 자비의 경선정원

근본 무명에서 완전히 깨어나
유정를 구제하는 구경의 깨달음
'화華에서 화華로의 길'

본각의 공은 상을 없애기 때문에

공을 알면 모양이 있을 수 없습니다.

모양이 없으므로 마음의 움직임이 없습니다.

무념이 되었을 때 드러나는 진실은

마음은 본래부터 변함없이 늘 머문다는 사실입니다.

명상의 구경의 목적지

無住處涅槃의 滅

여래의 평등한 진실한 몸의 깨달음은
마음의 청정한 본래 깨달음인 진여眞如가 허공 같고
거울같이 맑아 생로병사와 생멸이 없습니다.

1장

화華의 깨달음

　화華의 뜻은 첫째, 꽃이 피듯이 깨닫는 모습이며 둘째, 꽃은 반드시 열매를 맺듯이 깨달음의 결과를 얻음을 뜻합니다. 이는 수행자가 보리심을 실천하면 완전한 깨달음을 얻음을 의미합니다. 셋째, 꽃잎이 중첩되어 있듯이 온 우주법계가 상호의존하여 독립된 실체가 공하다는 것입니다. 이는 일체중생이 공함을 알지 못해 고통을 겪고 있으므로 눈뜬 님이 되어 중생을 구제하기 위해 깨달은 마음을 실천하는 보리심을 행함을 뜻합니다.

1. 깨달음의 계단 – 무념無念에 이르는 구경도究竟道

깨달음의 계단이 다섯인 것은 자량도-가행도-견도-수도-구경도를 상징합니다. 이 다섯 수행계단을 올라가면서 범부의 깨달음, 상사각인 작은 깨달음, 수분각의 큰 깨달음, 구경의 깨달음을 이룹니다.

다섯 색깔인 것은 번뇌의 무게가 무겁고 거친 것이 가볍고 미세해지면서 사라짐을 뜻합니다. 노란색은 고체인 흙-흰색은 액체인 물-붉은색은 온도인 기운-녹색은 바람의 요소로서 기운-청색은 허공의 요소로서 텅 비어 있습니다. 계단의 색깔을 따라 오르는 것은 곧 번뇌가 사라지고 깨달음을 이룸을 상징합니다.

계단이 평면인 까닭은 바탕이 공空하여 높고 낮음이 없고 앞과 뒤가 없음을 뜻하여 평등을 의미합니다. 공은 무한 가능성이기 때문입니다. 누구나 깨달을 수 있어 평등이고, 깨달음의 내용도 주객이 사라져 평등이며 깨닫지 못한 유정과 깨달은 부처가 평등함을 뜻합니다. 깨닫고 보면 깨치는 마음은 최초와 중간과 끝이 없어 상相이 없기 때문에 평등입니다.

1) 구경도究竟道

방편도를 만족한 무간도는 구경도究竟道입니다.

방편도方便道의 방편은 근본적인 깨달음으로 이끌어가기 위해 설정한 뛰어난 방법을 말합니다. 그래서 방편이 있는 지혜는 고통의 원인이 소멸한 적멸寂滅을 얻는 해탈입니다. 또한 지혜가 있는 방편도 마찬가지입니다. 지혜가 없는 방편은 의미가 없습니다. 지혜에 의해 불사不死인 적멸과 해탈인 깨달음을 이루기 때문입니다.

따라서 방편도方便道의 도道는 수행의 길입니다. 즉, 방편도는 가행도의 다른 이름으로 봅니다만 자량도에서 궁극의 깨달음을 얻기 전까지의 수행의 길이 모두 방편도입니다. 또한 수행의 길은 방편에 의해 이루어집니다. 그래서 현상의 생멸을 관찰하는 위빠사나관觀과 무생멸의 공성을 대상으로 하는 사마타관을 방편의 길(道)로 삼아 미혹을 끊음으로써 대자유인 해탈이라는 결과를 얻습니다.

무간도無間道의 무간無間은 끊어짐이 없음, 또는 중간에 끼인 것이 없음을 뜻합니다. 그래서 시간적으로 끊어짐이 없이 계속된다는 뜻이고, 공간적으로 틈이 없다는 뜻입니다.[89]

무간도無間道는 사마타와 위빠사나로써 번뇌를 끊는 바로 그 순간을 가리킵니다. 그래서 견도見道에도 번뇌를 끊는 순간이 있으므로 무간도가 있으며 수도修道에도 무간도가 있습니다. 무간도라

---

89   간間이 틈이 있다는 뜻이기에 무간無間은 틈이 없다.

고 하는 이유는 영원히 번뇌를 끊어 자취를 남기지 않는데 간격이나 방해하는 것이 없고, 불사不死에 들어가 대자유(해탈)[90] 하는 데도 간격이나 방해하는 것이 없기 때문입니다. 끊음은 무간도이며, 멸의 증득은 해탈입니다.

2) 잘못된 기억(妄念)의 흐름과 깨달음

빈 마당(공성)을 가로질러 생멸하고 생사가 있는 자아와 실체라는 번뇌를 소멸시키는 불사不死의 계단을 올라갑니다. 계단은 수행과 깨달음의 길을 상징합니다. 모두 왔던 길을 되돌아보고 알아차리는 지혜입니다.

● 범부의 깨달음은 생각이 지나가고 난 뒤(滅)에 그 생각의 옳고 그름을 알게 됩니다. 즉, 지나간 자신의 몸과 입과 생각(행위)이 잘못되었다는 것을 알면 반성하게 되는 깨달음입니다. 꿈속에서 강물에 빠져 사람 살려 하고 고함치는 것에 비유할 수 있습니다. 꿈속인 줄 모르고 죽음의 공포에서 벗어나고자 하는 각성이므로 범부의 깨달음입니다.

걷기경선과 쉼경선을 통해 의식이 몸과 한 공간을 이루게 함으로써 크게 움직이는 잡생각을 멈추게 하고, 지혜를 얻기 위하여 사유 통찰할 수 있는 사고활동 범위를 확장하고 집중

---

90   무간도無間道는 미혹을 끊는 것을 목적으로 하고, 해탈도解脫道는 멸滅을 증득하는 것을 목적으로 한다.

력을 높였습니다. 이는 생사의 괴로움에서 벗어날 수 있는 기반을 만든 것입니다. 이와 같은 일을 시각화하며 사유하고 잊어버리지 않습니다.

◉ 상사相似의 깨달음은 겉모습은 어른과 비슷한 모습이나 능력이 아직 어린아이의 수준인 깨달음으로 작은 깨달음입니다. 즉, 매 순간 대상에 반응하는 형성력(行-상카라)이 순간순간(異) 움직이므로 무상無常-고苦-무아無我로서 알아차립니다. 또한 공성空性을 사유 통찰합니다. 이와 같은 세 가지 지혜와 공성의 지혜로써 순간순간 움직이는 망념(異)이 사라져(無念) 마음의 근원인 불사不死로서 열반을 체득합니다. 강물에 빠져 떠내려가는 위급한 상황이 꿈인 줄 알았습니다. 즉, 죽지 않는다(不死)는 진실을 알았습니다.

하지만 무념상태로 깨달아 '의식이 항상 깨어있는 한마음(常住一心)'에 머무나 잠재되어 있는 무지와 번뇌가 아직 남아있어 습기習氣가 제거되지 않았습니다. 그래서 습관적으로 미세하게 흔들리는 마음인 망념을 제거합니다. 방법은 체험한 무념으로써 무지와 번뇌의 습기를 제거하는 수행을 해갑니다.

즉, 걷기경선, 쉼경선과 깸경선을 통해 의식이 주변 사물과 한 공간을 이루고 나아가 자비희사慈悲喜捨의 걷기경선으로 우주와 한 공간을 이룹니다. 이는 조금은 거칠면서 미세하게 움직이는 꿈(무지가 만들어내는 오해, 착각, 환영, 헛된 기대 등)이라는 망념을 멈추게 하는 효과가 있으며 또한 우주와 한 공간을 이루는 의식의 공간이 일체 모든 것을 알아차림과 사유 통찰하여 공성을 드러내는 공간이기도 합니다.

즉, 무상無常-고苦-무아無我를 알아차리는 지혜와 사유로 공空(緣起)을 통찰하여 체득한 지혜의 칼로써 움직이는 꿈이라는 망념을 잘라버리기 위해 행경선과 좌경선을 합니다. 이 방법으로 '나'라는 틀에 갇혀 편협해진 우리의 의식을 우주를 품고도 남을 만큼 무한대의 크기를 가진 원래 의식으로 확장시키고 궁극적으로는 공간의 한계를 벗어나 공간을 초월하는 의식으로 진화시킵니다.

● 수분隨分의 깨달음은 부분적인 청정을 이룬 어른 수준의 깨달음입니다. 죽지 않는다는 사실을 알고 '지금 이 순간에 늘 깨어있어 항상 한마음에 머물러(常住一心)' 있기 때문에 망념의 꿈은 사라졌으나 아직 잠에서 완전히 깨어나지 못했으므로 깨어나려고 몸부림치는 수행상태입니다. 비록 망념에서 벗어난 것이 있더라도 잠재의식 속에서 흔들리는 망념이 다 없어지지 않아 아직 일어나기 때문에 그 망념이 '나'로 바뀌어 머무는 모습(住)이 있습니다.

쉼경선과 앞뒤가 끊어지고 중간 어디에도 없는 '나 없음'의 무생으로 걷는 경선과 무생도 놓아버리는 경선을 통하여 우리가 관습적으로 또는 무의식적으로 속박되어 있는 시간의 차원을 벗어나는 '깨어있는 의식'이 온 우주와 한 공간 상태로 걷는 경선으로 대공도 놓아버립니다. 이 방법은 미세하게 움직이는 망념을 사라지게 하는 효과가 있습니다.

또한 우주와 한 공간 상태로 걸으면서 일체 모든 유정의 고통을 생각하는 연민심을 키웁니다. 즉, '나'라는 미세하게 움직이는 망념을 연민심으로 제거해 갑니다. 또한 공성의 무념으로써 잠재되어 있는 무지와 자아自我와 자아와 관련되어 일어나는 번뇌를 제거해 가는 행경선과 좌경선을 합니다.

2. 경각鏡覺의 다실로 들어가는 자비경선慈悲鏡禪 정원[91]

깨달음의 계단을 올라 방문을 열고 들어갑니다. 문은 진리의 문이며 방은 깨달음의 자리입니다. 문을 열고 들어감은 곧 완전한 깨달음을 성취함을 뜻합니다. 동시에 지각 있는 존재들을 위한 자비경선의 길이자 경선정원입니다. 사랑과 연민의 경선정원인 다실은 완전한 깨달음의 정원입니다.

● 구경의 깨달음은 붓다가 되는 깨달음입니다. 꿈에서 깨어났더니, 한 번도 바뀐 적이 없는 일여一如의 침상에서 한 발자국도 움직이지 않았다는 진실을 깨달은 것입니다. 즉, 방편을 만족하는 방편도方便道와 한 생각(一念)에 상응하는 무간도無

---

91   수도修道에서 구경각究竟覺에 이르는 화華단계의 명상

間道인 구경도究竟道에서 금강에 비유되는 선정(金剛喩定)을 통해 '마음이 처음 일어나는 것을 깨달으니 마음에는 처음의 모양이 없다(覺心初起 心無初相)'는 구경의 깨달음(究竟覺)을 이룹니다.

이와 같이 자량도의 범부각凡夫覺과 가행도에서 견도까지의 상사각相似覺의 계단을 올라서 수도의 수분각隨分覺(修道) 계단에 오르고 구경도究竟道의 계단에 올라 구경각究竟覺의 깨달음의 방으로 들어갑니다.

범부각凡夫覺-상사각相似覺-수분각隨分覺-구경각究竟覺의 네 가지 깨달음은 생각의 흐름이 멸滅-이異-주住-생生으로 미세해지고 움직이는 생각이 모두 소멸하여 무념無念이 되는 구경의 깨달음에 이룹니다. 이와 같은 과정의 깨달음을 얻었다면 이보다 좋을 수 없습니다. 그렇지 않으면 이와 같은 사실을 자각하여 수행의 길과 깨달음에 도움이 되기 위해 명상합니다. 방법은 명상과정과 깨달음을 회상回想하여 시각화하며 사유하고 잊어버리지 않습니다.

3. 모자상봉母子相逢의 깨달음
◉ 궁극의 깨달음은 어머니와 자식의 모자상봉母子相逢
본각本覺을 의지해서 불각不覺이 있고 불각不覺을 의지해서 시각始覺이 있습니다. 시각이 불각을 제거해 갈 때 범부의 깨달음(凡夫覺)과 작은 깨달음(相似覺)과 어른의 깨달음(隨分覺)이 일어납니다. 그리고 불각이 완전히 제거되고 시각이 본각으로 들어갈 때가 구경각입니다. 시각과 본각이 처음부터 동일합니다. 시각이 자식이라며 본각은 어머니입니다. 시각이라는 자식이 본각어머니를 만남은 모자상봉입니다. 모자상봉母子相逢은 곧 구경각입니다.

본각과 시각과 불각의 관계에 대해 다음과 같은 비유를 들 수 있습니다.

찢어지게 가난한 사람이 있습니다. 가난하다는 것은 가난에서 벗어날 수 있는 황금이 없다는 뜻입니다. 그런데 가난한 자의 아버지는 아들에게 황금이 있음을 알려줍니다. 아들은 황금이 있는 줄 모르고 있다가 아버지의 말을 듣고 자신의 손에 황금이 있음을 발견하고 기뻐합니다. 그 황금은 본래 가지고 있었기에 본각本覺이므로 아버지는 아들에게 기뻐할 일이 아니라고 말합니다. 황금을 쥐고 있지만 황금이 있는 줄 모름은 불각不覺입니다. 황금을 손에 쥐고 있음을 발견함은 시각始覺입니다.

본각本覺의 입장에서는 아무리 가난하더라도 황금을 본래부터 가지고 있어서 가난하지 않습니다. 즉, 본래부터 가난이라는 번뇌가 없습니다. 그래서 번뇌는 본각을 만나면 본각이 훈습하는 힘에 의해 저절로 제거됩니다. 그러므로 본각은 24시간 번뇌가 없어 늘 깨어있고 번뇌라는 잠이 없습니다. 번뇌가 없으므로 번뇌를 제거하는 깨달음인 시각始覺이 없습니다. 시각이 없으므로 없애야 할 깨어있지 못한 불각不覺이 없습니다. 그러므로 일체 모든 유정들은 본래 늘 불사不死인 열반과 대자유의 깨달음에 들어가 있습니다.

불각不覺의 입장에서 불각은 잠을 자고 있는 상태이며 가난에서 벗어날 황금이 있는 줄 모르는 무지입니다. 황금이라는 본각을 의지하기 때문에 불각이 있다는 것은 어떻게 이해해야 할까요? 처음부터 본각이 없다면 불각이 없습니다. 그러나 현실은 삶과 죽음의 괴로움이 있습니다. 괴로움은 번뇌에서 오고 번뇌는 무지에서 비롯됩니다. 결국 불각이 있다는 것은 상대적으로 본각이 있음을 뜻합니다.

시각始覺의 입장에서 시각이 있다는 것은 황금이 있는 줄 모르는 불각이 있기 때문입니다. 본각의 훈습하는 힘이 작용하여 가난이라는 번뇌를 제거하는 깨달음이 있습니다. 마치 잠에서 깨어나듯이 황금을 손에 쥐고 있음을 발견함과 같습니다. 마침내 다시 본각과 같아지는 것을 시각이라고 합니다. 본각의 어머니와 시각의 자식이 만나므로 모자상봉母子相逢이라 하며 궁극의 깨달음입니다.

본각이라면 어찌해서 불각이 생길까?
불각이라면 어찌해서 본각이 있을까?

현실은 괴로움이 있으니 어찌 불각이 없겠는가?

그러나 잠에서 깨듯이 불각이 영원하지 않아
시각의 본각이 훈습하는 힘으로 사라지니
시각이 본각을 만남은
자식이 어머니를 만남이라 모자상봉이라고 한다네.

모자상봉母子相逢하여 구경의 깨달음 이루니
본각의 온전히 드러남이라 불각은 본래부터 존재하지 않았다네.
본각과 시각과 불각은 서로 의존하여 존재하니 자성이 없어 공하여라.

무자성 공의 입장에서 본각本覺은 불각不覺 때문에 세워진 이름이요
불각은 시각 때문에 세워진 이름일 뿐이네.
이름에 걸맞은 그 무엇도 찾을 수 없으니 어쩔 수 없이 이름 붙일 뿐이라오.

1) 청정한 본래 깨달음(本覺)

『대승기신론』은 '깨달음의 뜻은 심체가 망념을 여읜 것으로 망념을 여읜 모습은 허공계와 같이 두루하지 않는 바가 없고 법계 그 자체가 깨달음으로 하나의 모습이다. 그것이 여래의 평등한 법신이다. 이와 같이 법신을 의지해서 본래 깨달음 곧 본각이라고 이

름을 갖게 된다.[92]'라고 설합니다.

그런데 심체心體를 진여라고 하여 심진여心眞如라고 하는데 생멸하는 망념이 없어 불생불멸의 심체를 말합니다.[93] 심진여 자체의 모습은 대지혜광명, 진실식지眞實識知라고 설합니다.[94] 이는 심체가 아는 성품이 있는데 망념을 떠나 불생불멸하므로 심체가 항상 아는 것입니다. 이는『선문수경禪文手鏡』에 '명명불매明明不昧 료료상지了了常知'라고 하여 "밝고 밝아 어둡지 않고 또록또록하여 항상 안다."[95]라고 합니다.

2) 대상이 있거나 없거나 항상 인식하는 깨달음

료료상지了了常知가 심체이며 대상이 있거나 없거나 상관없이 늘 인식하는 것입니다.

『돈오입도요문』에서는 보는 성품은 영원하여 바뀌지 않는다고 합니다.

---

92 「심생멸문」所言覺義者 謂心體離念 離念相者 等虛空界 無所不徧 法界一相 卽是如來 平等法身 依此法身說名本覺

93 「심진여문」心眞如者 卽是一法界大總相法門體. 所謂心性不生不滅.

94 권5「體大와 相大」復次 眞如自體相者 一切凡夫 聲聞緣覺 菩薩諸佛 無有增減 非前際生 非後際滅. 畢竟 常恒 從本已來 性自滿足 一切功德.所謂 自體有大智慧光明義故 徧照法界義故 眞實識知義故 自性淸淨心義故 常樂我淨義故 淸凉不變自在義故

95 백파긍선지음 김두재옮김「달마삼처전심」p. 141 백파사상연구소 2011년 초판

문 사물을 대할 때 '보는 것'이 있지만 사물을 대하지 않을 때는 어떻게 '보는 것'이 있겠습니까?

답 지금 여기서 '본다'고 하는 것은 사물을 대하고 대하지 않는 것을 논하는 게 아니다. 무엇때문인가? '보는 성품'은 영원하므로 사물이 있을 때도 보고 사물이 없을 때도 보기 때문이다. 그러므로 알아야 한다. 사물이 저절로 오고 감이 있더라도 '보는 성품'은 오고 감이 없으며, 다른 모든 감각기관도 그러하다.[96]

이와 같이 심체는 법계이고 법신이며 본각이며 늘 인식하는 앎입니다. 항상 아는 '본래 깨달음'이 처음으로 깨달아 가는 시각始覺을 만나게 되면 즉 자식(시각)이 어머니(본각)를 만나는 모자상봉母子相逢이 이루어지면서 늘 인식하는 앎이 완전히 현현하며, 구경의 깨달음(究竟覺)이 됩니다.

3) 처음의 모양이 없는 깨달음

● 깨쳐가는 과정에서 마음이 멸滅-이異-주住-생生으로 미세해지고 최초로 일어나는(生) 망념을 깨치고 보니 마음 자체에는 처음의 모양이 없다는 진실이 드러납니다. 즉, 생주이멸生

---

96   원순지음『돈오입도요문 강설』問 對物時 從有見 不對物時 云何有見 答 今言見者 不論對物與不對物 何以故 爲見性 常故 有物之時 即見 無物之時 亦見也 故知 物 自有去來 見性 無來去也 諸根 亦爾 p. 53 법공양 출판 2022년 7월 초판

住異滅하는 마음 자체가 똑같이 실체가 없다는 것입니다. 멸하는 순간에도 흔적이 없으며 이異와 주住도 자취가 없고 생生하는 순간에도 자취를 찾을 수 없습니다. 무지와 번뇌 망상이든 깨달은 마음이든 똑같이 실체가 없어 공하다는 것입니다. 그래서 '마음이 처음 일어나는 것을 깨달으니 마음에는 처음의 모양이 없다(覺心初起 心無初相)'라고 하는 것입니다. 이것이 구경의 깨달음(究竟覺)입니다.

이 뜻은 다음과 같습니다.

첫째, 마음의 본래 성품은 처음도 끝도 없습니다. 시간의 차원을 넘어서 있습니다.

둘째, 그러므로 생로병사가 없습니다. 불사不死입니다.

셋째, 처음과 끝이 없다는 것은 한결같다는 것입니다. 그래서 일여一如입니다.

넷째, 처음의 모양이 없다는 것은 하나이며 그 맛은 자체 성품이 없다는 맛이며, 허공과 같이 두루 하여 일미一味입니다.

다섯째, 자체 성품이 텅 비어 있어 어떤 것으로도 결정되어 있지 않아 평등이며 안과 밖이 없어 공이며 공이라는 틀도 부정하는 공의 뜻은 깨달음의 뜻입니다.

여섯째, 공이 일미一味이며 일미가 공이므로 일미 그대로 깨달음입니다. 그리고 일미는 본래 그러하므로 본각本覺이며, 처음부터 생멸이라는 결점이 없어 원만하므로 원각圓覺입니다. 그러나 깨치기 전에는 일미가 깨달음이라는 사실을 모르기 때문에 일미를 깨닫는다고 합니다. 그래서 일미를 깨달아 일각一覺이라 하지만 일각의 내용이 공이며 일미이므로 처음부터 새로운 깨달음이란 없습니다. 어쩔 수 없이 깨달음이라 했을 뿐입니다.

일곱째, 마음이 일어나면 갖가지 현상이 일어나고 마음이 사라지면 갖가지 현상이 사라지더라도 처음부터 마음에는 일어나고 사라짐이 없습니다. 처음이 없기에 끝도 없기 때문입니다. 환영과 같고 꿈과 같다는 뜻입니다. 그래서 구경각의 다실에 이르러 깨달음을 이루더라도 처음의 모양이 없는 하나의 깨달음, 즉 일각입니다. 인연을 따라 깨달음을 이루더라도 본래 깨달음이며 '지각 있는 존재들' 위하여 지혜와 자비로써 구제하더라도 본래 깨달음인 일각입니다.

● 마음이 처음 일어난다는 것은 무명을 의지하여 생기는 모양이 있습니다. 마음바탕(心體)을 몰라서 생각(念)을 움직이게 하나 지금 본래 깨달음(本覺)을 떠나 무명無明(不覺)이 없기 때문에 본래 깨달음을 알게 되면 깨어있지 못한 불각不覺이 본래 없음을 알고 움직이는 생각(動念)이 즉시 고요한 마음(靜心)임을 깨닫는 것입니다. 즉 본각의 공空은 상相을 없애기 때문에 공을 알면 모양이 있을 수 없습니다. 모양이 없으므로 마음의 움직임이 없습니다(無念). 무념이 되었을 때 드러나는 진실은 마음은 본래부터 변함없이 늘 머문다(常住)는 사실입니다.

4) 가없고 처소가 없는 깨달음

『금강삼매경론』에서는 구경의 깨달음을 다음과 같이 설합니다.

"바르고 평등한 깨달음'은 텅 빈 마음이라 증득하는 것이 아
니니, 마음은 가없고 처소를 볼 수 없어 이것이 여래에 이른
것이다."[97]

삼먁삼보리를 번역하면 바르고 평등한 깨달음으로 '원만한 위
없는 깨달음'입니다. 그런데 깨달음은 주객을 떠나므로 증득이 아
닙니다. 증득한다는 것은 주객이 상대해서 일어나는 것입니다.
즉, 깨닫고 보면 주객이 텅 비어 처음부터 깨달을 대상이 따로 있
는 것이 아니므로 '증득證得하는 것이 아니다'라고 설합니다. 그래
서 '마음은 가없고 머무는 어떤 장소가 없다'고 하여 깨달은 마음
은 그 크기와 넓이가 무한하다고 합니다. 주객이 없어 본래부터
그렇다는 것입니다.

5) 가없는 허공도 깨달음 가운데서 생겨

『원각경』에는 '무변허공無邊虛空 각소현발覺所顯發'이라고 하여
"가없는 허공은 깨달음에서 나타난 것이다."라고 합니다. 『수능엄
경』에서도 "허공이 대각大覺 가운데서 생겼으니 바다에서 물거품

---

97   『金剛三昧經論』下「眞性空品」'三藐三菩提 虛心不證 心無邊際 不見處所 是至如來'

이 하나 일어나는 듯하고, 유루의 미진 국토들이 모두 허공으로부터 생겼네. 물거품이 소멸하면 허공도 본래 없거늘 하물며 다시 모든 삼유가 있겠는가?"라고 하였습니다.[98]

6) 온 우주 그대로 깨달음 그대로 법신法身

본각本覺의 어머니와 시각始覺의 자식이 만나 구경의 깨달음을 얻고 보니 깨달음은 ①'청정한 본래 깨달음(本覺)' ②'대상이 있거나 없거나 항상 인식하는 깨달음' ③'처음의 모양이 없는 깨달음' ④'가없고 처소가 없는 깨달음' ⑤'없는 허공도 깨달음 가운데서 생겨' 우주 그대로 깨달음이자 그대로 법신法身임을 알 수 있습니다. 그래서 깨달음의 마음 진여의 체는 부정할 수 없어 일체 모든 것이 다 참된 것이 아닐 수 없습니다. 따라서 대승기신론에서도 "앞에서 말한 바, 각覺의 뜻이란 심체가 염念을 떠난 것을 말하니, 염念을 떠난 모습은 허공계와 같아서 두루 하지 않는 바 없어 법계가 하나의 모습이며 바로 여래의 평등한 법신이다."[99]라고 설했던 것입니다.

---

98   『首楞嚴經』卷第六 空生大覺中 如海一漚發 有漏微塵國 皆從空所生 漚滅空本無 況復諸三有

99   所言覺義者 謂心體離念 離念相者 等虛空界 無所不偏 法界一相 卽是如來平等法身

2장

화華의 경계에서
화華로의 길 – 보리심

위없는 바르고 평등한 깨달음인 구경각은 곧 십지十地 다음의 구경인 불지佛地를 말합니다. 『금강삼매경론』에서는 불지佛地를 설하기를 '자성의 공적空寂함에 머물지 않고 정지正智가 흘러 변화한다'고 하여 바른 지혜가 몸을 재같이 없애고 지혜를 소멸하는 열반(灰身滅智)에 머물지 않고 중생의 무지와 번뇌 망상을 소멸시키는 작용을 합니다. 즉, 지혜가 내면의 무지와 번뇌 망상을 소멸시켜 없앴다고 지혜가 사라지지 않기 때문에 밖으로 작용하는데 중생들이 생사에서 벗어나게 하기 위해 중생의 근기에 따라 변화합니다. 그 지혜가 중생을 향할 때 무연대비無緣大悲라고 합니다.

무연은 따로 대상이 없음을 말합니다. 무연대비는 사람(人)과 현상(法)의 차별되는 상을 취하지 않기 때문에 항상 지옥, 아귀, 축생, 아수라, 인간, 천상으로 다니면서 그친 적이 없고 그 모습이 여여如如함에도 머물지 않습니다. 이것이 깨달은 마음인 보리심을 실천하시는 눈뜬 님의 모습입니다.

1. 원만 청정한 진실의 몸(법신)

여래의 평등한 진실한 몸(법신)의 깨달음은 마음의 청정한 본래 깨달음인 진여眞如가 허공 같고 거울같이 맑아 생로병사와 생멸이 없습니다. 무생멸인 진여와 생멸하는 망념이 만나면 망념이 사라집니다. 본각인 진여 자체에 망념을 제거하는 힘이 있습니다. 이 힘이 무지와 번뇌를 제거하는 수행방편과 함께 작용하여 진眞과 망妄이 화합한 마음(和合識) 내의 생멸하는 모양을 타파하고 불생불멸의 성품을 드러낼 때 법신의 원만함이 드러납니다. 이때 지혜가 순수하고 맑습니다. 이 순수하고 맑은 지혜는 생각을 초월한 진여의 활동을 합니다.

구경의 깨달음인 법신이 색신色身을 나타내어 유정에게 도움을 주는, 생각을 초월한 진여의 활동은 곧 대자대비입니다.

1) 경각다실鏡覺茶室에서 세상을 되돌아보는 지혜와 자비의 실천

◉ 경각鏡覺다실의 문을 통해 세상을 봅니다. 마당, 연못, 연꽃과 소나무, 시냇물, 오솔길 그리고 저 멀리 정원도 보이는 과정이 곧, 자량도資糧道-가행도加行道-견도見道-수도修道-구경도究竟道의 길이며 멸이주생滅異住生의 마음 흐름임을 깨달아 처음부터 마음에는 최초의 모양이 없어 멸이주생이 본래 일념一念이며 곧 무념無念임을 깨달은 것입니다.

구경의 깨달음에서 보면 지나온 모든 것이 한바탕 꿈임을 아는 것으로서 모두 불각不覺입니다. 그러나 깨달은 눈으로 보

면 일체 모든 것이 텅 빈 거울인 본래 깨달음입니다. 그래서 '눈뜬 님'은 생사에도 머물지 않습니다. 즉, 안과 밖이 본래 없고 높고 낮음이 없어 평등합니다.

이와 같은 사실을 모르는 유정들을 생각하면 연민이 일어나지 않을 수 없습니다. 그래서 연민을 일으킨 최상의 깨달음을 이룬 지혜는 일체 모든 것이 불사不死인 열반임을 알기에 이를 모르는 유정의 무지와 번뇌를 향해 샘솟듯 끊임없이 지혜가 흘러넘칩니다. 그래서 '눈뜬 님'은 불사의 열반에도 머물지 않습니다.

경각다실의 자비경선 정원은 이와 같이 유정을 위해 지혜와 자비를 되돌아보는 자비경선慈悲鏡禪의 반조返照입니다.

2) 자비경선정원 안의 완전히 눈뜬 님의 나와 남을 수용하는 몸

공성의 지혜는 진실한 몸으로서 지혜의 몸인 법신法身을 이루고, 보리심은 중생을 도와주는 힘을 기르며, 그 힘에 의해서 색신色身이 나타납니다. 가고 옴이 자유로운 깨달은 님께서도 지혜 몸(법신) 상태에서 유정의 생사를 불사로 이끌기 위해 물질의 몸(色身)인 법의 즐거움을 수용하고 연민으로 유정을 수용하는 수용의 몸인 보신과 응신, 그리고 자비의 몸인 변화신으로 나타납니다. 왜냐하면 공성 그대로 형상이기 때문입니다(空卽是色).

(1) 원만한 깨달음을 이룬 눈뜬 님의 세 가지 몸

지혜의 몸인 법신은 달 자체, 수용하는 몸인 보신은 일체를 비추는 달빛, 자비의 몸인 변화신은 물에 비친 달과 같습니다.

진실한 몸으로서 지혜의 몸인 법신法身은 자체성품의 몸(自性身)입니다. 진여, 보리, 원각 등이 가고 옴이 자유로운 깨달은 님임을 말합니다.

보신報身은 깨달은 님께서 일으킨 수행출발인 인위因位의 원願에 따라 얻게 되는 과보의 몸(果報身)입니다. 이는 자신이 깨달은 법의 즐거움(法樂)을 누리는 몸(自受用身)과 타인의 무지와 번뇌를 없애주고 생사生死의 괴로움으로부터 벗어나 자유롭게 해주기 위해 몸을 나타내는 타他를 받아들이는 몸(他受用身)으로 구분됩니다. 특히 타수용신은 수행자의 능력과 그릇에 응하여 나타나는 몸인 응신應身입니다.

화신化身은 아바타와 비슷한 기능의 이미지입니다만 유정들의 고통을 없애주기 위해 나타나는 몸이므로 자비의 몸입니다. 그래서 깨달은 님이 아닌 모습으로 나타나는 변화의 몸(變化身)입니다.

(2) 생각을 초월한 진여의 활동으로서 유정을 수용하는 몸(他受用身)

유정에게 잠재되어 있는 무한 잠재력과 가능성을 일깨우고 드러내 주는 능력으로써 생각을 초월한 진여의 활동은 맑은 지혜를 의지하여 뛰어나게 오묘한 온갖 경계를 만듭니다. 즉, 헤아릴 수 없이 많은 무한 잠재력과 가능성(공덕)의 모습은 끊어짐이 없이 늘 유정의 잠재적 성향과 받아들일 수 있는 능력(근기)을 따라 자연스럽게 상응하고 온갖 모습으로 나타나 모든 유정들이 이익을 얻게 합니다. 이 지혜의 힘에 의하여 응신應身과 화신化身을 나타내기에 뛰어난 결과를 내는 원인의 모습인 헤아릴 수 없이 많은 공덕의 모습이라고 합니다.

그런데 본각本覺이 나타난 쪽에서 본다면 모든 유정들에게 평등하게 통하기 때문에 가깝고 먼 것이 없습니다. 그러나 응신과 화신을 내는 이 순수하고 맑은 지혜는 가깝고 멀고, 높고 낮은 인연을 따라 이익을 얻게 하는 시각始覺의 지혜이고 또한 명상을 지도하는 길잡이의 코칭 조건 중 하나입니다.

(3) 유정의 모습으로 유정과 함께 하는 아바타 같은 변화의 몸(變化身)

경각鏡覺다실이라는 구경각의 내용은 일체 모든 것의 자체 성품이 비어 있고 텅 빔 속에는 그 어떤 것도 없지만 텅 빈 공성의 성품(不變)은 텅 빔도 지키지 않아 인연을 따르므로(隨緣) 다실의 모든 이미지는 내 안에서 지각하는 생명과 내 밖의 지각 있는 존재들을 구제하는 작용(연민)으로 나타납니다. 아바타와 같이 화신化身의 모습으로 유정을 위해 함께하는 모습입니다. 자비경선 걷기명상은 괴로움에 빠져있는 '지각 있는 모든 존재들'에게 도움을 주는 경선鏡禪임을 선지식 길잡이는 코칭합니다.

3) 수행자에게 명상 코칭의 네 가지를 자각하게 하는 선지식

(1) 무한 잠재력과 가능성

텅 빈 마음 조작 없고 근본 없어

어떠한 현상도 나타내는 종자 없네.

마음의 본성은 허공같이

인식 대상 없어 아무것도 없지만

허공 자체가 없는 것이 아니듯이

텅 빈 그 마음은 무엇도 결정되어 있지 않아

인연 따라 그 무엇도 될 수 있어

그대에게

'무한 잠재력과 가능성이 있다'라고 넌지시 말해 주네.

생사의 괴로움 자각하는 자에게

텅 빈 마음은 곧 불사不死라

범부가 성인이 되고 중생이 붓다가 되리.

(2) 지혜

눈뜬 님 선지식 만나 생사가 괴로움임을 자각하면

긴 가뭄에 단비 맞아 지혜 생명 자라나네.

강물에 빠져 살려달라 발버둥치다

물속에서 숨 쉼을 아는 그 순간

죽음의 굵은 밧줄 저절로 풀어져

사물과 생각과 감정에서 드디어 자유로워라.

지혜가 흘러넘쳐 지각 있는 모든 존재들이

나와 같음 알아차리고 그들을 돕고자 보리심 실천하네 .

(3) 대자유

선지식의 눈 번개 같고

수행자 귀 삼라만상 우주를 관통하여라.

모든 문제의 답은 시작점에 있어

覺心初起 心無初相이라네.

일체 모든 것 자성이 없는 마음이라

마음 자체도 처음과 끝 공함이네.

모든 범부와 성인에 이르기까지

늘어남도 없고 줄어듦도 없으며,

앞선 때에 생겨난 것도 아니고 뒤에 없어지는 것도 아니며

대상이 있어도 인식하고 대상이 없어도 항상 인식하니

심체心體 드러나 생사 없는 그 무엇 앞뒤 좌우 아래위가 따로 없어

무명 번뇌 본래 없음을 이제야 알았네 .

(4) 선지식善知識

의사가 환자의 병을 꼼꼼히 검사하고 보살피듯

선지식은 인연 따라 수행체험 정확히 점검해서

생사가 없는 불멸의 길에 도달했나 못했나

판단하고 인정하는 길잡이의 역할할 뿐이라네.

2. 길에서 끝없는 길의 길로

눈뜬 님은

생사에도 머물지 않고

불사不死에도 머물지 않고

유형무형으로

유정중생 곁에 항상 머무네.

번뇌 망상에 휘둘려
타향살이 고달프다
本覺고향에 돌아오니
비로소 편히 生死를 쉬네.

경선 수행자여
本地風光 아름다운
고향에 돌아갈 노력
멈추지 말아야 하리.

수행을 도와주는
시주자의 은혜에 감사합니다.

원고 작성에 필요한 여러 귀한 자료를 흔쾌히 제공해 주신 분들, 보다 정확한 의미 전달을 위해 교정해 주신 분들 그리고 출판을 위해 물심양면으로 힘써주신 많은 분들의 노고로 이 책이 나오게 되었습니다. 이 공덕으로 지혜와 자비가 깊어져서 수행에 더 큰 진보가 있으시길 축원하며 감사의 인사를 대신합니다.

가테 가테 파라가테 파라상가테 보디 스바하

403

자비선慈悲禪 5

명상 걷기를 논하다 2

1판 1쇄 인쇄 2024년 5월 28일
1판 1쇄 발행 2024년 6월 4일

지은이 지운
펴낸곳 사유수출판사
펴낸이 이미현
만든이 박숙경, 유진희, 권영화
등록   2007년 3월 4일
주소   서울시 마포구 동교로 19길 86 제네시스 503
전화   02)336-8910
ISBN   979-11-85920-25-2 03220

ⓒ 지운